本书为鲁东大学科研基金项目

CHUANTONG JIYU YU BIANQIAN

传统、机遇与变迁

——南京城市现代化研究（1912—1937）

侯风云 著

人民出版社

责任编辑:吴继平
封面设计:肖　辉
版式设计:陈　岩

图书在版编目(CIP)数据

传统、机遇与变迁——南京城市现代化研究(1912—1937)/
侯风云 著. -北京:人民出版社,2010.6
ISBN 978-7-01-008927-0

Ⅰ.传…　Ⅱ.侯…　Ⅲ.城市-现代化-研究-南京市-1912~1937
Ⅳ.F299.275.31

中国版本图书馆 CIP 数据核字(2010)第 082440 号

传统、机遇与变迁

CHUANTONG JIYU YU BIANQIAN

——南京城市现代化研究(1912—1937)

侯风云　著

人民出版社 出版发行
(100706　北京朝阳门内大街 166 号)

北京新魏印刷厂印刷　新华书店经销

2010 年 6 月第 1 版　2010 年 6 月北京第 1 次印刷
开本:880 毫米×1230 毫米 1/32　印张:12
字数:279 千字　印数:0,001-3,000 册

ISBN 978-7-01-008927-0　定价:28.00 元

邮购地址 100706　北京朝阳门内大街 166 号
人民东方图书销售中心　电话 (010)65250042　65289539

目　录

序

侯风云博士的学位论文《传统、机遇与变迁——南京城市现代化研究(1912—1937)》经过进一步修改充实后即将出版。侯风云博士的论文是她独立选题之后与我协商确定的。写作过程中,我们曾多次讨论,就一些问题广泛切磋,互相启发,加深思考。她数易其稿,讨论的多数内容被她不断吸收到论文写作之中。她所走过的那段研究与写作之路,我比较了解。在论著将出版之际,她希望我能为其新著写序,作为她博士论文的指导教师,又是论文最早的读者,我欣然同意。祝贺的同时,也谈谈自己阅读该书的一些粗浅想法。

近年来,中国快速发展的一个重要标志就是城市化进程的加快,城市在国家社会中的地位越来越突出。如何规划城市,确定其特色与发展方向,更好地为市民服务,不仅是当政者,也是普通市民应该关注的问题。城市的规划与发展方向应该考虑各自的历史发展轨迹、自然条件、地缘方位、经济传统与地域文化,各具特色。然而,主政者往往好大喜功,自以为是,通常不注意城市特色,形成“众城一面”的状况。在此,先说两段本人的亲身经历。

我自10岁随父母迁居南京,在此读书、做工、教书,生活了40余年,基本上算是个“南京人”,对这座城市很有感情。但热爱并不等于失去客观判断,无视其局限性,盲目认为“南京天下第一”或将能成为“天下第一”。我所接触到的南京人大都对自己的城市有理智的认识,但急于“出政绩”的当地父母官并不这样看问题。20 世纪 90 年代,南京市委市政府提出“创建国际化大都市”的响亮口号(当时是全国性热潮,稍有点名气的城市都以此为目标)。某次邀请学者开“咨询会”,年长资深的学者大概知道这样的会议实际上是要学者为政府“背书”,发言时都说些南京建成“国际化大都市”的必要性与可行性。我在与会者中年纪最轻,最后才轮到发言,便直抒己见地提出,南京离上海太近,不可能也没有必要建成“国际化大都市”。我的理由是美国、日本能号称“国际化大都市”的城市也没几个,中国大陆未来如果只能建成三五个“国际化大都市”,绝对轮不到南京。主持会议的官员忙说,“陈老师别泼冷水,先灭自家志气。”我那时少不更事,问他:“南京人出国是不是要到上海办签证,到上海去乘飞机?国际化大都市不是自己说说的,要别人认可。世界上有没有外国使领馆,不通国际航班的国际化大都市吗?”当然,人微言轻,我的那些话根本不能阻挡官员们“创建国际化大都市”的决心。十多年过去,南京再无人提“创建国际化大都市”之事。

在中国,城市的历史有时也深刻地影响到城市里的所有行业。我读书与长期教书的南京大学,由 1949 前的中央大学演变而来,学校历史、教授师资、学术名望远超复旦大学。但因为是国民党的“中央大学”,20 世纪 50 年代的院系调整时南京大学的众多学院被拆分,大批教授被调离,元气大伤,同时期的复旦大学却得到很大的充实与加强,一跃而在全国名列前茅。

上面的例子是要说明,一座城市的位置与历史,决定了它的命运与发展。“既生瑜,何生亮?”人生如此,城市的命运又何尝不如此。其实,南京的城市建设如能扬长避短,发挥自身优势,未必非要走

"国际化大都市"之路,只要尊重历史传统、以服务市民的需求为根本出发点,建座让所有市民安居乐业的历史文化名城,也是相当不错的。

所有历史都是当代史。中国城市化的进程催生了史学界对城市史相关课题研究的热情,研究成果不断涌现。国际学术界对中国近代城市史的研究早于国内,20 世纪 50 年代起,哈佛大学费正清(John Fairbank)教授对中国近代史的研究是从"条约体系"入手,其中最重要一环就是对通商口岸城市的研究,上海、广州、天津、汉口、重庆等成为重点。而后国内史学界的近代城市研究也多围绕这些城市进行,甚至出现了"上海学"。

相形之下,海内外在近代南京城市史研究方面有分量的成果却不多。南京是古代中国东南地区的政治、经济、文化中心,在风云激荡的近代中国,它曾先后为中华民国临时政府所在地和国民政府的首都,在中国近代城市中无疑占有重要地位。令人遗憾的是,对近代南京城市史的研究无论是在质还是量的层面上都十分薄弱。这与南京的历史地位和现实的城市现代化建设要求明显不相匹配。有鉴于此,侯风云以近代南京城市现代化为博士学位论文的研究课题。读博士 3 年间(2003 年 9 月到 2006 年 8 月),她孜孜不倦,多方求索,收集了大量的档案、古籍、论著、图表等资料,通过刻苦努力,终于如期完成学位论文,通过答辩。之后,她在吸收答辩专家意见的基础上,又对全文进行文字润色、史料核对与补充等工作,完成了这部近 30 万字的著作。

我认为,《传统、机遇与变迁——南京城市现代化研究(1912—1937)》有如下的特色:

首先,论著掌握了丰富的资料。作者利用博士学习期间在南京的有利条件,到档案馆、图书馆、资料室,查阅了大量资料,特别是民国时期的报纸、杂志、书籍等。由于资料的丰富和全面,使得研究工作建立在了可靠的资料基础上,使研究结论具有客观性和说服力。

其次,作者注意运用多学科的理论和研究方法,使研究视野更加开阔。随着学术研究的深入发展,单纯的历史学理论和方法已经不能够全面阐释较为复杂的历史现象,必须突破单一学科的范畴,从多方面、多角度进行考察,才能够揭示城市发展的全貌。作者在这方面进行了努力钻研,在该书中,运用历史学、经济学、社会学、人口学、行政学、政治学、城市学等多学科相结合的方法,对 1912—1937 年的南京城市现代化进程作了整体上的研究,突破了以往对南京现代化研究碎片化的缺陷,在很大程度上弥补了这一领域的研究空白。

再次,运用比较研究的方法,通过对南京与沿江条约体系城市、江南城市现代化的共性与异性的比较考察,来探讨南京现代化的特殊性。探讨了中国传统行政中心城市的现代化发展轨迹,提出了"政府主导的现代化模式"的概念,具有一定的创新性。

在学术研究中,我们注意"以史为鉴"的史学功能,但任何试图完全用今天的需要来解释历史的想法与做法,不是失之肤浅,就是别有用心,为正直的学者所不齿。侯风云在博士论文撰写过程中,基本遵循史学研究的规律,从基本问题入手,依据能找到的史料得出结论,评判民国时期南京城市现代化建设的得与失。如果有关当政者与部门认真研读,这部著作或许能对今后的南京城市建设具有借鉴作用。如此,则善莫大焉。

侯风云博士研究与写作的态度是严谨的,也下了很大的功夫,然而,任何学术研究都不可能尽善尽美,也不可能包罗万象。民国时期南京城市现代化的内容较多,本书限于篇幅与资料,只围绕作者认为重要的几个方面展开论述,有些值得探索的问题尚未论及,所涉论题中差错亦所难免。学无止境,现在暂时缺失的论题与不完善的论述,或许正是作者未来研究的目标所在。深望侯风云博士能再接再厉,在今后的研究中取得更丰富的学术成果。

以上文字,仅为读这部书时所产生的感想。身份所在,我某种意义上参与其中的工作,好处是了解作者工作的艰辛与努力,但评价起来也就很难“客观公允”(虽然自己勉力为之)。好在各位读者高明,阅后自有判断与评价,不会受“误导”。

是为序。

陈红民

2009 年 12 月 15 日于哈佛燕京学社

绪论

一、选题缘由

自 19 世纪以来,中国的城市在国家和区域活动中所起的中心作用越来越突出,重大变革大都发生在城市,无论是经济领域,还是政治、文化等领域的现代化变革,都以城市为中心而开展——从中心城市向一般城市扩展,从城市向农村扩展。因而,城市的现代化既是一个国家或地区现代化的重要组成部分,也是这个国家或地区现代化的标志。同时,城市也是一个国家的窗口或镜子,透过这个窗口或镜子可以看到这个国家的现代化发展进程。因此,研究中国近代城市史的学者都十分重视对城市现代化的研究。可以说,到目前为止,国内学者关于近代城市史的研究多以此为主线而进行。

不过,首先对中国近代城市进行研究的是国外学者。早期较有影响力的是费正清的《中国沿海的贸易与外交》①一书,在该书中,费

① J. K. Fairbank, *Trade and diplomacy on the China Coast: the Opening of the treaty Ports*, Harvard University Press, Cambridge, 1953.

正清提出了“冲击—回应”模式,该模式在相当长时间里成为国内外学者研究中国近代史的“范式”。其后,国外学者,主要是美国学者对中国近代城市研究不断深入。其中较有影响力的著作有:罗兹·墨菲的《上海——现代中国的钥匙》、韩起澜的《姐妹与陌生人:上海纺织女工,1911—1949》、裴义理的《上海罢工:中国工人政治研究》、韩起澜的《苏北人在上海,1850—1980》、林达·约翰逊的《上海:从市镇到条约口岸,1074—1858》、古德曼的《出生地、城市与国家:1853—1937年上海的地方网络》、魏斐德的《上海警察,1927—1937》、马丁的《上海青帮:1919—1937年的政治与有组织犯罪》、贺萧的《危险的娱乐:20世纪上海的卖淫业与现代性》、迈斯纳的《上海的成功:1900—1910年上海机制面粉工业发展研究》、黑德的《活字印刷术在上海:机械印刷、近代出版及其对上海的影响,1876—1937》、施坚雅主编的《中华帝国晚期的城市》、包德威的《中国的都市变迁:山东济南的政治与发展,1890—1949》、卡蒂尔的《中国南部沿海的商业城市:宁波、福州和厦门》、林达·约翰逊主编的《中国帝制晚期的江南城市》、罗威廉的《汉口:一个中国城市的商业和社会,1796—1895》、《汉口:一个中国城市的冲突与协调,1796—1895》、盖尔的《天津的工人,1900—1949》、关满屯的《天津商界:一个中国城市的社会与经济》、大卫·斯特兰德的《人力车的北京:二十年代的市民与政治》、史明正的《北京的变化:1900—1928年中国首都的结构、公共事业与社会改变》①等。除了美国学者以外,日本学者对中

① [美]罗兹·墨菲:《上海——现代中国的钥匙》,哈佛大学出版社1953年版;[美]韩起澜:《姐妹与陌生人:上海纺织女工,1911—1949》,斯坦福大学出版社1986年版;[美]裴义理:《上海罢工:中国工人政治研究》,斯坦福大学出版社1993年版;[美]韩起澜:《苏北人在上海,1850—1980》,耶鲁大学出版社1992年版;[美]林达·约翰逊:《上海:从市镇到条约口岸,1074—1858》,斯坦福大学出版社1995年版;[美]古德曼:《出生地、城市与国家:1853—1937年上海的地方网络》,加利弗尼亚大

国近代城市研究也有所关注，主要成果有：高桥孝助等编的《上海史——巨大都市形成与人们的经营》、“横滨与上海”共同编辑委员会编的《横滨与上海近代都市形成史比较研究》、市野政子的《上海平民生活》①等。

中国史学界对中国近代城市的研究始于20世纪80年代且发展迅速。据不完全统计，自20世纪80年代至90年代末，仅中国大陆出版的有关中国近代城市史的专著、资料集、论文集就有500多部，相关文章达上千篇。②有关单体城市和区域城市的研究状况大体如下：

单体城市研究。即着重研究近代某一城市的历史或某一城市某

学出版社1995年版；［美］魏斐德：《上海警察，1927—1937》，加利弗尼亚大学出版社1995年版；［美］马丁：《上海青帮：1919—1937年的政治与有组织犯罪》，加利弗尼亚大学出版社1996年版；［美］贺萧：《危险的娱乐：20世纪上海的卖淫业与现代性》，加利弗尼亚大学出版社1997年版；［美］迈斯纳：《上海的成功：1900—1910年上海机制面粉工业发展研究》，威斯康星大学出版社1996年版；［美］黑德：《活字印刷术在上海：机械印刷、近代出版及其对上海的影响，1876—1937》，加利弗尼亚大学出版社1996年版；［美］施坚雅主编：《中华帝国晚期的城市》，斯坦福大学出版社1977年版；［美］包德威：《中国的都市变迁：山东济南的政治与发展，1890—1949》，威斯康星大学出版社1978年版；［美］卡蒂尔：《中国南部沿海的商业城市：宁波、福州和厦门》，加利弗尼亚大学出版社1991年版；［美］林达·约翰逊主编：《中国帝制晚期的江南城市》，纽约州立大学出版社1993年版；［美］罗威廉：《汉口：一个中国城市的商业和社会，1796—1895》、《汉口：一个中国城市的冲突与协调，1796—1895》，斯坦福大学出版社1984、1989年版；［美］盖尔：《天津的工人，1900—1949》，斯坦福大学出版社1986年版；［美］关满屯：《天津商界：一个中国城市的社会与经济》，斯坦福大学出版社1990年版；［美］大卫·斯特兰德：《人力车的北京：二十年代的市民与政治》，加利弗尼亚大学出版社1989年版；［美］史明正：《北京的变化：1900—1928年中国首都的结构、公共事业与社会改变》，哥伦比亚大学出版社1993年版。

① ［日］高桥孝助等编：《上海史——巨大都市形成与人们的经营》，东方书店1995年版；“横滨与上海”共同编辑委员会编：《横滨与上海近代都市形成史比较研究》，横滨开港资料普及协会1995年版；［日］市野政子：《上海平民生活》，日中出版社1998年版。

② 参见何一民：《中国近代城市史研究述评》，《中华文化论坛》2000年第1期。

一时期现代化转型的历程或发展模式等。在这方面研究中,最具有代表性的是国家社会科学"七五"重点项目的4部近代城市史著作,它们分别是:张仲礼主编的《近代上海城市史研究》、隗瀛涛主编的《近代重庆城市史》、罗澍伟主编的《近代天津城市史》、皮明庥主编的《近代武汉城市史》①。这4部著作是新中国成立以来第一批以比较新的理论和方法来研究中国近代城市史的学术著作,篇幅宏大,是迄今为止代表中国近代单体城市研究水平的权威性著作。除了上述4部著作外,单体近代城市史的研究著作还有许多,如谢本书、李江主编的《近代昆明城市史》、常宗虎的《南通现代化:1895—1938》、乐承耀的《宁波近代史纲,1840—1919》、张海林的《苏州早期城市现代化研究》、李玉的《长沙的近代化启动》、朱庆葆的《传统城市的近代命运:清末民初安庆城市近代化研究》、虞晓波的《比较与审视:"南通模式"与"无锡模式"的比较》、万灵的《常州的近代化道路:江南非条约口岸城市近代化的个案研究》、周忍伟的《举步维艰:皖江城市近代化研究》、张瑾的《权力、冲突与变革:1926—1937年重庆城市现代化研究》、周子峰的《近代厦门城市发展史研究》、严忠明的《一个海风吹来的城市:早期澳门城市发展史研究》、任银睦的《青岛早期城市现代化研究》②等。另外,还有一些涵盖近代史部分的城市史专

① 参见张仲礼主编:《近代上海城市史研究》,上海人民出版社1991年版;隗瀛涛主编:《近代重庆城市史》,四川大学出版社1991年版;罗澍伟主编:《近代天津城市史》,中国社会科学出版社1993年版;皮明庥主编:《近代武汉城市史》,中国社会科学出版社1993年版。

② 参见谢本书、李江主编:《近代昆明城市史》,云南大学出版社1997年版;常宗虎:《南通现代化:1895—1938》,中国社会科学出版社1998年版;乐承耀:《宁波近代史纲,1840—1919》,宁波出版社1999年版;张海林:《苏州早期城市现代化研究》,南京大学出版社1999年版;李玉:《长沙的近代化启动》,湖南教育出版社2000年版;朱庆葆:《传统城市的近代命运:清末民初安庆城市近代化研究》,安徽教育出版社2001年版;虞晓波:《比较与审视:"南通模式"与"无锡模式"的比较》,安徽教育出版社2001年版;万灵:《常州的近代化道路:江南非条约口岸城市近代化的个案研究》,

著，如熊月之主编的《上海通史》、曹子西主编的《北京通史》、张学军、张莉红的《成都城市史》，以及开封、鞍山、宝鸡、本溪、自贡、拉萨、包头①等都有城市史专著出版。

区域城市研究。即着重探讨近代某一区域或某一群体城市的现代化特征、模式以及与中国现代化转型的互动关系。这方面的研究是90年代初有关学者在对上海、重庆、天津、武汉等近代具有典型意义的沿江、沿海新兴大城市进行个案研究取得显著成效的基础上开始的。主要代表作有：茅家琦主编的《横看成岭侧成峰——长江中下游城市近代化的轨迹》、张仲礼主编的《东南沿海城市与中国近代化》、《长江沿江城市与中国近代化》、王岭的《北京与周围城市关系史》、张洪祥的《近代中国通商口岸与租界》、杨天宏的《口岸开放与社会变革：近代中国自开商埠研究》、戴鞍钢的《港口·城市·腹地——上海与长江流域经济关系的历史考察(1843—1913)》、王守中的《近代山东城市变迁史》②等。另外，天津学者在20世纪90年代

安徽教育出版社2002年版；周忍伟：《举步维艰：皖江城市近代化研究》，安徽教育出版社2002年版；张瑾：《权力、冲突与变革：1926—1937年重庆城市现代化研究》，重庆出版社2003年版；周子峰：《近代厦门城市发展史研究》，厦门大学出版社2005年版；严忠明：《一个海风吹来的城市：早期澳门城市发展史研究》，广东人民出版社2006年版；任银睦：《青岛早期城市现代化研究》，三联书店2007年版。

① 参见熊月之主编：《上海通史》(15卷本)，上海人民出版社1999年版；曹子西主编：《北京通史》(10卷本)，中国书店1994年版；张学军、张莉红：《成都城市史》，成都出版社1993年版；陈子良、李清银主编：《开封城市史》，社会科学文献出版社1993年版；刘景玉、智喜君主编：《鞍山城市史》，社会科学文献出版社1993年版；王瓒叔主编：《宝鸡城市史》，社会科学文献出版社1993年版；沈玉成主编：《本溪城市史》，社会科学文献出版社1995年版；陈然、曾凡英主编：《自贡城市史》，社会科学文献出版社1995年版；傅崇兰主编：《拉萨史》，中国社会科学出版社1994年版；张贵编著：《包头史稿》(上、下卷)，内蒙古大学出版社1989年版。

② 参见茅家琦主编：《横看成岭侧成峰——长江中下游城市近代化的轨迹》，江苏人民出版社1993年版；张仲礼主编：《东南沿海城市与中国近代化》，上海人民出版社1996年版；张仲礼主编：《长江沿江城市与中国近代化》，上海人民出版社2002

以来,开展了"近代华北区域的城市系统"研究,发表了一批有影响的研究论文,[①]引起了城市史学界的瞩目。

从上述对中国近代城市史的研究回顾发现:

第一,在单体城市研究方面,主要集中在一些大城市和沿江、沿海开埠通商口岸城市,如北京、天津、上海、重庆、汉口等,特别是对上海的研究占了相当大的比重。

第二,在区域城市研究方面,主要集中在东南沿海、长江流域、华北等区域,其中,东南沿海和长江流域是研究重点。

第三,对近代南京的研究重视不够。南京位于长江下游,是"条约体系"的开埠口岸(1899 年开埠),在 1937 年以前属于全国为数不多的百万以上人口的特大城市[②]。更为重要的是,在风云激荡的近代中国,南京曾先后为中华民国临时政府所在地和国民政府的首都,因此,在中国近代城市中无疑占有重要地位。然而令人遗憾的是,就目前状况来看,对近代南京城市史的学术研究明显处于与其地位不相匹配的境地。

正是基于这种学术关注,本人以近代南京城市现代化作为研究选题。

年版;王岭:《北京与周围城市关系史》,北京燕山出版社 1988 年版;张洪祥:《近代中国通商口岸与租界》,天津人民出版社 1993 年版;杨天宏:《口岸开放与社会变革:近代中国自开商埠研究》,中华书局 2002 年版;戴鞍钢:《港口·城市·腹地——上海与长江流域经济关系的历史考察(1843—1913)》,复旦大学出版社 1998 年版;王守中:《近代山东城市变迁史》,山东教育出版社 1999 年版。

① 参见罗澍伟:《试论近代华北的区域城市系统》,《天津社会科学》1992 年第 5 期;胡光明:《北洋新政与华北城市近代化》,《城市史研究》第 6 辑;周俊旗:《清末华北城市文化的转型与城市成长》,《城市史研究》第 13—14 辑;张利民:《近代华北城市人口发展及其不平衡性》,《近代史研究》1998 年第 1 期。

② 其他城市为:上海、北京、广州、天津、汉口。

二、研究现状与选题意义

1. 研究现状

学术界对近代南京城市研究的成果主要有一线三方面。

一是总体性研究方面。目前,涉及近代南京并将其作为单体研究对象进行总体研究的著作有两部。一部是蒋赞初的《南京史话》①,该书是迄今为止介绍南京历史影响较大的一部著作。该书于1963年由中华书局出版,后应江苏人民出版社之约重写,书名依旧,1980年再度出版。全书分18个专题,对南京的历史演变进行了勾画。其中,3个专题叙述南京的地理环境、原始居民和东吴置都前的城市建筑;然后按历史顺序讲述了东吴、东晋、建康时代作为首都的南京城的盛衰以及佛教的盛行,隋唐五代、宋元时期南京城的变迁;明代南京再次成为首善之区,作者用3个专题分别介绍了南京城的修筑及其繁华、文化出版事业的繁荣;最后用5个专题描述了清前期丝织业的发展、太平天国的风云、辛亥革命时期、国民政府时期和1949年后的南京状况。另外一部是经盛鸿的《南京沦陷八年史:1937年12月13日至1945年8月15日》②,该书主要论述日本占领时期的南京历史,由于该书所论述的时间段已经超出本书所要论述的范围,故在此不多做介绍。

---

① 南京出版社于1995年出版了一套《可爱的南京》丛书,其中有《南京史话》上、下两册,上册范围从远古时期到1840年止,是以蒋赞初的旧著《南京史话》1980年版的古代部分为基础修订补充而成;下册的年代为1840—1994年,是由江苏社会科学历史研究所沈嘉荣研究员主编。

② 参见经盛鸿:《南京沦陷八年史:1937年12月13日至1945年8月15日》,社会科学文献出版社2005年版。

二是在专题性研究方面。专题性的学术论著有两部。一部是王云骏的《民国南京城市社会管理》[1],该书运用历史学、政治学、社会管理学等相关学科的研究方法,阐述了1927—1937年——南京历史上最重要的变革时期——南京市政当局实施城市管理、进行社会改造的种种努力,从社会管理的角度论述了城市近代化对南京社会变迁的影响以及由政府与市民的互动关系构成的近代社会管理的新格局。另一部是罗玲的《近代南京城市建设研究》[2],该书主要从近代南京城市受西方文化影响的角度出发,结合中西文化不同的社会背景,通过对古代南京城市发展诸多特点的分析,运用历史学、社会学、统计学、心理学、建筑学的研究方法,阐述了近代南京城市变化与发展的基本过程。另外还有《南京近代公路史》、《南京港史》和《南京经济史》[3]三部专门史著作。

三是学术性文章方面。已经发表的文章主要有:唐文起、林刚的《试论1927—1937年南京城市经济发展与农村腹地之关系》[4]、魏希夷的《南京文化气质及其成因》[5]、郭黎安的《南京历史人口的变迁及其原因》[6]、顾兆录的《南京文化研究述评》[7]、罗玲的《试论

---

① 王云骏:《民国南京城市社会管理》,江苏古籍出版社2001年版。

② 罗玲:《近代南京城市建设研究》,南京大学出版社1999年版。

③ 南京公路管理处编著:《南京近代公路史》,江苏科学技术出版社1990年版;吕华清主编:《南京港史》,人民交通出版社1989年版;南京市人民政府研究室主编:《南京经济史》上册,中国农业科技出版社1996年版;陈胜利、茅家琦主编:《南京经济史》下册,中国农业科技出版社1998年版。

④ 唐文起、林刚:《试论1927—1937年南京城市经济发展与农村腹地之关系》,《民国档案》1987年第2期。

⑤ 魏希夷:《南京文化气质及其成因》,《南京社联学刊》1989年第1期。

⑥ 郭黎安:《南京历史人口的变迁及其原因》,《南京社科联学刊》1989年第5期。

⑦ 顾兆录:《南京文化研究述评》,《南京社会科学》1991年第2期。

南京城市近代化的特征》[①]、张燕的《清末及民国时期南京建筑艺术概述》[②]、张福运的《1927—1937 年南京钱庄的兴衰》[③]、王云骏的《民国南京城市社会管理问题的历史考察》[④]、经盛鸿的《近代南京地区灾害述评》[⑤]、张连红的《南京大屠杀前夕南京人口的变化》[⑥]以及王明德的《论南京在近代中国社会变迁中的作用与影响》[⑦]等 10 余篇。另外，还有一些硕士学位论文，主要有：刘孟信的《1927—1937 南京市行政制度研究》[⑧]、杨冬梅的《民国时期南京市民文化研究》[⑨]、张平的《南京国民政府建立初期首都市政与城市现代化》[⑩]、刘广斌的《抗战前十年南京经济建设研究》[⑪]、丁兆东的《伪南京市自治委员会研究》[⑫]、张斌的《1928—1937 年南京城市居民生活透析》[⑬]、王倩的《国民政府时期南京社会保障事业初探》[⑭]、佟银霞的《刘纪文与民国时期南京市政建设及管理》[⑮]、曹燕的《民国时期南京饮食业研究》[⑯]、王瑞庆的《1927—1937 年南京市征地补

---

① 罗玲:《试论南京城市近代化的特征》,《东南文化》1998 年第 2 期。

② 张燕:《清末及民国时期南京建筑艺术概述》,《民国档案》1999 年第 4 期。

③ 张福运:《1927—1937 年南京钱庄的兴衰》,《民国档案》2000 年第 1 期。

④ 王云骏:《民国南京城市社会管理问题的历史考察》,《江苏社会科学》2000 年第 3 期。

⑤ 经盛鸿:《近代南京地区灾害述评》,《南京社会科学》2000 年第 6 期。

⑥ 张连红:《南京大屠杀前夕南京人口的变化》,《民国档案》2004 年第 3 期。

⑦ 王明德:《论南京在近代中国社会变迁中的作用与影响》,《江苏社会科学》2005 年第 2 期。

⑧ 南京大学历史系硕士学位论文,1993 年。

⑨ 南京大学历史系硕士学位论文,1994 年。

⑩ 南京大学历史系硕士学位论文,1997 年。

⑪ 南京大学历史系硕士学位论文,2003 年。

⑫ 南京大学历史系硕士学位论文,2004 年。

⑬ 吉林大学历史系硕士学位论文,2004 年。

⑭ 南京大学历史系硕士学位论文,2005 年。

⑮ 东北师范大学历史系硕士学位论文,2007 年。

⑯ 南京师范大学历史系硕士学位论文,2008 年。

偿研究》①等。

其他涉及南京的近代城市史著作中,对南京的研究都不占重要位置,如关于研究近代江南城市的著作中苏州、杭州、无锡是重点;研究近代长江中下游城市的著作中上海是重点;研究传统行政中心城市的著作中北京、开封、成都是重点②。南京总是被若有若无地忽略。

国外学者对近代南京城市的研究几乎是空白,目前只见到一篇关于民国时期南京的文章,即 Charles D. Musgrove, Building a dream: Constructing a National Capital in Najing,1927 - 1937. ③

总之,对近代南京城市的研究无论是在质还是量的层面上都十分薄弱。比如在总体性研究方面的代表作——《南京史话》从古代写到 1949 年以后,只有 235 页,15 万余字。显然,该书在许多方面没有深入探讨,作者在根据该书修订的《南京史话》上册的前言中也说“本书属于通俗的历史读物”。④ 而专题性的著作和学术文章数量也不多。虽然这些论著和文章在许多方面对近代南京进行了研究,在一定意义上填补了某些空白,但尚有许多方面值得进一步深入探讨和研究。

那么,为什么对在中国历史上,特别是在近代中国历史上有着突出地位的南京的研究没有受到南京本地学者或其他地区学者的青睐?笔者认为主要有这样几方面的原因:一是资料有限。学术研究以资料为基础,实证性研究尤其仰仗于原始的一手资料。考察国内

---

① 南京师范大学历史系硕士学位论文,2008 年。

② 参见隗瀛涛主编:《中国近代不同类型城市综合研究》,该书所研究的传统行政中心城市的主要代表是北京、开封、成都。

③ 该文被收入 Joseph W. Esherick(eds.), *Remaking the Chinese City: modernity and national identity*,1900 - 1950. Honolulu: Hawaaii University.

④ 蒋赞初:《南京史话》上册,南京出版社 1995 年版,“前言”,第 2 页。

有关近代城市的成功研究范例,无不以系统的资料为支撑。比如《近代上海城市研究》、《近代天津城市研究》、《近代武汉城市研究》等,都是借助于丰富的上海、天津、汉口的近代档案资料才形成有影响力的近代城市研究力作。相比之下,有关南京近代的资料零散而且稀少。由于近代南京经历了几次大的战争灾难,特别是1937年后经过日本帝国主义8年统治,大量档案资料散失或者损毁,现存的较为系统的档案几乎没有,这就令属意于近代南京研究的学者望而兴叹,即使那些曾经研究过近代南京的学者后来也停步不前。二是南京的现代化没有突出特色。研究近代城市不能回避现代化问题,而南京现代化没有突出特色,这几乎是研究南京的学者们得出的一致认识。无论是研究南京文化还是研究南京社会,人们普遍认为没有特点是南京最大的特点。比如茅家琦先生在《横看成岭侧成峰——长江下游城市现代化的轨迹》的"前言"中指出:"在近代化的过程中,传统城市的发展方向也不尽相同。一些城市发展成为工商型城市,一些城市发展成为政治型城市,另一些城市则成为文化旅游型或消费型城市。我们认为,近代工商业的发展是城市近代化的核心。本着这个认识,我们选择了南通、无锡、常州、芜湖、镇江、宁波等六个城市作了典型分析,提出了六种不同的近代化道路。本书没有重点剖析南京、杭州这样的省会城市,这并不意味着我们否定这两个城市在近代的发展,而是因为根据我们的分析,它们在近代化的过程中,近代工商业发展的典型意义似乎不如上述六个城市来得清晰。"①基于这种认识,大部分学者将研究重点集中在上海、天津、汉口、南通、重庆等现代化较有特色的城市。

① 茅家琦等主编:《横看成岭侧成峰——长江下游城市现代化的轨迹》,江苏人民出版社1993年版,"前言",第2页。

2. 选题意义

鉴于上述状况,对近代南京城市现代化研究就具有了一定的学术价值和较强的现实意义。主要体现在:(1)人们重点关注对沿海、沿江的条约口岸工商城市的研究,主要基于这样的认识:沿江、沿海城市在近代基本都是以商兴市,并由商业推动工业的发展,然后再由工业发展进一步推动城市的现代化发展,即工商业的发展是城市现代化的核心。① 于是,研究者们倾向于对这些具有“典型性”的新兴工商业城市的现代化研究。但是,是不是沿江、沿海条约开放城市都发展成为工商业城市?那些非工商业城市——特别是传统行政中心城市的现代化发展如何?它们走了怎样的道路?研究这类城市的现代变迁,丰富中国近代城市现代化研究无疑具有重要意义。南京是沿江条约开放城市,但它并不是一个工商业城市——后来也没有发展成为工商业城市,而是一个典型的传统行政中心城市。因此,对南京现代化的研究,是探寻近代沿江开放城市中非工商业城市和传统行政中心城市现代变迁的典型个案。(2)现实的社会状况是过去历史发展的未来呈现,即过去和现在是历史进程的两个时间体现,它们有着密切的联系。随着中国社会现代化进程的不断发展,人们逐渐发现当代的许多问题之所以呈现出这样或那样的情形,主要是历史造成的,是历史造就了今天。同样,南京的现代化发展之所以呈现出不同于其他沿江城市的特点,这与南京的历史密切相关,特别是与它的传统文化有着至为密切的关系。研究历史,是为了更好地面向未来,一个城市如何准确地定位,如何抓住机遇、充分利用自身的优势、

① 参见张仲礼主编:《长江沿江城市与中国近代化》,“总论”;茅家琦主编:《横看成岭侧成峰——长江下游城市近代化的轨迹》,“前言”。另外,《近代上海城市研究》、《近代重庆城市研究》、《近代天津城市研究》、《近代武汉城市研究》等著作也都提出了相似的观点。

努力克服自身的局限,历史的经验教训值得借鉴。(3)目前,对南京现代化的整体研究基本上是空白,这对于我们了解中国城市现代化发展全貌和在中国历史上具有重要地位的南京的现代化,以及对当代南京的发展都是莫大的缺憾。笔者将南京现代化研究作为论文选题,希望能够为填补这方面的学术研究空白尽一份绵薄之力。

本书的总体立意是探讨南京作为传统中心城市在近代以来面对开埠通商和全国政治中心的历史机遇如何进行现代变迁的。基于此,本书选择了对 1912—1937 年的南京城市现代化进行研究。虽然南京的现代化起始于清末,但变化较大的时期是在 1912 年以后,特别是 1927 年南京作为国民政府首都以后,它突出地展现了传统中心城市面对新的历史机遇所发生的历史变迁。而 1937 年以后,由于抗日战争的全面爆发,南京的现代化发展被迫中断,所以论文的下限定于 1937 年。这样,以清末为背景,主要考察 1912—1937 年,基本上可以对近代南京的现代化进程有一个较为全面的展现。

三、基本理论与研究方法

本书的主旨在于对 1912—1937 年南京城市现代化进行个案考察。本书试图回答的主要问题是:这一时期南京城市现代化的进程如何?其发展特点怎样?存在什么问题?是什么因素促使了南京城市现代化的发展?又是什么因素阻碍了南京城市现代化的发展?为回答这些问题,本书主要采用的基本理论和研究方法如下:

1. 基本理论

现代化理论　“现代化”是一个动态的名词,它是人类历史上最剧烈、最深远并且显然是无可避免的一场社会变革。① 在20世纪五六十年代,现代化研究成为国际性的学术热点,西方学者写出了大批很有影响力的学术著作。由于参加到现代化研究中来的有许多学科的专家:经济学家从发展经济学的角度研究现代化,政治学家关心政治发展并用比较政治学方法研究各国的变化,社会学家从社会结构的角度来研究社会变化的情况,历史学家则用比较历史学的方法研究世界的整体变化过程。于是,现代化研究成为一门多学科、跨学科的新社会科学分支。

现代化是一个包罗宏富、多层次、多阶段的历史过程,很难一言以蔽之,因此从不同角度研究现代化,自然形成不同流派。从历史学的角度研究现代化,着重于对"过程"的研究。罗荣渠认为,"从历史的角度来透视,广义而言,现代化作为一个世界性的历史过程,是指人类社会从工业革命以来所经历的一场急剧变革,这一变革以工业化为推动力,导致传统的农业社会向现代工业社会的全球性的大转变过程,它使工业主义渗透到经济、政治、文化、思想各个领域,引起深刻的相应变化;狭义而言,现代化又不是一个自然的社会演变过程,它是落后国家采取高效率的途径(其中包括可利用的传统因素),通过有计划地经济技术改造和学习世界先进,带动广泛的社会改革,以迅速赶上先进工业国和适应现代世界环境的发展过程。"② 现代化"表达的是一个过程"③。因此,"最好把现代化看做是涉及社会各个层面的一种过程"④。在这种理论框架之下,笔者以为,研

① [美]吉尔伯特·罗兹曼主编:《中国的现代化》,江苏人民出版社2003年版,第3页。

② 罗荣渠:《现代化新论——世界与中国的现代化进程》,北京大学出版社1993年版,第16—17页。

③ 钱乘旦等:《世界现代化进程》,南京大学出版社1997年版,第1页。

④ [美]吉尔伯特·罗兹曼主编:《中国的现代化》,江苏人民出版社2003年版,第3页。

究一个城市的现代化,至少包含这样两方面的内容:

第一,必须是对一个较长时段的研究。因为现代化首先是一个过程,而且是一个剧烈变化的过程。这样就必须有一个较长的时间段才能反映出其阶段性变化,通过对阶段性变化的比较和分析,才能够得出较有说服力的结论。本书选择了对1912—1937年南京的现代化进行研究。对一个城市25年的历史进行考察,应该说是适当的。如果时间过短则很难看出其变迁过程,若太长又使得篇幅过于宏大,不好驾驭。

第二,必须是多层面的研究。现代化就层面而言,它是一个包括经济、政治、文化、社会、价值观念、生活方式等各个领域在内的全方位、立体化传统类型向现代类型变迁的过程。因此,研究一个城市的现代化必须包括诸多层面的内容。本书从城市的经济、市政建设、教育、社会结构和生活方式、社会问题五个方面来考察南京城市现代化变迁过程,力求描绘出一幅较为完整而清晰的南京现代化图像。

城市史理论 城市史研究作为一门新学科首先于19世纪末20世纪初在欧美兴起。中国近代城市史学的研究兴起于20世纪80年代。一般研究者都认为,城市史研究有其特殊性,它是以城市为研究对象,并且有别于其他历史学分支学科的研究。"近代城市史和其他的理论著作相比,应具有不同的特色,既不同于以政治为主要内容,严格按照时间顺序编写的一般编年史,也不同于探讨某一特定领域的专门史,更不同于旨在整理、研究、保存史实的地方志、城市志。"①目前还没有产生某种权威性的中国近代城市史研究的理论模式,但是,在关于城市史研究的重点问题——基本内容与基本线索的探讨上,还是出现了一些较有影响力的理论流派。

① 隗瀛涛等:《关于近代中国城市史研究的几个问题》,《城市史研究》第3辑,天津教育出版社1990年版,第1页。

一是“社会学派”，该学派认为，城市史研究的重点应该放在城市社会和经济上，应将研究的触角伸向城市社会的各个侧面和深层，探讨近代城市的演进，城市经济结构的变化，以及阶级、阶层、民间社团与政党、市民运动与市民心理及生活方式和社会风貌、风俗的变化，中西文明交汇和冲突、社会管理、市政交通、文教兴革等。①

二是“结构—功能学派”，该学派认为，城市史应该以研究城市的结构和功能的发展演变为基本内容。他们强调把城市看做一个有机社会实体，把城市视作在特定环境和历史条件下发生的一个广泛的社会运动过程。城市史研究要着重探讨城市结构、功能由简单初级形式向复杂高级形式的演变，不仅要揭示城市发展的一般规律，而且还要揭示每一个特定城市的特殊发展规律。②

三是“综合分析学派”，该学派认为，应该加强城市史研究的综合性，主张对城市史应该全面把握、综合研究，因为城市是综合的实体，包括政治、经济、文化、社会、人口等方面，城市应该是诸方面综合发展的历史。③

考虑到本书要探讨的是南京城市现代化问题，笔者倾向于选择第三种理论流派的研究视角。因为，所谓的城市现代化就是近代城市向现代的转型，它必然是城市从各个层面向现代变迁的过程，因此，综合的考察不失为一个睿智的选择。

2. 研究方法

本书主要采取以下几种方法对南京城市现代化进行研究：

---

① 参见何一民等:《近代中国城市研究学术讨论会综述》,《近代史研究》1990年第3期。

② 参见隗瀛涛主编:《近代重庆城市史研究》,四川大学出版社1991年版,“绪论”。

③ 参见何一民等:《近代中国城市研究学术讨论会综述》,《近代史研究》1990年第3期。

第一,实证的方法。史学是一门实证科学,论从史出,无证不出,是史学研究所应遵循的基本准则,也是史学研究的价值所在。为此,本书主要运用清末及民国时期的相关档案资料、政府公报、统计资料、报纸杂志以及当时出版的相关论著等资料,努力对这一时期的南京现代化进程进行较为全面的“再现”。

第二,综合的、跨学科的方法。现代化和近代城市史的研究要求研究方法上的多样性,要求研究者们运用多学科的研究方法,如历史学、经济学、社会学、人口学、行政学、政治学、城市学等多学科相结合的方法。目前,已经有越来越多的学者将现代化理论运用到近代城市史的研究中。笔者在此也试图运用多学科的研究方法研究南京城市现代化。

第三,整体的、比较的方法。南京不仅仅是江苏的南京,也是中国的南京,而且曾经是中国的首都所在地。因此,考察近代南京现代化,要做到两个必须:一是必须把南京放置在当时中国的大背景中进行考察;二是必须把南京与历史上的南京以及同一时期的其他城市——特别是沿江和江南城市相比较研究,从而总结其城市现代化的特点。

四、本书结构与学术创新

基于以上的理论框架和研究方法的预设,结合南京的实际情况以及资料收集状况,本书的结构安排如下:

全书主要有三大部分:第一部分为第一章,主要论述近代以来的南京所遭遇的重大事件和主要问题作为论文的背景;第二部分由第二、三、四、五、六章组成,从城市经济、城市建设、教育事业、社会结构及社会生活、社会问题等五个方面对南京城市现代化的内容及发展历程进行较全面的论述。第三部分为第七章,主要是在第二部分的基础上进一步深入探讨南京现代化发展的特点,分析南京现代化发展缓慢的因素,并总结其对现实的启示。

第一章分析近代以来南京遭遇的重大事件和主要问题——太平天国战争、传统优势的丧失和开埠通商——对南京的影响,交代1912—1937年南京现代化的背景。

第二章从工业、商业、贸易和金融四个方面对南京经济的现代化进程进行论述,努力地较为全面地展现南京经济现代化的历史进程和阶段性变化。

第三章考察1927—1937年间南京的市政制度建设及基础设施建设,并从现代化角度对独具特色的南京民国建筑进行了解读。

第四章考察教育体制的转型过程,并对其现代化功效进行评价。

第五章分析南京社会结构和社会生活的变迁。以此来探讨南京现代化进程的特点以及这些变迁对南京现代化的影响和制约。

第六章论述南京城市现代化过程中出现的主要社会问题,通过对这些问题产生的原因、造成的影响以及政府与社会各界采取的措施的分析,来了解南京现代化进程中所面临的困境。

第七章在第二部分的基础上进一步深入探讨南京现代化道路的模式和特点,对影响南京现代化发展缓慢的因素进行分析,并总结南京城市现代化对当代南京城市建设的启示。

本书的创新之处主要体现在以下几个方面:

第一,本书尝试用历史学和社会学等相关学科的理论和方法对1912—1937年的南京城市现代化进行整体研究,突破了以往对南京现代化研究碎片化的缺陷,在一定程度上弥补了这一领域的研究空白。

第二,运用比较研究的方法,通过对南京与沿江条约体系城市、江南城市现代化的共性与异性的比较考察,来探讨南京现代化的特殊性。

第三，通过对南京现代化的研究，探讨了中国传统行政中心城市的现代化发展轨迹。提出了“政府主导的现代化模式”的概念，具有一定的创新性。

第四，在较为全面实证的基础上对南京现代化道路进行思考，总结其发展特点，并对影响南京现代化发展的因素进行了分析。

第一章　南京城市现代化的开端

在两千多年的历史中，作为中国传统农业社会里成长起来的城市，南京具有一种典型性，即主要源于政治的原因而盛而衰。无论是六朝时期的建康、南唐时期的金陵，还是明初的南京，无一不是由于作为政权的都城而成为工商业十分发达、城市建设颇为壮丽的东南地区的中心城市。而当这些政权衰亡或者迁都之后，南京的地位便一落千丈，呈现出“颓垣废址，荒烟野草”①的景象。这种大起大落似乎处于一种周期性的循环状态。不过这种循环状态一直是在中国式的封建传统社会里进行的。

进入近代以后，中国的国门被外力强行打开，资本主义势力开始由东南沿海登陆，并由沿海沿江而向内地逐渐渗透，瓦解着传统的小农经济，对中国的政治、经济、文化产生了强烈的冲击，特别是对沿海、沿江城市的发展产生了巨大影响。在这种背景之下，中国城市开

---

① 欧阳修：《有美堂记》，《欧阳修散文全集》，今日中国出版社 1996 年版，第 579 页。原文中有“金陵以后服见诛，今其江山虽在而颓垣废址，荒烟野草，过而览者，莫不为之踌躇而凄怆”之句。

始了由传统向现代的艰难转变历程。南京,作为沿江条约口岸城市,在迈向现代化之初(或者说之前)又面临着怎样的历史命运?

第一节　太平天国战争的影响

进入近代之初,南京曾经成为一个地方性政权的首都即太平天国的首都天京。似乎历史性的周期循环要再一次上演了,而这次历史没有眷顾南京,没有让她再一次因作为政权的都城而繁华。尽管天国的领袖们修建了壮丽的宫殿,在城市也进行了某些改革,出现了一些新的气象,但是,由于它所对抗的统治政权——清王朝仍然处在强势状态,双方的战争从未间断。1853 年 3 月太平军攻下南京,不久又占领了镇江和扬州。清政府跟随其后,设立江南、江北大营,对南京形成合围之势,双方军队在苏北地区的战争,始终围绕江北大营的攻防来展开。太平军曾于 1856 年和 1858 年两次攻破江北大营。1856 年和 1860 年又两破江南大营,这两次的战场主要在南京城东部的丘陵地带。江南大营攻破后,太平军东征苏州、常州,建立苏福省,苏南地区成为太平军与清军争夺的焦点。战争时期,整个江南地区受其影响长达 12 年之久。南京所在江宁府是太平天国战争的中心,战争的损害也最严重。可以说,正是这场战争使得南京在相当长的时间里没有恢复元气,从而导致了其在迈入近代之初,不但没有能够抓住机遇,而且连原有的优势也一并丧失掉了。

一、人口锐减与土地荒芜

虽然长江各省都受太平天国战争的影响,但以江苏最为严重①。

① 对这一问题,学者们的观点不一致。参见曹树基:《中国人口史》第 5 卷,复旦大学出版社 2000 年版,第 553 页;周武:《太平军战事与江南社会变迁》,《社会科学》2003 年第 1 期,第 93 页。

太平天国战争前，江苏人口居全国首位，而战后，人口减少了54.6%，使江苏人口由全国第1位降至第9位。① 而就各府州县来说，以江宁府最严重，其次为镇江府、苏州府。战后，江宁府所辖各县剩余人口大多没有超过30%，见下表：

表1.1　太平天国战争前后江宁府人口变化表

地区	战前	战后	战后/战前×100(%)
句容	嘉庆14年306,968	光绪26年79,053	25.75
溧水	道光27年185,143	光绪4年30,847	16.66
高淳	道光27年188,930	同治8年55,159	29.20
六合	乾隆46年318,683	光绪8年115,155	36.13

资料来源：王树槐：《中国现代化的区域研究——江苏省，1860—1916》，(台北)"中央研究院"近代史研究所1984年版，第37页。

曹树基通过推测认为，"江宁府为太平天国战争中心，各县受损失程度可能不会有太大差异，即使江北六合、江浦两县也不例外。因此，可以推测该府战争中损失人口达到了473.1万，剩余人口仅为149.9万。"②

另据葛庆华研究认为，太平天国战争期间，江宁府的人口损失数目更大。咸丰元年(1851年)溧水县人口约30.1万，战时人口损失约26.4万人，人口损失率达87.6%。咸丰元年(1851年)高淳县人口40.8万；1869年该县实存男丁55,159、妇女34,294，战时损失31.9万，人口损失率达78%。1900年句容县有11.87万余人，据民国年间调查，句容县外来移民占总人口的一半左右。由此推测，同治

① 参见王树槐：《中国现代化的区域研究——江苏省，1860—1916》，(台北)"中央研究院"近代史研究所1984年版，第36页。

② 曹树基：《中国人口史》第5卷(清时期)，复旦大学出版社2001年版，第462页。

十年(1871 年)句容县遗存人口 5.6 万,战时损失约 70.1 万,人口损失率达 92.6%。[①]

需要指出的是,太平天国战争时期人口的大量损失并非都是太平军所杀,清军的杀戮也极为残酷。死于清军之手的人口绝不亚于死于太平军之手。当然,这些人口的损失不仅仅是死于战争屠杀,还有瘟疫、旱灾等因素。由于战争期间人口损失惨重,尸横遍野,长期得不到掩埋,容易发生瘟疫。比如同治元年(1861 年)大江以南疫疠流行,句容县"遗民死者殆尽";[②]溧水"死者无算"。[③] 即使战后,瘟疫仍时有发生,这不仅使还乡人民却步,还曾经使得曾国藩的招垦成果化为乌有。"同治甲子(三年),江宁克复,乃绝贼踪,流人渐返。大兵战后,瘟疫盛行,数季不息,归者皆死,人遂视为畏途,裹足不前,积久习安于外矣"。[④] 瘟疫之外灾害频仍,如句容"咸丰六年大旱,飞蝗蔽天,斗米千钱。""(同治)二年蝗。"[⑤]

随着人口减少而来的是田地荒芜。田地荒芜的情形,基本上与人口减少成正比。其中,以江宁府最为严重,如光绪六年(1880 年),苏州府田地原额 253,900 余顷,已垦 202,690 顷,占原额 79.83%。[⑥] 而江宁府所属各县实垦面积最高也只占原额的

---

① 参见葛庆华:《近代苏浙皖交界地区人口迁移研究(1853—1911)》,上海社会科学院出版社 2002 年版,第 31 页。

② 《光绪续纂句容县志》卷 19,《兵事月日表》,《中国地方志集成·江苏府县志辑》第 35 册,江苏古籍出版社 1991 年版,第 544 页。

③ 《光绪溧水县志》卷 1,《天文志》,《中国地方志集成·江苏府县志辑》第 33 册,江苏古籍出版社 1991 年版,第 249 页。

④ 朱彝:《泾县张香都朱氏续修支谱》,"卷首",转引自葛庆华:《近代苏浙皖交界地区人口迁移研究(1853—1911)》,上海社会科学院出版社 2002 年版,第 27 页。

⑤ 《光绪续纂句容县志》卷 19,《祥异》,《中国地方志集成·江苏府县志辑》第 35 册,江苏古籍出版社 1991 年版,第 528 页。

⑥ 参见欧阳辅之编:《刘忠诚公(坤一)遗集·奏疏》卷 16,文海出版社 1968 年版,第 2168 页。

68.80%。见表1.2:

表1.2 光绪五、六年间江宁府各县实垦与原额田地比较表

县名	原额(顷)	现垦(顷)	现垦占原额的百分比(%)
上元	9,962	4,270	42.86
江宁	8,476	4,390	51.79
句容	14,471	5,237	36.19
溧水	10,198	3,135	30.74
江浦	4,365	2,535	58.08
六合	8,580	5,903	68.80
高淳	7,390	4,151	56.17
合计	63,442	29,621	46.69

资料来源:《续纂江宁府志》(光绪六年重刊)卷2,第10—17页。

二、经济萧条

与人口锐减和土地荒芜相伴随的便是经济萧条。"巨宫广厦延烧略尽,兵燹之后,户口陵替,疮痍满目。"①这便是太平天国战争之后南京的状况。

太平天国战争后,南京城的荒凉残破,可从当年毛祥麟的《甲子冬闱赴金陵书见》的描述中看到,这是他1864年从上海至南京途中所见的情形:

> 自沪至昆山,炊烟缕缕,时起颓垣破屋中。而自昆至苏州境转荒落,金阊门外瓦砾盈途,城中亦鲜完善,虎丘则一塔幸存,余皆土阜。由是而无锡、而常州、而丹阳,蔓草荒烟,所见一律。其余宿莽中,时露砖墙一片,或于巨流内横矗乱石数堆者,皆贼负

① 张其昀:《明清间金陵之都市生活》,转引自郭黎安:《南京历史人口的变迁及其原因》,《南京社联学刊》1989年第5期。

隅处也。而岸见难孩数千同声乞食,为惨然者久之。余若奔牛、吕城、新丰诸镇,问称繁庶,今则一望平芜,杳无人迹;偶见一二乡人,皆骨立声嘶,奄奄垂毙。问之,则云一村数百人,今十不存一矣……江宁城壕两岸,铅丸累累,沙中白骨纵横,想见历年战斗之苦。城中房屋,惟西南尚称完善,然亦十去四五,东北则一览无余也……秦淮水遏不流,岸曲阿房,尽成灰烬。皇城旧址,蹂躏尤深,行四五里,不见一人,亦无一屋。①

而且这种惨败荒凉的局面,很长时间没有改变。光绪六年八月(1880年),刘坤一在《查实江苏各属荒熟田地报部折》中云:"查江宁一府七县,被兵十有余年,井邑萧条,田地芜废;肃清以后,土著农民存者无几,多方招集,复业寥寥。"②次年,又据江南布政使梁肇煌称:江宁府属上元、江宁、句容、六合、江浦5县"自经兵燹,一片荒芜,腴瘦不分,高下莫辨"。因而经过朝廷批准,对该5县额征漕粮等米,一律减免十分之三,"以广皇仁而苏民困"③。直至19世纪末南京城依然满目荒凉。1882年左宗棠就任两江总督,他曾描绘当时的南京:"江南克复廿年,而城邑萧条,四野不辟,劫窃之案频闻。金陵向非贸易埠头,人烟寥落,近则破瓦颓垣,蒿莱满目,虽非荒歉之年,而待赈者恒至二万数千之多,较之四十年前光景,判若霄壤。而河务盐务败坏不振,农田漕运均无益而有害,向有所闻,今则又有所见矣衰病竭蹶去日已多。"④十多年后的1896年,张之洞在向朝廷的

① 转引自刘石吉:《明清时代江南市镇研究》,中国社会科学出版社1987年版,第75页。

② 欧阳辅之编:《刘忠诚公(坤一)遗集·奏疏》卷16,文海出版社1968年版,第2169页。

③ 欧阳辅之编:《刘忠诚公(坤一)遗集·奏疏》卷17,文海出版社1968年版,第2331—2332页。

④ 杨书霖编:《左文襄公(宗棠)全集·书牍》卷25,文海出版社1979年版,第3570页。

奏折中提到的南京依然十分残败,“金陵平定已三十余年,元气至今未复,民生萧索,城市空旷,毫无振兴之机”。①“金陵城内辽阔过甚,兵燹以来市廛萧条,城内有居民者三分之一,空旷者三分之二……北城一带,蒿莱弥望,匪类潜踪,命案抢夺间见叠出,商旅来往,官吏趋走,备极颠踬。公私旷废。”②

三、传统丝织业受到严重冲击

南京历史最长又最著名的传统手工业是丝织业,主要品种有四种:缎、云锦、绒、绸。其中,缎业最负盛名,它在一定程度上代表了南京的传统产业。它不仅对南京的城市经济发展有很大影响,是南京的支柱性传统产业,同时,在我国丝织业生产中也占有重要地位。但是,由于受到太平天国运动的影响,南京的丝织业受到严重冲击而衰落,这使得南京的经济发展在跨入近代之初,没有强有力的经济支持。

南京丝织业历史悠久,据说早在 1700 年前的东吴时期,已经达到了一定规模。当时,孙权的赵夫人能够亲手织棉锦,王宫中有上千名专门从事丝织的宫女。宋元时代,南京已经成为全国主要丝织业中心之一。宋时,全国设有 3 处专为宫廷皇室及中央政府制造丝织品的“官局”,南京即为其一。元代,由于蒙古贵族对江南丝织品的特殊喜好,南京丝织业颇为发达。自 1279 年起,元王朝在建康设立了东、西织染局,征用匠户大规模生产丝织品。当时的建康城每年能够生产上万匹锦缎、两三万两蚕丝。

到了明代,南京丝织业又有了新的变化和进展,主要表现为丝织

---

① 王树楠编:《张文襄公(之洞)全集·奏议》卷 40,文海出版社 1970 年版,第 2904 页。

② 王树楠编:《张文襄公(之洞)全集·奏议》卷 41,文海出版社 1970 年版,第 2987 页。

业分工更细，品种增多，质量提高以及民间丝织业的发展。当时，全城丝织业约有100多个行业，其中缎子、表绫、宁丝、罗、绢、绉纱、丝绵、绒线、打线、头巾、网巾、冠带、荷包、颜料、染坊、踹布行等20多个行业与丝织业关系最密。此外，还有一系列相关行业，如彩色妆花所需的金线、银线；织机中的腰机；制造纺织机零件的铁作、木作、竹作；供应包装绸缎的纸坊等行业，也都相当兴旺。除了行业分工增加之外，品种也增多了，质量也提高了。如缎业中又分"花纹缎"和"光素缎"两种，其中用金银线织成的"彩色妆花缎"是花纹缎中之精品。绢类有云绢、素绢、生绢、熟绢4种。罗类有花、素两种。纱类中既有传统的花纱、绢纱和四紧纱，又有带皱纹或彩色妆花的银条纱等新产品。

明代南京丝织业分为官营和民间两大部分。明中期以前，官营工业在南京全部丝织业中占重要地位。明初，南京设置内织染局、神帛堂、供应机房等重要机构，监督并生产供皇室及中央政府需用的丝织品。主要产品为龙衣、蟒袍、锦缎、素缎、绫、罗、纱、绢等。

明中叶以后，民间丝织能力已超过官办工业，形成了丝织品市场，官织染局逐渐衰落。如南京的神帛堂原有人匠1,200人，到万历中期，仅存800余人。① 官局的工匠也不如民间的好，南京官局还"出备工价，雇觅在京高手造作供应"。② 由于官织染局的腐败，皇室缎匹逐渐改由机房领织和向民间市买。明后期，宫廷和政府所需丝织品，相当部分是向民间"市买"的。至明末崇祯元年（1628年），官局全部停废。

清代的康、雍、乾、嘉时期（1662—1820年），南京丝织业在明代的基础上进一步发展，超过苏杭，是江南丝织业最发达的城市。从丝

---

① 参见《大明会典》卷208，工部28，（明）李东阳等敕撰：《大明会典》（5），江苏广陵古籍刻印社1989年版，第2772页。

② 《明宪宗实录》卷64，第7页，《明实录》第23卷。

织业规模上看,南京织机“乾、嘉间通城机以三万计,其后稍稍零落,然犹万七八千”。[①] 道光间“缎机以三万计,纱、绸、绒、绫不在此数”[②]。还有学者估算,清代前期江南地区,南京、苏州、镇江、盛泽、杭州、湖州、双林、绍兴、宁波等9个丝织业集中的城镇,共有机(织)户46,400户,织机68,900台,织工213,200人。其中南京居第一位,有机(织)户20,000户,织机30,000台,织工105,000人,分别占9城镇总数的43.10%、43.51%和49.24%[③]。丝织品的花色品种以及纺织技术,也都较明代有所增加、提高。“金陵之业,以织为大宗,而织之业,以缎为大宗。缎之类有头号、二号、三号、八丝、冒头诸名,莫美于靴素,玄色为上,天青次子。其织各色摹本者,谓之花机,织工多秣陵关人。又有绒机,则孝陵卫人所织,曰卫绒,其浅纹深理者,曰天鹅绒。纱机以织西纱芝地直纱,绸机以织宁绸,则以郡名名之,皆缎机之附庸也。”[④]在纺织技术方面,云锦业机工已分为织工、染工、绘图工、挑花工等,辅助工种有漂工、络工和牵经工等。生产云锦一般要经过7道工序,每台织锦花机需两名机工操作。最复杂的织品需要1.7万根经线。

太平天国战争对南京丝织业产生了巨大冲击,导致南京丝织业的急速衰败。“洪杨兵起,金陵适当其冲,织工流离四散,缎业因之萧条。”[⑤]由于战争和太平天国某些政策的影响,南京丝织业原有的生产、销售体系被冲溃,造成“商贾之迹绝”的状况。1853年,“南京城内

---

① 陈作霖:《凤麓小志》卷3,《金陵琐志》五种,南京地方志办公室藏。

② 《续纂江宁府志》(光绪六年重刊)卷15,第74页。

③ 参见徐新吾主编:《近代江南丝织工业史》,上海人民出版社1991年版,第56页。

④ (清)陈作霖:《金陵物产风土志》,张智主编:《中国风土志丛刊》第31卷,广陵书社2003年版,第29页。

⑤ 彭泽益编:《中国近代手工业史资料》(1840—1949)第1卷,中华书局1962年版,第602页。

用于织缎的织机共有35,000台,附近乡村共有15,000台,织摹本缎的织机曾有25,000台。织妆花描金缎的织机有1,000台,织造建绒的织机不下7,000台。织造茧绸的织机有4,000台。"①当太平军攻占南京后,大量丝帐房、机户外逃,"城内外织绸缎之机户为多,其时半逃亡于江北之如皋、通、泰及江南之苏松等处"。② 战争亦将清政府的织染官局尽行摧毁,这对南京丝织业影响很大,"同治三年克复江宁,机户安土重迁,观望不归,佣趁资食者无以厚生,元气难于骤复。"③

第二节　传统中心地位的丧失

太平天国战争的影响远远不止上述几个方面,它不但使南京再次遭受重大摧残,使南京长期以来的东南中心的地位也遭受严重挑战,更为重要的是大大阻碍和延缓了南京开埠通商的时间,丧失了近代城市发展的历史机遇。

一、古代南京:东南地区的中心城市

南京坐落在长江下游的中心,地形属宁镇扬丘陵地区,它的东部是连绵起伏的宁镇山脉,东南与太湖平原和钱塘江流域遥遥相望,西扼长江天险之咽喉,与江淮平原隔江相接。具有得天独厚的自然条件和地理优势,自古就有"江南佳丽地,金陵帝王州"的称誉。在中国城市发展史上,南京始终占有举足轻重的地位,在相当长的历史时

① 彭泽益编:《中国近代手工业史资料》(1840—1949)第1卷,中华书局1962年版,第601—602页。

② 彭泽益编:《中国近代手工业史资料》(1840—1949)第1卷,中华书局1962年版,第602页。

③ 彭泽益编:《中国近代手工业史资料》(1840—1949)第2卷,中华书局1962年版,第64页。

期它一直居于东南地区甚至全国政治、经济和文化的中心地位。

东汉末年,社会动荡,各地群雄并起。在军阀混战中,逐渐形成曹操、刘备、孙权三支势力三分天下的局面。229年,孙权建都城于建业(今南京),国号东吴,成为南京建都的开始。经过孙权及其后继者50余年(280年被西晋所灭)的经营,南京的城市建设、交通、商业迅速发展,成为一座初具规模的、繁荣的古代城市。当时,商业区集中在秦淮河两岸,著名的集市有大市、东市和北市,横塘、长干是两个商业市场集中区域。左思《吴都赋》中有"横塘查下,邑屋隆夸。长干延属,飞甍舛互"[①]之句,描绘了这一带市场和居住区的繁华景象。由于据守当时最重要的长江航道,东吴的造船业比较发达,拥有一支较大规模的水师和商业船队。

西晋末年,中国大乱,北方少数民族大举进犯中原,朝中士大夫皆过江南下。317年,东晋在吴国旧都建业定都,称建康,从此,南京就成为偏安南方王朝的首都。东晋以后,又有南宋、南齐、南梁、南陈,都以建康为都城,史称南朝,再加上东吴、东晋,合称六朝。

六朝时期,南京空前繁荣,有"金粉六朝"的称誉。由于战乱,北方人口大量南迁,使得东吴时就已繁盛起来的秦淮河两岸人口更加密集、商业更见繁荣。到梁武帝萧衍时,建康已发展为有28万户、100多万人口的特大城市和重要的商港、交通枢纽和物资集散地。它不仅是太湖、钱塘江流域物资的入江口,也已经形成长江线、南方线和北方线,以及海外航线。[②] 在河岸码头,中外船只穿梭往来或停泊,一派繁忙景象。据史载,东晋时,"涛水入石头,商旅方舟万计,漂败流断,骸胔相望。"[③]一次大风灾,竟然使数万计商船遭到灭顶之

---

① 转引自南京市人民政府研究室编:《南京经济史》(上),中国农业科技出版社1996年版,第69页。

② 参见吕华清主编:《南京港史》,人民交通出版社1989年版,第6—10页。

③ (唐)房玄龄等:《晋书》卷27,中华书局1974年版,第817页。

灾,可见商船之多,贸易之盛。

六朝时期,南京的文化教育成就也值得称颂。早在西汉时期,南京就有学校教育,名为学官,即后来的学宫、学校。230年,孙权下令立国学,"置都讲祭酒(国学主持人),以教学诸子"。[①] 这是江南有国学的开始。宋文帝元嘉十五年(438年),在建康建立了儒学、玄学、史学、文学等四学,实行分科讲授,这是我国教育史上大学分科的开始。宋明帝泰始六年(470年),又设立总明观(是藏书而兼教学、研究的中央官学机构),征学士入学,分设儒、玄、文、史、阴阳五学部。这近似综合性质的大学和研究院,是中国古代教育发展史上的一个进步。梁武帝天监四年(505年),首开五馆,立国学,后又专门为士族(士大夫阶层)子弟设立了国子学,"于是四方郡国趋学向风,云集于京师矣。"[②]梁武帝时编撰的《千字文》一书已被公认为世界教育史上流传最久、影响最大的识字课本,是我国封建社会启蒙教育的必读教材。在六朝建都的数百年中,国家虽然偏安一隅,但文人的思想却倾向自由,能打破传统桎梏,又富于创造能力。因此,六朝时期,"足称(文学)黄金时代,其影响后世至巨"[③]。主要体现在这样几个方面:一是山水文学。六朝文学最突出的成就是诗歌。南朝初年,以谢灵运为代表的诗人开创了山水诗派,用诗赋韵语来赞美自然,南京成为当时山水诗人的大本营。东晋末宋炳、顾恺之等,又为山水画开宗,与文学相映成辉。二是文学批评之独立。文学批评,首先见于《论语》中,然而只是只言片语。专篇论文则开始于曹丕的《典论·论文》,后有陆机的《文赋》、葛洪的《抱朴子·外篇》,这些

① 南京市地方志编纂委员会编:《南京教育志》,方志出版社1998年版,第35页。

② 《南史儒林传》,转引自叶楚伧、柳诒徵主编:《首都志》(上),正中书局1935年版,第630页。

③ 胡小石:《南京与文学》,《江苏炎黄文化研究》2001年第2期。

都与南京有关。至于系统的文学批评专著则有南齐末年刘勰的《文心雕龙》,该书堪称古代最大的文学批评专著。另外还有梁朝钟嵘所著的评论各派诗人的《诗品》。三是声律文学。讨论文章的声律,从陆机的《文赋》开始,经过范晔、谢庄,到齐、梁间的沈约、王融、谢朓完成。所谓声律,简单地说,就是文章分平仄,以二音为一节,四句为一周,律诗必平仄协调,而且一篇诗的结构都是四句的倍数,赋及散文也同时采用这种原则。这是中国文体上一个极为关键的大变化,它影响了中国文学千年以上。

589年,南陈被隋所灭,隋文帝下令将建康宫城“平荡耕垦”①,六朝旧迹,扫地无余,只留下城西小小的石头城作为蒋州州治,南京地区只有江宁一县。

唐代末年,藩镇割据,天下纷乱,中国历史进入五代十国的黑暗时代,东南地区主要有吴国和吴越国。金陵是吴国重镇,吴国权臣徐温派其养子徐知诰营建金陵城。937年,徐知诰以金陵为根据地夺吴国帝位,建立南唐,金陵成为南唐首都。沉寂了300多年后,南京城市又出现了复苏的景象,但975年南唐被宋所灭,金陵也随之荒废。

1356年,元末农民起义军领袖之一的朱元璋攻占了集庆路(元朝时将建康府改为集庆路),并以此为根据地,统一了长江中下游,最后统一了全中国。1368年,朱元璋在应天府(改集庆路为应天府)称帝,以应天府为南京,②以开封为北京。1378年,朱元璋定南京为

① (唐)魏征等:《隋书·地理志》,中华书局1973年版,第876页。

② 历史上叫南京的地名还有6处,它们分别是:唐天宝十五年(756年),唐玄宗为避“安史之乱”,从长安逃到四川成都,把成都改名为南京;五代时,后唐天成三年(928年),辽国把辽阳叫做南京;后晋天福初年(936年),辽又把幽州(今北京)改为南京;北宋时,因宋太祖赵匡胤曾经在宋州(今河北商丘县)驻扎过,在大中祥符七年(1014年),便把宋州建为南京;金天辅七年(1123年),有一段时间把平州称为南京。金完颜亮时,又把河南开封改作南京。但是,自从明朝以后,南京的称呼便没有再移往他处,并一直沿用至今。

京师,南京第一次作为全国的首都,成为全国性的政治中心。明初,由于政府的积极倡导与大力扶持,再加上南京城原有的经济基础和得天独厚的自然环境,南京的商业迅速发展。明朝人所绘制的《南都繁会图卷》(现藏中国历史博物馆),就十分形象地描绘了南京商业的繁荣景象:在长3.5米、宽44厘米的画面中,就出现了109种店铺招牌和1,000多个人物。①

明代十分重视发展教育。早在1365年,朱元璋改元朝的集庆路学为国子学。1381年,朱元璋下诏建国学于鸡笼山下(今东南大学一带),翌年落成,定名为国子监。南京国子监称为京师国子监,它既是教育的管理机关,又是培养官员的最高学府。国子监气势恢弘,规模宏大。监内建筑的教室、藏书楼等校舍就有2,000余间。② 1421年,永乐迁都北京,南京为留都。南京仍设六部,科举分南闱、北闱举行,南京夫子庙的明远楼当时是全国科举考场的标志。

1645年,清军南下,攻占南京,南京留都地位终结。清朝,改应天府为江宁府,并在这里置两江总督衙门,管理江南(江苏、安徽)和江西。清初的统一战争和高压统治,使南京经济一度失去了活力。直到康熙十一年(1672年),南京仍然"百货萧然,无复昔日京华之盛"。③ 但是,这种情况不久就得到了改变,自康熙二十年至道光二十年(1681—1884年),随着三藩平定、台湾统一,南京同其他江南城市一样,经济又逐渐恢复并稳步发展,达到了封建经济的鼎盛时期。

① 参见蒋赞初:《南京史话》(上),中华书局1980年版,第127页。

② 参见南京市地方志编纂委员会编:《南京教育志》,方志出版社1998年版,第5页。

③ 金浚:《金陵水利论》,《国朝金陵文钞》卷3,转引自范金民:《清代前期南京经济略论》,载南京市人民政府经济研究中心编:《南京经济史论文选》,南京出版社1990年版,第121页。

南京城西北一带的长江中,“帆樯出没,不可纪极,上下两江,旅舟商舶,络绎奔凑,菁华所萃,风气郁发”。[①] 至于城内的繁华,吴敬梓在《儒林外史》中这样描写到:

> 这南京乃是太祖皇帝建都的所在,里城门十三,外城门十八,穿城四十里,沿城一转足有一百二十多里。城里几十条大街,几百条小巷,都是人烟凑集,金粉楼台。城里一条河,东水关到西水关足有十里,便是秦淮河。水满的时候,画船箫鼓,昼夜不绝。城里城外,琳宫梵宇,碧瓦朱甍,在六朝时,是四百八十寺;到如今,何止四千八百寺!大街小巷,合共起来,大小酒楼有六七百座,茶社有一千余处。[②]

虽然是小说家言,有所夸张,但清中期南京再度繁荣却是事实。乾隆时期,城内仅隶属上元县的街道就有 20 条,合之江宁,至少 30 条。嘉庆时期,全城东西向和南北向的街道各有 17 条。嘉道时,甘熙也称南京“街衢通达,闾阎万千,异乡人每茫然莫辨”[③]。丝织业也极其发达,有织机 3 万台,工匠 5 万多,聚宝门一带就是机户集中的地方。丝织品以元缎和云锦最为著名,为皇室所好。清政府在南京特设“江宁织造署”来组织生产。《红楼梦》的作者曹雪芹的祖上三代都担任过织造官,康熙皇帝 6 次南巡,有 5 次就住在江宁织造署,乾隆皇帝 6 次下江南也都住在江宁织造署扩建的行宫里。

总之,古代南京是东南乃至全国的政治经济文化中心,在中国历史上具有重要地位。清朝取代明朝以后,将首都定在北京,北京成为全国的政治文化中心。南京由明朝的首都、留都降为江宁府,后来虽

---

① 《康熙江南通志》(1),“余国柱序”。

② (清)吴敬梓:《儒林外史》,人民文学出版社 1977 年版,第 293—294 页。

③ 甘熙:《白下琐言》卷 4。

置两江总督府于江宁府，南京仍为东南的政治中心，但与往日的政治中心地位相比已不可同日而语了。不但如此，进入近代以后，其东南经济中心的优势地位也受到了严重挑战。

二、传统中心城市地位受到严重挑战

自鸦片战争后，中国沿江沿海城市相继对外开埠通商，逐步开始由传统向现代转型，南京虽然也属于较早开埠的城市，但是由于种种原因，与其他城市相比，南京的城市现代化进程明显滞缓，它由古代南方的一级中心城市下降为长江下游的二级中心城市，其历史上东南经济中心的地位被上海所取代。

上海，南宋时期设镇，元朝时期（1292 年）设县，1355 年建城，是长江下游地区的贸易港口，在民国以前，属于江苏省松江府。康熙二十三年（1684 年）清廷开放海禁，以棉、布贸易为基础的上海航运业，得到了空前发展。上海不仅是沿海贸易的港口，而且是长江航线上的重要商港。运入上海的有大米、杂粮、茶叶、瓷器、木材等，运出上海的有棉布及沿海转口的糖、豆等物。鸦片战争前，上海附近大小市镇已经达 150 余个，上海县更是人烟稠密，商业兴隆，已经是一个贸易兴盛的中等县城了。1842 年中英《南京条约》规定开放广州等五城市为通商口岸，上海是其中之一，上海在五口中位于最北端，外贸辐辏于华东、华中及中原地区，腹地广大。1843 年上海正式开埠，1845 年英租界设立，以后又设立了美租界、法租界。英美租界在 1863 年合并为英美公共租界，1899 年改为国际公共租界。上海租界经过几次扩张，成为中国面积最大、居住外国人最多、殖民地色彩也最浓厚的租界。19 世纪中叶，中外贸易的大宗是丝茶出口，占出口总值的 90% 以上，上海邻近丝茶产地，运输便捷，因此开埠后，上海外贸迅速开展。以丝货交易为例，以前各地商人都到苏州采购，"迨自上海通商以来，轮船麇集，商贾辐辏，以致丝货均至上海贸易，虽本地富商不少,而上海皆设分铺”。[1] 19 世纪 60 年代,上海对外贸易额已占全国的一半以上,它取代广州成为中国对外贸易的中心。上海进口的商品只有 20% 是上海本地消费的,80% 转销内地。1867 年,上海进出口净值为 6,603 万海关两,1890 年为 9,746 万海关两,1895 年为 1.63 亿海关两,1900 年为 1.97 亿海关两,1905 年达 3.56 亿海关两。1905 年上海进出口净值是 1867 年的 5 倍多,[2]是同年广州外贸总值的 5.56 倍、同年天津外贸总值的 8.31 倍。1902 年上海口岸航运总吨数为 1,181.3 万吨,几乎所有列强都有商轮往返于沪地[3]。上海的商业腹地分为三个层次:(1)紧靠上海的长江三角洲地区;(2)整个长江流域和沿海地区;(3)广大内陆地区。沿江城市,依托长江黄金水道,成为上海市场的主要辐射区,并进而充当了向整个长江流域乃至广大内陆地区辐射的次级辐射中心。南京成为上海的辐射区,并充当了次级辐射中心的角色。与此同时,上海城市人口也由 1843 年以前的 20 多万,到 1900 年超过 100 万,还不包括流动人口和水上居民。到 20 世纪初,上海已经成为中国最大的城市和经济中心。东南经济中心的交椅也就自然为上海所有了。

第三节　开埠通商及其影响

开放性是实现城市功能的基本前提,尤其是作为一定地域内经济、文化中心的近代城市更是如此。中国最早发展起来的近代城市

---

① 彭泽益编:《中国近代手工业史资料》第 2 卷,中华书局 1962 年版,第 326 页。

② 参见樊卫国:《近代上海进出口贸易在全国的比重》,《上海经济研究》1992 年第 3 期。

③ 参见徐雪筠等译编:《上海近代社会经济发展概况——海关十年报告》,上海社会科学院出版社 1985 年版,第 138 页。

基本都是沿海、沿江城市，而这些城市现代化的起步都与开埠通商有着密切联系。上海最为典型，上海的迅速发展得益于对外开放。南京也是开埠城市，开埠给南京带来了怎样的影响？是否也如其他沿江城市一样获得了较大的发展空间？

一、南京开埠始末

南京地处长江下游，并控制着长江水道，特别是南北漕运的咽喉地带，是我国东南的军事重镇，历来是兵家必争之地。在鸦片战争期间，英国就是通过占领南京而逼迫清政府签订了中国近代史上第一个不平等条约——《南京条约》。条约规定，除了割让香港，赔款2,100万元外，开放广州、福州、厦门、宁波、上海等五处为通商口岸。然而英国并不满足这些，为了攫取更多的特权，英法两国在沙俄和美国的支持下，发动了第二次鸦片战争。1858年，中国被迫与英、法签订中英《天津条约》、中法《天津条约》。中英条约规定，长江各口岸均对英国开放通商，中法条约则明确规定将南京列为通商口岸。该条约第六条规定："……将广东之琼州、潮州，福建之台湾、淡水，山东之登州，江南之江宁六口，与通商之广州、福州、厦门、宁波、上海五口准令通市无异。其江宁俟官兵将匪徒剿灭后，大法国官员方准本国人领执照前往通商。"①但是由于当时南京被太平军占领，未能实施。太平天国战争结束后，英法政府于1865年3月，分别照会清政府，再次提出南京开埠通商问题。他们以中法《天津条约》第六条为依据，提出"将江宁地方，安置埠头，为通商之所"，在法国的照会中声称他们将"饬知上海本国总领事馆派员前赴江宁，察看沿河地方，择取何处便于贸易，即将该地指定，并将地址四至丈量明白，按立界碑"。当时清政府也认为英法两国"既请租地通商，自应按照

① 王铁崖编：《中外旧约章汇编》第1册，三联书店1957年版，第105页。

条约办理”①,但实际上,开埠之事并没有立即实现,而是又搁置了30多年。主要原因有二:一是订约之时南京尚在太平天国手中,6年后才收复。由于经过战乱,南京经济萧条、残破不堪,列强对南京开埠已兴趣不大。二是其下之镇江(1861年),其上之芜湖(1876年),均已开埠,因此,南京在长江沿岸的商业地位已经下降,所以列强也不急于要求实现开埠。1898年,列强向清政府提出修改长江通商章程,规定光绪二十五年二月二十一日(1899年4月1日),南京正式对外国开埠通商,“凡有约国之商船,准在后列之通商各口往来贸易,即镇江、南京、芜湖、九江、汉口、沙市、宜昌、重庆八处。”②1899年5月1日,金陵海关开关,③标志着南京正式成为对外开埠城市。1912年,中国政府又主动开放了浦口为通商口岸。

二、开埠对南京的影响

南京开埠,是其城市发展史上一个标志性事件。从此,它开始由一个封闭性的传统城市向开放性的现代城市转变。开埠对南京的积极影响初期主要表现在以下三方面:

第一,对外贸易扩大。在南京开埠以前,在南京港航运的企业只有轮船招商局一家。虽然长江当时已经开放通航,而且汉口、九江、镇江已经成为通商口岸,驶经南京港的外国轮船逐渐增多,但是因为南京尚未开埠,外国轮船公司不能在南京自行开辟码头,不能在此装卸货物,只能上下旅客。开埠以后,外国航运公司开始在南京港办理货运业务,怡和、太古、大阪公司等都在南京港设立了洋棚。所谓洋

① 宝鋆等修:《筹办夷务始末(同治朝)》卷31,文海出版社1971年版,第3032、3033、3034页。

② 王铁崖编:《中外旧约章汇编》第1册,三联书店1957年版,第866页。

③ 由于金陵海关位置在下关滨江一带,所以,通常又将南京开埠称为“下关开埠”。

棚，是外国轮船公司设在通商口岸的业务设施。从1901年开始，外商所建的码头迅速增多，中外轮船中泊港的数量和吨位也大幅度增加。中国船舶的数量由1900年的970艘增加到1908年的2,692艘，总吨位由1900年的713,232吨增加到1908年的1,109,288吨。外国船舶的数量和吨位增加更快，船舶数量由1900年的702艘增加到1908年的2,980艘，总吨位由1900年的425,494吨增加到1908年的5,082,848吨。① 与此同时，中国民间经营的小轮船业在南京港也发展起来。据《华洋贸易总册》记载，1902年，全年进出南京港的小轮总吨位为5,500余吨，到1906年达到18,371吨。②

第二，市政建设有所改观。南京开埠以后，随着对外贸易的扩大，与之相适应的港口和城市公共设施也随之新建。1898年和1905年，清政府先后两次拨款在下关修筑桥梁、沟渠、道路、石岸等工程。到1906年时，在下关修筑了3条马路和1座桥梁。这些马路互相连通，人力车和马车可以畅行于各码头之间。对南京城市影响最大的市政早期工程是修筑宁垣铁路（又称宁省铁路）。这条铁路建于1908年，是下关至南京城内的一条城市铁路，由金川门入城通至中正街（今白下路），全长7.3公里，俗称小火车。该铁路的通车，对促进下关的繁荣起了很大的作用。同时，电灯、电话、邮政等现代市政设施也在南京出现。

第三，南京与国内其他省市的联系进一步加强。1904—1911年间，沪宁铁路和津浦铁路先后建成，开通了南京与当时中国最大的两个工商业中心——上海与天津的陆上交通。

以上三方面是南京开埠初期给南京城市发展带来的比较直接的积极影响，至于长期的、间接的影响，如教育、文化、城市社会结构等方面的变化，无疑或多或少会受到开埠的影响，若要具体划分出来，

---

① 参见吕清华主编：《南京港史》，人民交通出版社1989年版，第117页。

② 参见吕清华主编：《南京港史》，人民交通出版社1989年版，第118页。

则不是一件容易的事情。但有一点可以肯定,即开埠给南京城市带来的发展机遇,并不像其他一些沿海、沿江城市,如上海、汉口、重庆那样具有划时代的意义。

作为通商口岸,无论是依约开辟还是自行开放,多有其地理上的优势,或处于河流交汇处或其他交通要道,或为某一区域的物流交汇点。由于商业活动的开展,促进了商品的流通,促进了城市人口的增加,也促进了市政建设。以商兴市,成为开埠城市发展的普遍特征。上海、汉口、重庆、芜湖在这方面最为突出。上海在开埠以前,城市人口20多万,到1900年,已经超过100万。城区范围在开埠以前不到10平方公里,到1945年已经超过150平方公里。汉口在开埠以前,人口20多万,到清末已经超过80万。汉口商业街道原先主要分布在汉水沿岸至大江口沿线的狭长地带,开埠以后才形成滨江繁华市区。重庆在鸦片战争以前,城市人口6万多人,到1945年,已经超过100万。重庆的新兴商业区,从朝天码头到南纪门,长达7里,便是开埠以后形成的。芜湖开埠以后,很快成为长江沿江重要通商口岸,1885年贸易总额为525万海关两,19世纪90年代初,超过1,000万海关两。1882年镇江米市迁到芜湖后,更加速了芜湖贸易的发展。芜湖米麦出口额在1881年为38.8万担,1891年增加到350万担;米麦总出口值,1889年为342万海关两,1903年增加到1,135万海关两,占芜湖全部出口总值的91%。①

但是,南京似乎成为一个特例。首先,按照长江沿江城市开放的顺序来看,长江沿江城市中共有9个是按照条约开埠的,即:第一批上海(1843年);第二批镇江(1861年),汉口(1861年),九江(1861年);第三批宜昌(1876年),芜湖(1876年);第四批重庆(1891年),

---

① 参见张洪祥:《近代中国通商口岸与租界》,天津人民出版社1993年版,第171页。

沙市(1896 年),南京(1899 年)。这些约开商埠,从地理上来看,自第一批的上海,第二批的汉口,到第四批的重庆,大体依下游、中游、上游逐渐由沿海向腹地推进。南京本应在第二批,却因故延迟到1899 年才正式开埠,整整推迟了 41 年。其次,开埠并没有使南京走上"以商兴市"的发展道路。虽然后来南京的城市面积在 1927 年以后大大增加,城市人口也由开埠初期的 20 多万增加到 1936 年的 100 多万,但这些与开埠并没有多大关系(这将在以后章节中论及)。即使南京港对外贸易空前扩大,但是其在全国贸易中的地位却微乎其微,其港口进出口贸易额在全国口岸贸易总额中占的比重多在 1% 以下,与汉口、九江、芜湖、镇江等港口相比,一直处于末位(见表 1.3)。

表 1.3　长江五口进出口贸易额在全国口岸贸易总额中所占比重表(1900—1908 年)

年份＼城市	汉口	九江	芜湖	镇江	南京
1900	10.08	2.89	3.02	4.11	0.68
1901	9.30	2.52	1.99	4.09	0.69
1902	9.34	2.52	2.42	3.81	0.86
1903	11.70	2.71	2.90	4.06	0.87
1904	12.17	2.76	2.63	3.66	0.99
1905	11.24	2.35	3.12	3.39	1.07
1906	10.31	2.41	2.33	3.80	1.03
1907	12.10	3.19	2.25	3.41	1.10
1908	12.04	3.02	2.75	3.25	0.99

资料来源:吕清华主编:《南京港史》,人民交通出版社 1989 年版,第 119 页。

同时,南京作为一个通商口岸,经过国际、国内航线直接进出口的货物也很少,仅占货运量的 3‰。① 由南京运出的货物中,本地出

① 参见南京市地方志编纂委员会编:《南京海关志》,中国城市出版社 1993 年版,第 17 页。

产的并不多,输出的工业品仅以丝绸为大宗。后来随着南京丝织业的衰落,丝织品输出量也大为减少。输出的土特产有大头菜、纸扇、鸡鸭毛等,数量也极为有限。当时,南京运出的主要是内地陆运中转的货物,有陕西、河南、安徽等省出产的皮革、药材、茶叶和农副产品等。输入南京港的货物中,国外进口物资占2/3以上,主要由上海等港口转运而来。国外进口物资主要有鸦片、消费品、军用品和工业用品四大类。以鸦片为例,1899年由轮船运入176担,1900年起,每年输入都在900担以上,① 致使白银大量外流。表1.4是南京开埠后

表1.4　南京出入口货物价值统计表(1900—1911年)

单位:海关两

年份	土货出口值	洋货入口值	总计
1900	—	15,000	15,000
1901	468	10,000	10,468
1902	—	—	—
1903	—	8,413	8,413
1904	—	389,853	389,853
1905	702	128,936	129,638
1906	476	387,578	388,054
1907	133	72,538	72,671
1908	873	176,217	177,090
1909	906	1,795,096	1,796,002
1910	—	2,087,504	2,087,504
1911	—	1,428,654	1,428,654

资料来源:叶楚伧、柳诒徵主编:《首都志》,正中书局1935年版,第1068—1069页。

---

① 参见南京市地方志编纂委员会编:《南京海关志》,中国城市出版社1993年版,第18页。

11年中(因1902年无统计,故不计算在内)南京对外贸易状况的统计。从表中可见,南京开埠后的最初11年里,年年入超,对外贸易进口洋货数额较大,且增加极快,从1900年的15,000海关两增加到1911年的1,428,654海关两,增加了95倍多。而出口货值则十分有限,11年中,有5年无出口记录,出口货值最多的年份是1909年,但也只有906海关两,只占当年总贸易额的0.5‰。

这种贸易状况,对南京本身的商业没有提供良好的发展前景。南京没有如上海、重庆等商埠城市那样因为开埠而获得贸易的大发展进而走上商业兴市,并由商业推动工业的发展继而走向城市现代化的道路。相反,洋货大量涌入,使得本来就开始衰落的南京传统丝织业更加衰落。正如江宁商务总会报告1908年南京商业盈亏情形时所说:“以洋货而论,究其发达之迹,即为土货失败之前因,……至亏折各业,其远因近因,各有所在,近因以铜元之充积,远因以外货之流行。然受铜元之影响,园法一定,犹可收拾于将来。惟对于外国之竞争,如丝缎各业,则皆一落千丈,岌岌可危,无可挽回之希望。”①

① 叶楚伧、柳诒徵主编:《首都志》,正中书局1935年版,第1056—1057页。

第二章 城市经济结构的嬗变

从历史的角度来看,广义的现代化就是以工业代为推动力,实现传统的农业社会向现代工业社会的大转变过程,它使工业主义渗透到经济、政治、文化、思想等各个领域,并引起社会组织与社会行为深刻变革的过程。① 在这个过程中,最基本的发展趋势是经济的加速发展和经济结构的剧烈变动。本书首先围绕经济的发展变化来进行研究。

第一节 工业化进程及其特点

工业化是经济现代化的核心,尽管把工业化等同于现代化是错误的,但不可否认工业化对城市现代化的推动作用,毕竟它为城市现代化提供了必要的物质基础。

---

① 参见罗荣渠:《现代化新论——世界与中国的现代化进程》,北京大学出版社 1993 年版,序言,第 17 页。

一、工业化的进程

作为现代化的“后发外生型”国家，中国的工业化不像西方国家那样是通过资本的原始积累和工业革命实现的，而是以学习、引进西方先进技术和管理方式为主要内容的洋务运动开始的。南京工业化的进程也以此为起点。

1. 现代工业的起步

1865 年李鸿章创办的金陵制造局，是一家引进西方技术用先进机器生产军火的兵工厂，也是南京第一个现代工厂。它的创办标志着南京工业现代化的开始。

金陵制造局的前身是苏州洋炮局，1863 年 12 月，李鸿章的湘军在苏州击败太平军，于是将其随军工厂与马格里创办的淞江洋炮局合并迁至苏州，更名为苏州洋炮局。这是个初具规模的机械化兵工厂。1865 年李鸿章调升至两江总督进驻南京，将该局迁至南京，在聚宝门（今中华门）外择地筑厂。1865 年动工兴建，次年 7 月建成开工，定名为金陵制造局。新厂“屋宇皆仿外洋之式营造，以道员一人掌之，购机器于外洋，募洋匠为师，督诸匠制造炮位、门火、车轮盘架、子药箱具、开花炸弹、洋枪抬枪、铜帽等项，解济淮军及本省留防勇营之用”。① 刚建立时，制造局的设备简陋，规模不大，只有一座机器厂房，官员住宅 12 间，厅房 93 间，过亭 5 架，协屋 6 大间，披房 10 间，门楼 2 所。② 后来经过不断扩充，几次增加投资，规模逐渐扩大，设备日趋完备，制造品种也渐次增多，使金陵制造局成为仅次于江南制造局的全国四大兵工厂之一。

---

① 《续纂江宁府志》（光绪六年重刊）卷 6，第 14 页。

② 参见下集：《金陵机器局》，江苏省政协文史资料委员会、江苏省国防科学技术工业办公室编：《江苏近代兵工史略》，江苏文史资料编辑部 1989 年版，第 29 页。

金陵制造局虽然引进了西洋技术及设备,但从其性质来看,金陵制造局不是一个具有资本主义性质的现代工业企业,而是一个封建官办企业。首先,企业的产品不是为了市场需要进行生产,而是用于清政府直接调拨给军队使用,故不计产品成本,“造成枪炮军火等件,分解南北洋收支济用。”①因此,支配生产的是产品的使用价值,而不是交换价值。其次,工厂的资金不是生产成本,而是由清政府按年定额拨给。它的常年额定经费是银 10 万两,“由江南海关拨银五万两,江南筹防局拨银三万两,扬州淮军粮台拨银二万两,共银十万两,以为常年额定经费。此外江防炮台如有添造军火等项,随时禀请添拨。”②企业本身无生产盈余可言,不存在由利润转化而来的资本积累和扩大再生产。企业的发展或停滞不决定于市场的需求和企业自身的生产管理水平,而是取决于清政府的需要和拨款数额。另外,在经营管理上也是一套封建官僚制度。工厂的主要权力为封建官吏控制,所用工人大部分是李鸿章从军队里调来的兵弁,存在着封建式的依附关系,不具备自由雇工的性质。

南京真正具有资本主义性质的现代工业产生于 1894 年,是由商人投资兴办于下关大马路的胜昌机器厂。该厂以修理船舶及动力机械为主,其生产经营方式虽不能与近代大机器工业相比,但完全不同于旧式的手工作坊,已具备资本主义现代企业的基本性质。之后,又出现了另一家大型官营机器厂——浦镇机器厂。该厂于 1906 年开始筹建,1908 年竣工投产,拥有各种新式机床及动力设备,主要是修理铁路机车及客货车辆。该厂由铁道系统管理,其资金来自铁路局。

除了上述几家工厂以外,自 1865 年至 1911 年间,南京还出现咸阳火柴厂、青龙山幕府山煤矿、同泰永机器翻砂厂、金陵自来水厂、南

① 中国史学会主编:《洋务运动》(4),上海人民出版社 1957 年版,第 185 页。
② 中国史学会主编:《洋务运动》(4),上海人民出版社 1957 年版,第 185 页。

洋印刷局、金陵电灯官厂、亨耀电灯厂、泰记和茂工厂、杨永兴机器厂、金陵机器火砖厂等10家工厂，南京平均每年新建工厂不到0.3家。其中商办民用工厂的规模小，资金短缺，设备简陋。杨永兴机器厂的资本额只有200元，工人4人；大一点的胜昌机器厂资本额只有3,000元，工人也只有19人①。

2. 现代工业的逐渐发展

进入民国以后，由于政府鼓励民间开办企业，南京现代工业的发展速度和规模大大超过以前。据不完全统计，1912—1926年的14年中，南京共建各种工厂43家，若加上采矿业，则有53家厂矿，平均每年增加3.79家。其中，碾米厂19家、面粉厂1家、酿酒厂2家、烛皂厂1家、绸厂1家、布厂6家、袜厂2家、砖瓦厂2家、机器厂5家、印刷厂4家以及各种矿业10家②。在工厂中，轻工业发展较快，在53家厂矿中，轻工业工厂就有36家，占了南京整个工业的一半以上，主要分布在纺织、化学、文化和食品等行业。但是，这些轻工业工厂基本上都是些手工作坊式的"工厂"，使用机器动力生产的很少。比如被列入现代工业统计的纺织工业有9家，也仅是雇用工人以人力操作而已。

比较有规模、发展较快的是新兴食品业，在所有轻工业厂家中，占一半以上。其中碾米业和面粉业的发展速度最快。1913年，唐鉴庭在下关风仪里开设了南京最早的米厂——德和米厂，开南京机器碾米的先河。此后，从城南到城北，机器碾米厂应运而生。共有米厂20家，企业资本40,400元，职工约412人。1921年卞筱卿创办的大同面粉股份有限公司，是当时民营企业中资本最雄厚的一

① 参见建设委员会经济调查所统计课编辑：《中国经济志（南京市）》，建设委员会经济调查所1934年，第197页。

② 参见林刚、唐文起：《南京工业近代化的历史道路》，南京市人民政府经济研究中心编：《南京经济史论文选》，南京出版社1990年版，第101页。

家,企业资本100万元,职工185人,有720匹马力柴油引擎1部,各种工作机94部,年产月兔牌面粉150万袋,产品行销江苏、安徽等地。①

官办企业的发展主要以更新设备、扩大规模为主。如金陵电灯官厂,1912年1月由江苏省实业厅接管,改名为"江苏省立南京电灯厂"。1914年,该厂增装1台100千瓦单相交流发电机组,用165马力直立式蒸汽发动机传动。1918年,该厂又增装1台216千瓦三相交流发电机组,用365马力直立复涨式蒸汽发动机传动。由于下关辟为商埠,迫切需要电,该厂就于1920年初在下关江边建设下关发电所,安装从美国进口的1台1,000千瓦发动机组,同年10月投产。②

值得一提的是,在此期间南京出现了开埠以来的第一家外资工厂——英商南京和记洋行。自1897年起,英商韦斯特(Vestey)兄弟先后在汉口、南京、上海、天津、沈阳、哈尔滨、青岛等地设厂,通称和记洋行,从事冻蛋、冻肉的加工生产,其中以南京的和记洋行规模最大。1913年开工生产,1916年7月8日在香港注册。南京和记洋行主要经营冻蛋、冻肉、家禽及野味出口业务,下设制蛋厂、杀猪厂、宰牛厂、鸡鸭加工厂、冷气房、厅子房、箱子房、炕蛋房、机器房、炉子间、制罐厂、火腿厂、熬油厂、猪鬃厂、制革厂、羽毛厂、饲养厂,还自备水厂、发电间、栈桥、趸船码头和小火轮,并有300多个外庄(即收购站),形成以南京为中心,辐射到整个长江三角洲乃至中原地区的收购网。据20世纪30年代调查,南京和记洋行每天生产蛋品300吨(约5,000担),年产力可达百余万担,超过上海6家蛋厂生产力之

① 参见南京市人民政府研究室编:《南京经济史》(上),中国农业科技出版社1996年版,第285页。

② 参见南京电力工业志编纂委员会编:《南京电力工业志》,江苏古籍出版社1998年版,第23—24页。

总和。在汉口、天津两地的蛋厂中，均有该行的分厂，年产力各5,000吨。河南也有该行的分厂，生产力也不弱。因此，除了山东，黄河、长江两流域的蛋业几乎都被该行所操纵，①其产品全部运销欧洲。它是当时南京最大、最现代化的食品加工厂，也是国内首屈一指的蛋品肉类加工厂。

这时，南京还存在为数不少的使用改良工具的小作坊、小工场，主要集中在针织业方面。据统计，在1925年，南京使用木机、铁机、花搂机的小织布厂达350家，工人2,300人，日产布2,000多匹。②这些小作坊、小工场规模很小，都没有使用动力生产。但是，从生产关系上看，它们已经类似资本主义方式的工场手工业或作坊，是传统生产方式向现代生产方式的过渡形态。

总体来说，这一时期南京现代工业初具规模。到1926年，全市已拥有发电、机械、自来水、食品、纺织、轻工等近代工业企业66家。其中机器制造厂11家、水电厂3家、印刷厂5家、织布厂6家、制袜厂2家、砖瓦厂3家、酿造厂2家、碾米厂19家、采矿场11家、火柴厂、烛皂厂、面粉厂以及织绸厂各1家，民营资本达118.5万元③。但是，除了少数企业的资本超过2万元外，规模都很小，大部分资金只有千元、甚至数百元，工人仅2—3人，机器设备也十分陈旧、简陋。

3. 现代工业主体初步形成

1927年，国民政府定都南京以后，南京的工业得到了快速发展。据1934年国民政府建设委员会经济调查所调查，1934年全市工厂数847家，分布于21个行业，资本总额达1,084.7万元。见下表：

---

① 参见江苏省社会科学院经济史课题组编:《江苏省工业调查统计资料》(1927—1937)，南京工学院出版社1987年版，第234页。

② 参见《中外经济周刊》第109号，第43页；第115号，第43页。

③ 参见陆仰渊:《南京近代工业的发展及其特征》，南京市人民政府经济研究中心编:《南京经济史论文选》，南京出版社1990年版，第135页。

表 2.1　南京市工业统计表(1934 年)

类别	业别	家数	资本数(元)	营业数(元)
食品工业	面粉厂	2	1,300,000	5,000,000
	碾米厂	39	84,200	162,500
	酒厂	2	75,000	92,000
	冰厂	14	45,000	119,000
纺织工业	缎业	61	64,700	1,120,190
	云锦业	108	24,519	187,800
	绒业	63	4,310	18,870
	绸厂	1	16,000	82,000
	布厂	3	5,500	27,000
	毛巾厂	1	700	4,000
建筑工业	砖瓦厂	8	324,000	513,760
	营造厂	480	4,342,400	4,885,090
机器工业	机器厂	20	43,700	159,300
	电池厂	1	1,000	5,000
	凿井厂	1	500	10,000
	煤球厂	2	10,000	71,000
化学工业	电镀厂	4	5,800	24,500
	烛皂厂	4	10,000	39,600
公用工业	电厂	2	2,017,570 *	1,290,438
	自来水厂	1	2,000,000	94,584
文化工业	印刷业	30	443,550	928,400
总计	21 业	847	10,847,449 *	14,834,996

资料来源:建设委员会经济调查所统计课编辑:《中国经济志(南京市)》,建设委员会经济调查所 1934 年,第 210—211 页。

* 该项内另外还有资金 88,863 英镑。

这一时期南京工业结构变动中最显著的特点是:食品业、印刷业和砖瓦、营造业异军突起。

食品业中,碾米厂和面粉厂发展较快。南京建都后,人口激增,粮食消耗巨大,除一部分由外埠运入外,多数均由南京米厂精碾供给。南京的碾米业因此更加发达,主要散布于中华门外、汉西门外、通济门外及下关等处。据1934年统计,南京碾米厂共计39家,全业资本8万余元,职员234人,工人525人。各厂设备,共计有柴油引擎42具,马力704匹,米斗75具,米砻18具。1933年营业额16.3万余元。① 面粉制造厂,原来有大同、扬子、泰昌三家,共有面磨36具,打粉机百余架,清麦机多架,是南京规模较大的工厂。泰昌于1933年上半年停业。大同商标为月兔牌,扬子商标为扬子、龙马、多子、八卦4种。年出面粉270万袋,行销江苏、安徽各埠,全年营业,共约500万元。②

表2.2　南京面粉厂统计概况表(1934年)

名称	成立年份	资本(元)	经理	职员	工人	工人工资(元/月)		每日工时	营业(元)
						最高	最低		
大同面粉公司	1921年	1,00,000	卞筱卿	70	115	95	15	8	2,000,000
扬子面粉厂	1931年	300,000	黄光衢	42	170	90	15	6—12	3,000,000

资料来源:建设委员会经济调查所统计课编辑:《中国经济志(南京市)》,建设委员会经济调查所1934年,第136—137页。

南京的雕版印刷一向比较发达,1927年前就有4家新式印刷厂。定都南京以后,由于政府政教、文化、宣传的需要,南京的印刷业

① 参见建设委员会经济调查所统计课编辑:《中国经济志(南京市)》,建设委员会经济调查所1934年,第137页。

② 参见建设委员会经济调查所统计课编辑:《中国经济志(南京市)》,建设委员会经济调查所1934年,第136页。

发展迅速。据1934年统计,共计28家,其中以三民印刷所规模最大,其次为京华、大陆,设备齐全,印刷精美。全业资本共计443,550元,职员122人,工人907人,有柴油引擎5座(马力共42匹),马达7座(马力共104匹),铅印机63具,石印机28具,铸字机14具,对开机30具,四开机15具,圆盘机40具,洗文机3具,其他划线机器、全张机、装订机一应俱全。①

发展速度最快的是砖瓦业和营造业。1927年前,南京只有征业机器洋瓦厂和谈海砖瓦厂两家砖瓦厂。自国民政府定都南京后,军政机关云集,城市人口大增,于是大兴土木,建造机关公署、官员住宅。一时间,砖瓦业、营造业异常繁荣。许多外地人也纷纷到南京投资砖瓦业,以谋取利益。其中有山东人孙修五,在1929年以资本银20万两在南京和平门外东门村创办久合东砖瓦厂。天津人韩岐山在1931年,以资本银5万两在迈皋桥创办天津砖瓦厂,该厂股东12人全是上海同济大学的学生。国民党政府军政要人何应钦、宋美龄、顾祝同、张学良、邵力子夫妇、蒋鼎文等人,见砖瓦厂有利可图,也招集股东29人集资银20万两,在和平门外小洪山创办宏业砖瓦厂。从1929年到1932年的4年中,南京创办了30多家砖瓦厂,天津、宏业、京华、金城4厂都有德国式轮窑,京华厂还有一座英国式轮窑。天津、宏业已使用动力机械②。而"南京城南原有旧式砖瓦窑十余户,惟因出品不适时宜,业经市府取缔"。③ 这样,南京的砖瓦业从以农村土窑为主体的手工业发展成为以机器砖瓦厂为骨干的城市现代工业。

① 参见建设委员会经济调查所统计课编辑:《中国经济志(南京市)》,建设委员会经济调查所1934年,第205—206页。

② 参见刘凡:《近代南京的砖瓦业》,《南京史志》1990年第5期。

③ 《南京建筑材料之调查》,《工商半月刊》第3卷第6号,1931年,"调查"第4页。

1934年时，南京的营造业共有480家，是南京市所有工厂中数量最多的。其中资本在50,000元以上63家，1万元以上79家，2,000元以上186家，600元以上152家。各厂共计资本约在500万元，全年营业额约在500万元至600万元之间。①

电子、化工等高科技产业的崛起是这一时期南京工业结构变化中的另一个特色。

电子工业是19世纪国际上的新兴高科技产业。1932年，国防委员会在南京市郊建立了第一家电信工厂，生产5—15瓦的无线电发报机。1935年，资源委员会在南京建立电气研究室，研究生产电子产品，内有电话、电线、电子管研究组。虽然，南京只有电子行业两家，而且规模也小，但是，当时除了上海有几家小型无线电厂外，其他城市尚属少见。

永利铔厂的建成投产揭开了南京现代化学工业的序幕，该厂是由天津永利制碱公司与实业部共同投资创办，是当时国内最大的制酸厂。1936年投产时，该厂资本已达1,000万元，年产三角牌硫酸铔1.87万吨，硫酸1.15万吨和硝酸152吨。②

二、工业化的特点

经过半个多世纪的建设，南京的现代工业有了很大的发展，现代工业体系初步形成。透过南京工业现代化发展历程，可以看到南京的现代工业与其他城市相比有许多不同之处，具有自己鲜明的特点。

第一，以机械工业起步，重工业较发达。南京的现代工业一开

---

① 参见秦孝仪主编:《革命文献》第91辑，"中国国民党中央委员会"党史委员会1980年，第31—32页。

② 参见南京市地方志编纂委员会办公室编纂:《南京简志》，江苏古籍出版社1986年版，第318页。

始就以机械工业为先导。金陵制造局、浦镇机厂创建于清末,这两个厂是同行业中规模较大的工厂。虽然1912—1937年间,南京的轻工业工厂发展很快,工厂数量占大多数,特别是1927年后,南京的砖瓦、营造、印刷等行业得到了很大发展,呈现出异军突起的态势。但是,近代南京真正属于现代工业的是金陵兵工厂、浦镇机厂、南京发电厂、水厂、永利铔厂、大同面粉厂、电信工厂等,这些工厂除了大同面粉厂外,其他主要是由政府主办或者政府协助民间创办的重工业企业,这些企业无论在规模、资本还是设备方面都是那些民营轻工企业所无法相比的。以1933年为例,南京的机械工厂共70家,工人约2,600人,其中官营2家、民营68家。在官营机械厂中仅浦镇机厂就拥有资本171万元,是其他民营各厂总资本额7.5万元的23倍。① 这与江南一带的苏、锡、常等城市相比,就表现出很大的不同:苏、锡、常等城市的近代工业是以轻纺工业为主体,主要发展缫丝、面粉和棉纺工业,这三大行业是中国近代工业的支柱行业,而地处江南、丝织业曾经十分发达的南京除了少量的棉织业和面粉业外,棉纺业和机器缫丝业则没有发展起来。

第二,为城市服务的产业占较大比重。在南京的现代企业中,无论是政府投资还是民间投资的产业主要都是为城市本身服务的地方产业,特别是城市公用事业。如在1927年前新设的资本万元以上的工业企业只有12家,资本总额225万元(见表2.3)。这不多的新式工业主要是为城市本身服务的地方产业,包括水电、燃料、砖瓦、面粉、机器等。其中,仅水电工业就有4家,占1/3,资本总额111.4万元,占1/2。

---

① 参见陆仰渊:《南京近代工业的发展及其特征》,南京市人民政府经济研究中心编:《南京经济史论文选》,南京出版社1990年版,第142页。

表 2.3　南京机器工业一览表(1898—1927 年)

成立年份	工厂名称	资本(千元)	经营方式
1898	青龙山幕府山煤矿	181	官办招商集股
1906	金陵机器火砖厂	20	商办
1906	亨耀电灯厂	280	商办
1907	金陵自来水厂	420	商办
1907	南洋印刷局	84	官办
1910	金陵电灯厂	400	官办
1912	省立第一工厂(丝织)	50	官办
1918	朝阳煤矿无限公司	130	商办
1921	大同面粉厂	500	商办
1922	建业机器厂	10	商办
1926	上新河新明电灯厂	14	商办
1927	国民党中央党部印刷所	160	官办

资料来源:杜恂诚:《历年所设本国民用工矿、航运及新式金融业一览表(1840—1927)》,转引自隗瀛涛主编:《中国近代不同类型城市综合研究》,四川大学出版社 1998 年版,第 623 页。

1927 年后,南京的新式工业为政府与城市居民服务的性质仍然没有改变。食品、砖瓦、建筑业发展最为迅速,城市公用工业如电厂、水厂仍然占有较大的资本额。以 1934 年为例,在全市的 847 家工厂中,面粉厂、碾米厂、砖瓦厂、营造厂、水厂、电厂共计 493 家,占全市工厂数量的 62.8%,资本额占全市工厂总资本额的 92.8%,营业额占全市营业额的 80.5%。其中,仅仅水厂、电厂 3 家工厂的资本额就占全市工厂资本总额的 37%(见表 2.1)。

第三,工业化程度相对低下。截至 1937 年,南京的现代工业体系初步形成,但是,多方资料显示,南京的工业化程度相对而言还是比较低下。据《国民政府工商部全国工人生活及工业生产调查统计总报告》统计,1930 年南京在沿江及江南 11 个城市中工厂数居第 6 位,工人数居第 9 位,生产总值居第 8 位。① 见下表:

表 2.4 南京等 11 城市工厂概况统计表(1930 年)

地名	类别			
	工厂数	工人总数	资本额(元)	每年出品总值
上海	837	211,265	222,411,452	100,415,273
无锡	153	40,635	12,177,436	74,365,278
汉口	76	24,860	10,961,200*	35,873,713
杭州	50	15,131	7,943,250	15,174,620
南通	15	10,499	4,961,700	17,890,300
武进	39	6,120	4,452,000	9,372,280
镇江	11	1,847	2,693,111	2,253,360
南京	28	2,035	2,247,100	5,620,000
苏州	27	6,420	1,500,543**	3,872,400
宁波	23	4,124	1,868,200	7,493,818
芜湖	8	1,896	1,813,200	1,194,570

资料来源:中国第二历史档案馆编:《中华民国史档案资料汇编》第 5 辑第 1 编"财政经济(5)",江苏古籍出版社 1994 年版,第 215、216、223 页。

* 此项内容中另外还有资金 2,500,000 日元和 80,100 英镑。

** 此项内容中另外还有资金 250,000 日元。

分析上表可知,南京在上述 11 个城市中无论是工厂数、工人数、资本额还是生产总值的排位都是比较靠后的。将南京与排位第一的上海和第二的无锡进行比较,其落后程度就更加明显:上海的工厂数是南京的近 30 倍,无锡是它的 5 倍多;上海的工人数是南京的 103

① 由于不知道当时"元"与"日金"的比价,故无法确定南京与苏州的资本额谁多,即,不知道南京是居第 8 位还是第 9 位。

倍,无锡是它的近20倍;上海的资本额是南京的近100倍,无锡是它的5倍多;上海的年出产总值是南京的近18倍,无锡是它的13倍。

这些情况表明,南京工业企业规模小、水平低。资本在50万元以上的大厂,南京除了电厂、自来水厂等公用事业外,只有大同面粉厂一家。其余绝大多数是雇佣少量工人,使用小型动力设备的"工厂",以及雇佣工人,用人力操作改良工具的手工工场。如1933年全市20家"机器厂",共有"柴油引擎8架,共马力47匹;电流马达13只,共马力28匹;车床39只,钻床18只,刨床2只,铁模150只,熔铁炉4只,翻砂炉1只"①。

1930年12月,实业部公布《工厂登记规则》的第一条规定:"凡在本市区内之工厂,平时雇用工人在30人以上者,一律申请登记",符合该规定登记之工厂称之为"合法工厂"。1932年年底,南京市的合法工厂只有18家。1934年5月1日,实业部修正了《工厂登记规则》,将第一条的规定范围加以扩充,"除雇用工人30人以上之工厂外,其应用机械动力制造出品之工厂,亦应一律登记"。由于南京市关于应用机械动力制造出品,而雇用工人不及30人之工厂为数较多。据1936年12月统计,南京有符合修正后的《工厂登记规则》的工厂57家。② 雇用工人在30人以上者仍然为18家③。

表2.5　南京市工业品概况表(1934年)

产品	数量	数值(元)	产源	销路
京缎	28,000匹	1,120,190	本京各缎号	各埠

① 建设委员会经济调查所统计课编辑:《中国经济志(南京市)》,建设委员会经济调查所1934年,第196页。

② 参见南京市社会局编印:《南京社会》,1937年2月,"农工商业",第38页后之附表。

③ 参见南京市社会局编印:《南京社会》,1937年2月,"农业商业",第46页。

<table>
<tr><th>产品</th><th>数量</th><th>数值(元)</th><th>产源</th><th>销路</th></tr>
<tr><td>云锦</td><td>10,000匹</td><td>187,800</td><td>同上</td><td>同上</td></tr>
<tr><td>漳绒</td><td>180件</td><td>2,750</td><td>本京各织户</td><td>同上</td></tr>
<tr><td>建绒</td><td>500件</td><td>13,000</td><td>同上</td><td>同上</td></tr>
<tr><td>彩绒</td><td>84丈</td><td>3,200</td><td>同上</td><td>同上</td></tr>
<tr><td>宁绸</td><td>2,800丈</td><td>82,000</td><td>立成绸厂</td><td>同上</td></tr>
<tr><td>厂布</td><td>8,250丈</td><td>27,000</td><td>本京各布厂</td><td>本地</td></tr>
<tr><td>毛巾</td><td>3,000打</td><td>4,000</td><td>本京民生厂</td><td>本地</td></tr>
<tr><td>砖</td><td>11,000,000块</td><td rowspan="2">376,800</td><td rowspan="2">和平门外</td><td rowspan="2">本地</td></tr>
<tr><td>瓦</td><td>4,110,000片</td></tr>
<tr><td>瓦筒</td><td>147,000个</td><td rowspan="3">137,000</td><td rowspan="3">同上</td><td rowspan="3">本地</td></tr>
<tr><td>浴盆</td><td>100只</td></tr>
<tr><td>面盆、便桶</td><td>100只</td></tr>
<tr><td>板鸭
盐水鸭
油鸡</td><td>250,000只</td><td>300,000</td><td>建康路韩复兴、东牌楼刘天兴、彩霞街金慎源各家</td><td>各埠</td></tr>
<tr><td>酒</td><td>5,700担</td><td>92,000</td><td>济丰、华丰裕二厂</td><td>本地</td></tr>
<tr><td>洋烛</td><td>1,600箱</td><td rowspan="3">39,600</td><td rowspan="3">本京各厂</td><td rowspan="3">本地、句容、溧水</td></tr>
<tr><td>肥皂</td><td>7,750箱</td></tr>
<tr><td>碱</td><td>800块</td></tr>
<tr><td>柴油引擎</td><td>24架</td><td rowspan="5">84,000</td><td rowspan="5">同上</td><td rowspan="5">本京、安徽</td></tr>
<tr><td>抽水机</td><td>300架</td></tr>
<tr><td>面粉机</td><td>30架</td></tr>
<tr><td>打火机</td><td>5架</td></tr>
<tr><td>碾米机</td><td>4架</td></tr>
<tr><td>饭锅</td><td>90,000只</td><td rowspan="2">20,400</td><td rowspan="2">同上</td><td rowspan="2">本京、蚌埠、句容、当涂</td></tr>
<tr><td>火炉</td><td>500只</td></tr>
<tr><td>电池</td><td>10,000打</td><td>5,000</td><td>耀华分厂</td><td>本京</td></tr>
</table>

资料来源:建设委员会经济调查所统计课编辑:《中国经济志(南京市)》,建设委员会经济调查所1934年,第133—135页。

但据笔者考察，这些统计并不十分准确，如符合雇用工人30人以上的工厂的统计中没有将首都电厂和自来水厂计算进去，首都电厂有工人330人①，自来水厂有工人195人②。而在符合修正后的登记规则的工厂统计中，却没有将首都电厂和永利硫酸亚厂计算在内。不过尽管有这些统计的疏漏，南京的工业企业规模小、资本少却是不争的事实。

由于生产技术低下，产品品种少，数量有限，质量也差。以1934年为例，南京的主要工业品只有面粉、酒、布、绸缎、毛巾、蜡烛、肥皂、碱、铁、锡等。机械厂虽有20家之多，不过制造饭锅、火炉、面机、铁床（价值数元之铁床）之类。这些产品不仅品种少，产量也有限（见表2.5）。如按1933年南京人口计算，南京非农业人口人均只有布匹0.13尺，酒类0.9斤，肥皂1.2块。质量也较差，如生产的棉布“货色粗劣，市面不甚畅销”③。

三、丝织业：传统产业向现代转型失败的个案分析

传统产业向现代转型是工业现代化的一个重要特征，在一定程度上反映了传统城市向现代城市转型的成败。丝织业是南京的传统产业，也是南京的支柱性产业。近代以来，南京传统手工丝织业的衰落是南京工业化过程中一个值得注意的问题。

1. 传统丝织业的继续衰退

在第一章中曾经提到，南京的传统丝织业在太平天国战争的冲

---

① 参见南京市社会局编印：《南京社会调查统计资料专刊》，1935年11月，第11页。

② 参见南京市社会局编印：《南京社会》，1937年2月，“农工商业”，第38页后之附表。

③ 建设委员会经济调查所统计课编辑：《中国经济志（南京市）》，建设委员会经济调查所1934年，第163页。

击下逐渐走向了衰落。战争之后,由于国内政局动荡,清政府摇摇欲坠,南京丝织业衰落的状况持续了相当长的时间。1900 年前后,下降趋势十分明显,有资料表明,“近年来(南京)其他各种缎子的生产一直在下降。……现在(1900 年)每年产量为 1,200 匹,价值 34,000 海关两”。① 1904 年,清政府宣布:由于“物力艰难”,裁撤江宁织造,“一切贡物,概行停止”。这造成了“该署向用之织匠,因而歇业无以为生,咸为织匠虑。乃各匠迁往苏州以谋衣食者,约有三分之一,余则就地受佣”②的局面。1911 年武昌起义,清政府垮台,南京丝织业因需求锐减,生产进一步衰退,据调查,自辛亥革命后,“国体改革,用途减少,该业渐形衰落”。③ 主要为皇族亲王们制作衣服的锦缎业遭受冲击更大:“辛亥革命,推翻清室,凡为皇家制造者均倒闭,所幸蒙藏两地仍销,西人亦渐购用,现下仅有少数机户与工人,赖以维持生活。”④

民国初期,南京丝织业的衰退开始减缓,并一度出现了“起死回生”的现象。产生这种现象的原因主要有:一方面,辛亥革命后成立的民国政府推崇以黑色作为服饰的主要色彩,而南京丝织品的主要品种“元缎”恰好为黑色,符合流行需要。据调查:民国成立以后至 1918 年,因为“服色尚元之故,金陵元缎花素通行,销路最为畅旺”;⑤另一

① 彭泽益编:《中国近代手工业史资料》(1840—1949)第 2 卷,中华书局 1962 年版,第 450 页。

② 彭泽益编:《中国近代手工业史资料》(1840—1949)第 2 卷,中华书局 1962 年版,第 504 页。

③ 《南京丝织业调查》,《工商半月刊》第 3 卷第 1 号,1931 年 1 月,“调查”,第 48—49 页。

④ 《南京之锦缎业》,《工商半月刊》第 3 卷第 17 号,1931 年 9 月,“调查”,第 27 页。

⑤ 《南京缎业调查》,《工商半月刊》第 3 卷第 16 号,1931 年 8 月,“调查”,第 5 页。

方面,第一次世界大战期间,欧美各国忙于战争,减少了对中国丝织品的出口,而在中国国内又大力提倡国货,这样为国货行销国内以至向世界市场销售提供了机会。"民国肇造,临时政府设置南京,又值欧战勃发,外货不得入口,于是该业更形发达,销路畅旺,为各物之冠。"①因此,南京丝织业曾经兴旺一时。以缎业为例,在1912—1918年间,南京有织机万余张,男女工人约5万余人,每年制造各色缎达20余万匹,每年出品共值银约1,200余万元,除工人而外,依此为生者,不下20余万人。②

不过,这种现象也只是昙花一现。在第一次世界大战结束后不久,外国商品再次如潮水般涌入,中国传统的服装材料、款式以及风尚在西方新式衣料、服装款式的冲击下开始发生重大变化。南京的传统丝织业无法抵挡外来商品涌入的巨大冲击,迅速地衰败下去。1921年以后,南京丝织业日渐萧条,以1929年最为严重,几乎达到难以支持的地步,"各大缎号,无不亏本,由三万五万至八万十万不等,查数年前此业者大小有千余家之多,近则相继歇业,所余者仅五分之一而强,其中仍有多数恐难持久。"③20世纪30年代,南京丝织业已濒临绝境,有报道说:"自从一二八沪变以还,(南京缎业)存在者只有40多家,缎业同行800多架的机子,历年失业的人有几千,年壮的固可改行,另图生活,而年老的只有束手待毙。至于成本,可谓本重利轻,每匹所赚实在有限,且现款交易者,为数很少……现在各家还有不少的存货,缎业的前途,真是

---

① 唐希元:《南京缎业之现状及其救济》,《中国实业》第1卷第5期,1935年5月15日,第835页。

② 参见《南京缎业调查》,《工商半月刊》第3卷第16号,1931年8月,"调查",第5页。

③ 《南京缎业调查》,《工商半月刊》第3卷第16号,1931年8月,"调查",第5页。

危险极了。”①表2.6是1912—1933年南京缎业发展状况统计,从该统计表中可见,1912—1918年间,南京尚有织缎机10,000张,产量200,000匹,价值1,200万元,而到1933年,只有织机1,101张,产量27,500匹,价值不到一万元。南京缎业在民国时期的衰落真可谓“一落千丈”。

表2.6 南京缎业兴衰概况统计表(1912—1933年)

年份	织机数(张)	产量(匹)	价值(万元)
1912—1918	10,000	200,000	1,200
1919	7,000	—	—
1929	3,100	77,500	271.25
1930	3,000	75,000	262.5
1931	2,800	70,000	245
1932	1,600	40,000	140
1933	1,101	27,500	0.9625

资料来源:《南京之丝织业》,《工商半月刊》第4卷24号,1932年12月15日,“调查”,第2页;《南京缎业之现状及其救济》,《中国实业》第1卷第5期,1935年5月15日,第835—836页。

到抗战前夕,南京的缎业更形萎缩,缎号仅存54户,织工2,800人,旧式木机700台,产值80万元,是1928年产值240.6万元的1/3。② 这种状况表明,自太平天国之后,南京的丝织业没有完成从传统向现代的转型,相反,却步入了衰落和绝境。

2. 丝织业衰落的原因分析

南京丝织业的急剧衰落主要是在20世纪的前30年里,特别是

① 彭泽益编:《中国近代手工业史资料》(1840—1949)第3卷,中华书局1962年版,第394页。

② 参见彭泽益编:《中国近代手工业史资料》(1840—1949)第3卷,中华书局1962年版,第427页。

在20—30年代,而这一时期正是江南各城镇丝织业开始逐步迈上现代化的时期。江南各城镇首先引进了手拉机,出现了手工工场,进而引进了先进的动力丝织机,建立了现代化的工厂。同样是传统丝织业城市,此衰彼兴,走上了截然不同的发展道路。原因何在?

若说南京丝织业的衰退是由于"时局不靖"、"销路断绝"、"金融停滞"、"互相倾轧"[①]等,也不是没有道理。自进入近代以来,国家的局势一直处于动荡状态,尤其是"九一八"事变后,南京丝织品在东三省的销路就大受影响。国门打开后,西方的服装面料及样式在中国盛行,国人追逐新潮,流行穿西服洋装,而这些服装大多采用外来面料,即便是传统袍褂也都倾向于以呢绒、哔叽及毛葛等毛织品为面料,所有这些都使南京丝织品的销路受到严重打击。

其实,这些状况全国都一样。其他地区的丝织业也同样因为时局不安定、洋货大量倾销而大受影响,资金的问题、互相倾轧的问题也同样存在。为什么苏、锡、杭等地的丝织业在这种状况下能够走向现代化的发展道路,而南京不能,问题的症结何在?

问题的关键在于南京丝织业主故步自封、不思革新。南京丝织业大起大落的20多年,正是中国经济在发展速度和广度上与19世纪相比有了明显变化的时期。在商品经济中,任何一种商品的生产和发展,都必须以适应市场需求为前提,适应的程度愈高,发展就愈快。南京丝织业不能适应市场需求,更不能扩充和占领新的市场,这与其生产技术落后有密切关系。

将南京丝织业与苏州丝织业做个比较研究是很有意义的。[②] 因为苏州丝织业和南京一样,历史上主要是为封建王室服务。但是,在

---

① 这些观点见于《南京缎业调查》、《南京缎业之现状及其救济》、《南京缎业调查报告》等文章。

② 参见茅家琦、林刚:《南京丝织业兴衰的历史反思》,南京市人民政府经济研究中心编:《南京经济史论文选》,南京出版社1990年版,第57—59页。

南京丝织业急剧衰退时期,苏州的丝织业并没有像南京丝织业那样迅速衰落。自19世纪80年代以后,苏州丝织业注重国内外市场的开拓、改进和增加产品品种,使之能适应市场需要。出口产品有绸、缎、绫、罗、锦、绉、纱、纺、绒、绢、葛等品类,其中传统产品如锦、绒等,已不是出口的主要产品。这表明苏州丝织品的品种在不断更新。与此同时,苏州丝织业还进入了一个引进近代机器发展丝织业的新阶段。1916年,苏州、盛泽等地出现了第一批引进国外织机进行生产的丝织工厂,"出品精致、销路颇畅"。盛泽建成丝织有限公司,运用先进机械生产了华丝织葛、香云纱、横罗、生经熟纡纱等10多个品类,花样新颖,精美夺目,运销上海、广东、天津、北京及长江各埠。这些产品中还有四五种获得了农商部的奖励。1918—1928年间,为了抵御外国人造丝的大量输入对中国传统丝织业的严重威胁,苏州丝织业大胆采用了外国人造丝与蚕丝交织、洋纱线与蚕丝交织的新品种,如华丝纱、夏令线绸、米通丝布、蜡线、纬绸等等。这些产品价格低廉,适宜做各种夏装、衣服,销路很快打开,成了盛泽的主要产品。

当苏、杭等城市的丝织业开始引进手拉机、电力机时,南京的丝织业还基本上沿用古老的投梭机,而且直到20世纪二三十年代,仍然维持古老的家庭手工业形式。据报告,"今日各家机户,仍皆根据前代老法依样织造,一机用三人,一人络丝,一人制织,一人通绞。织机完全用旧式木机,手推足踏,提花并不用龙头,以一人在上用手提之,十分烦拙"。用这样陈旧的木机织出的"制出之品,花样既不能翻新,织工又欠匀整,所以不敌苏、杭品,处于劣败之地位"。① 在民国初年,南京丝织业"曾有一度铁机之改革"。1915年在旧织府内成

---

① 李崇典:《南京缎业调查报告》,《工商公报》第1卷第12期,1929年5月,"调查",第10页。

立南京丝织手工传习所，由缎业公所拨款4,000元作开办费，江苏省公署每月补助400元作经常费。从上海等地购回零件组装手拉机12台，刻花机1台，“成立四年，初具规模”。但为时不久即于1919年停办。① 直到抗战前夕，江南丝织工业集中的苏州、丹阳、盛泽、杭州、湖州、双林、绍兴、宁波、上海等城镇共有手拉机26,235台、电力机17,645台，南京丝织业见于记载的竟没有一台手拉机或电力机。②

因此，南京丝织业的衰落，主要是丝织业主的素质问题。正当江南其他城镇的丝织业主大胆采用机器和动力进行生产，从旧式的手工业主转变为现代资本主义企业家时，南京的帐房老板却仍然保守落后，不求进取，固守着传统的落后经营方式。在他们落后观念影响下，南京丝织业不可能大规模更新生产设备与改进工艺，也不可能在产品上推陈出新，更不可能走向现代发展道路，他们本身也不可能从旧式商人变成近代资本家。这样，南京丝织业势必陷入绝境。

那么，为什么南京丝织业没有具有现代化眼光和水准的经营者去推动呢？传统产业向现代转型还需要哪些方面的因素引导？这不仅仅是丝织业才存在的问题，而是一个涉及面较广的问题，笔者将在本书的最后一章中作较为深入的探讨。

第二节　商业、贸易与金融业的发展

西方城市的发展大都建立在工业化基础之上，工业化是城市化和城市现代化的主要推动力。但在半殖民地半封建的中国，工业化

---

① 参见《首都丝织业调查记》，1930年，第2页。南京市档案馆藏，案卷号：1001—5—202。

② 参见徐新吾主编：《近代江南丝织工业史》，上海人民出版社1991年版，第124页。

水平很低,商业资本一直大于工业资本,因此,“中国近代城市化道路,就不可能从工业生产开始,而往往表现为从商业的发展起步。”①在近代南京经济发展中,最先得到较快发展的是商业,同时与之密切联系的贸易、金融业也得到了一定发展。

一、商业的现代嬗变

南京商业市场最早出现于人口稠密、水路交通便利的秦淮河两岸。秦汉时代,已初具规模。六朝时,南京(建康)既是政治中心,又是经济中心,也是当时最大的商业城市。在梁“景侯之乱”前,建康的繁荣可与长安、洛阳相比。六朝商业的繁华为南京以后的发展打下了坚实的基础,而经济繁荣带来的奢靡之风,也越刮越盛,斗富比阔成为时尚,据史载,“江南地区,奢侈之风更盛。以往之江宁,甚为俭朴,自六朝以后,渐趋华奢,有以妆奁舆从相夸耀者。”②“句容豪右之族,婚娶竞以奢侈相尚,视为诸县特异。”③这种风气开创了南京畸形消费之风的先河。六朝以后,随着整个社会经济的发展,南京的商业也随之发展,但六朝时期已经奠定的南京城市商业发展的消费基调却一直没有改变。清朝余怀在《板桥杂记》中对南京这座典型消费城市的繁华作了描述:

> 金陵为帝王建都之地。公侯戚畹,甲第连云;宗室王孙,翩翩裘马。以及乌衣子弟,湖海滨游,靡不挟弹吹箫,经过赵、李。每开筵宴,则传呼乐籍,罗绮芬芳。行酒纠觞,留髡送客,酒阑棋罢,堕珥遗簪。真欲界之仙都,升平之乐国也。④

进入近代以后,南京城市的消费特征没有改变,但是其商业结构

① 隗瀛涛主编:《近代重庆城市史》,四川大学出版社1991年版,第168页。
② 《溧水县志》(光绪9年)第2卷,第66页。
③ 《江宁府志》(嘉庆16年)第11卷,第6页。
④ (清)余怀:《板桥杂记》,青岛出版社2002年版,第1页。

和规模却发生了显著变化。特别是1927年定都南京以后,南京的商业达到空前繁荣。

1. 传统丝织业市场衰落

进入近代以后,南京商业结构中最为显著的变化,就是传统丝织业市场的衰落。清末以前,丝织业是南京的支柱产业,丝织品是商业流通中的重要部分。自太平天国战争以后,伴随着丝织工业的衰退,丝织业市场也衰落了。相关内容在前文中已经论及,此处不再赘言。

2. 新商业行业兴起及商业规模迅速扩大

民国初年前后,南京兴起的新商业行业主要有:(1)五金业。五金业的兴起是与近代工业、城市近代建筑业的产生以及居民生活风尚的变化有着直接的关系。南京五金业主要经营的五金有有色金属和黑金属等“大五金”,还有日常金属用品(元钉、铁丝)、工具、建筑五金等“小五金”。货源一般向外国洋行采购或者向上海等同行拆货,多为外国货。(2)电工、电料行业。该行业的兴起与电灯在南京的使用有关。1910年“金陵电灯官厂”试车开灯后不久,南京户部街便诞生了南京最早的唐森森五金电料商店,其后陆续开设了其他店。此外,部分从事铜锡业和五洋杂货的店主也经营五金、交电产品。(3)洋油销售业。鸦片战争后,洋火(柴)、洋油(煤油)等洋货已不断涌入中国,民国成立前,美、英石油公司即已从上海经镇江向南京销售煤油。随着洋油的涌入,一些外国石油公司也进入南京。1918年,美国美孚石油公司首先在下关宝善街设立分支机构。1921年和1923年,英荷合资的亚细亚火油公司和美商德士古股份有限公司也在南京设立分支机构。

1927年南京成为国都后,商业规模进一步扩大。据建设委员会经济调查所调查,1933年,南京市内有商店13,003家,从业人员为86,079人,遍及96种行业,资本1,243万余元,营业额为7,234万余元。另外还有5,000多家商店,因为没有加入同业公会,没有进行详

细统计。① 见下表:

表2.7 南京市商业分业统计表(1933年)

业别	家数	资本额(元)	营业额(元)
粮食业	198	180,335	4,206,140
面粉业	120	309,655	1,800,010
盐油业	72	225,495	1,813,000
糖业	25	14,069	266,300
酱园业	82	300,000	1,703,800
茶叶业	75	110,200	661,640
糖果罐头业	147	200,000	800,000
火腿业	39	44,200	145,800
咸货肉业	62	52,600	89,500
牛奶业	12	13,450	26,100
酒菜馆业	1,151	423,862	2,895,410
烧饼油条业	426	9,058	465,080
鸡鸭业	156	33,111	620,000
蛋业	27	26,000	239,200
南北货业	71	200,000	1,000,000
豆腐茶干业	303	18,995	360,060
水果业	108	33,014	633,460
冰食汽水业	84	40,250	192,140
磨房业	24	4,700	54,230
酒业	34	36,000	156,000
茶社水炉业	300	90,000	240,000
炒货业	125	30,000	200,000
卷烟业	152	120,000	5,000,000

① 参见叶楚伧、柳诒徵主编:《首都志》,正中书局1935年版,第1058页。

业别	家数	资本额(元)	营业额(元)
旱烟业	13	50,000	80,000
钱米业	209	165,940	3,007,665
干鲜果桐油业	37	73,000	1,550,000
山地货业	6	8,870	10,900
国药业	130	229,540	988,420
西药业	7	154,000	364,000
参燕业	7	85,000	396,000
棉花业	119	252,140	196,360
丝茧业	44	15,055	271,500
纺经业	156	13,645	215,900
纱线业	13	17,970	124,100
呢绒业	32	25,850	163,220
鞋帽袜业	392	178,274	1,379,377
零剪业	21	7,500	62,000
估衣业	132	197,900	1,045,050
军西服装业	120	99,178	427,490
绸布业	58	750,450	5,000,000
成衣业	734	44,198	633,860
棉织品业	124	138,695	1,261,462
麻织品业	32	16,995	273,300
草织品业	226	645,935	1,236,270
染炼业	116	42,225	166,570
银楼业	81	221,150	729,700
钟表眼镜业	112	71,570	202,400
竹木业	123	310,000	1,990,000
竹木藤器业	295	34,749	337,020
铜铁锡器业	415	85,019	391,910
五金业	117	399,690	1,520,000

业别	家数	资本额(元)	营业额(元)
家具业	147	136,625	579,910
磁料陶器业	81	73,240	465,030
梳篦业	15	24,960	66,600
棕麻汉货业	21	8,520	48,500
紫檀红木业	18	15,000	135,300
铜铁行军床业	9	16,450	59,700
砖瓦石灰砂石业	224	281,570	1,000,000
颜料油漆业	97	613,120	741,400
旅馆业	321	1,110,000	710,000
煤灰锅业	259	374,470	2,665,600
理发业	481	123,612	566,805
浴堂业	73	150,000	109,000
刻字印刷业	65	9,720	46,112
古玩业	22	27,300	71,000
花树业	11	815	18,560
弹子房业	9	14,020	21,700
影戏剧场业	10	510,000	500,000
摄影业	68	75,000	400,000
寿材业	105	34,930	159,450
纸箔业	127	158,450	2,039,230
喜幛业	24	19,630	74,730
彩亭业	20	9,080	31,700
租赁物品业	28	23,788	84,560
香烛纸炮业	89	62,434	293,580
皮革业	16	40,000	242,200
硝皮骨货业	28	10,900	63,980
化妆美术品业	34	15,170	131,200
洋广杂货业	1,881	594,900	6,725,224

业别	家数	资本额(元)	营业额(元)
伞席业	62	15,835	154,810
电料业	38	15,721	1,458,800
烛皂业	21	15,255	313,856
火柴业	12	15,550	89,400
橡皮业	6	19,200	142,000
珐琅业	7	24,620	50,800
玻璃镜架业	33	16,990	105,500
扇业	110	138,770	745,870
旧货业	142	113,270	415,470
修理业	145	34,924	209,380
包装纸业	29	2,823	29,130
保险业	24	11,400	200,500
鹅鸭毛业	14	40,000	100,000
猪行业	17	13,000	160,000
屠业	180	66,000	1,300,000
马车行业	142	39,200	28,400
汽车行业	73	455,520	1,200,000
合计	13,003	12,431,332	72,347,271

资料来源:叶楚伧、柳诒徵主编:《首都志》,正中书局1935年版,第1059—1066页。

从上表可见,新商业行业的数量、资本额和营业额所占比重不小。新行业有西药、钟表眼镜、五金、电料、砖瓦石灰、染料油漆、弹子房、影戏剧场、摄影、洋广杂货、保险、汽车行等共计2,660家,约占总商业数的20.5%;资本额为3,057,911元,约占总资本额的24.6%;营业额为14,334,024元,约占总营业额的21.5%。另据1936年统计,1929—1936年,经南京市社会局核准登记的公司有225家,其中总公司105家,分公司120家,资本总额23,333,300元,商业注册的商号543家,资本总额1,847,320元,另外,还有3,228家小商人,资本总额436,236元。①

3. 为城市服务的行业飞速发展

随着开埠通商和定都南京,商业流通领域迅速扩大,城市需求也大大增加,特别是人口的剧增和城市建设的大规模进行,有关居民生活和城市建设的商业行业飞速发展。

饮食、服务性行业发展较快。饮食、服务性行业是南京传统商业中一向较为发达的行业。由于受太平天国战争的影响,南京商业萧条了相当长时期,之后才逐渐得到恢复。自1908年沪宁铁路通车后,由于旅客增多,下关地区的旅馆、浴室、饮食等行业迅速增加。著名的三山街浴室、夫子庙贡院街浴室,都是在这一时期建立的。定都南京后,由于大量人口的涌入,庞大的政治、军事、文化等机构的集中,对各类饮食、服务业需求急剧增加,餐馆业、旅馆业、洗浴业十分繁荣。1933年,酒菜餐馆业达1,151家,浴室达73家。最有名的三新池浴室,建筑面积1,500平方米,有大小厅堂13个,员工180人。浴室最集中地区是夫子庙一带,在周围不到半公里地区内,就有10家之多。1934年,全市旅馆有363家,分布于全市各处,尤其以下关、车站、码头、大行宫、洪武路、夫子庙等处最为集中。②

日用百货商业颇为兴旺。从19世纪末至20世纪初期,"百货"已经作为一个新兴商业行业在南京逐渐形成。1927年后,百货业成为日用品商业中为数最多、营业额最大的行业。据1933年调查,洋广杂货店1,881家,钟表眼镜业112家,烛皂业21家,此外尚有大量未登记的小店。1936年1月,南京市大型商场——中央商场建成开

---

① 参见南京市社会局编印:《南京社会》,1937年2月,"农工商业",第116、135、137页。

② 参见南京市人民政府研究室编:《南京经济史》(上),中国农业科技出版社1996年版,第335页。

业,这是南京传统商业向现代新兴商业迈进的里程碑。此后永安商场、太平商场相继开业,同时,一些著名商店如李顺昌西服店、拔佳皮鞋店、盛锡福帽店、亨达利钟表店、冠生园罐头食品店等纷纷开业,日用工业品市场一时兴旺。①

表 2.8　南京市各行业前五名排列次序表(1933 年)

名次	商家数量(家)	资本额(元)	营业额(元)
第一名	洋广杂货业 1,881	旅馆业 1,110,000	洋广杂货业 6,725,224
第二名	酒菜馆业 1,151	绸布业 750,450	绸布/卷烟业 5,000,000
第三名	成衣业 734	草织品业 645,936	粮食业 4,206,140
第四名	理发业 481	颜料油漆业 613,120	钱米业 3,007,665
第五名	烧饼油条业 426	洋广杂货业 594,900	酒菜馆业 2,895,410

由上表可见,南京商业行业中排列在前位的主要是为城市居民服务的饮食、服务以及日用百货等行业。

粮食市场与销售的迅速扩大。早在明朝初年,南京已经是重要的粮食集散地和漕运中心,当时在江东门、中华门外建有 13 个粮食市场。粮食交易十分繁荣。② 从事粮食经营的大都是皖商、晋商、闽粤商。到了清代,南京的徽商势力最大,当时南京的粮食来源相当部分来自安徽省沿江各县。1882 年,芜湖米市设立,安徽粮食的交易中心由南京转移到了芜湖。但 20 世纪 20 年代以后,芜湖米市由于种种原因而衰落,南京以其得天独厚的有利条件遂成为长江下游重要的粮食交易中心。其有利条件为:一方面,南京是长江下游门户,

① 参见南京市地方志编纂委员会:《南京日用工业品商业志》,南京出版社 1996 年版,第 13 页。

② 参见南京市地方志编纂委员会、南京粮食志编纂委员会:《南京粮食志》,中国城市出版社 1993 年版,第 44 页。

又是津浦、京沪两路的枢纽,交通十分便利。长江流域的米若要迅速运往上海,必须在南京登陆,而上海、津浦各站的小麦、杂粮南下,以及上海、无锡的粳米、洋米及面粉要运往华北及长江流域,都需要经过南京。另一方面,民国以后,特别是1927年定都南京后,南京的人口急剧增加,需要粮食数量也随之增大。仅以城市内的粮食零售店(俗称“钱米铺”)数量的增加就可以看出粮食业的发展状况,在1912年前,南京全市仅有钱米铺28家,但1916年有75家,1921年为112家,1926年为176家,1931年为376家,1934年达404家,①这几乎是民国以前的20倍。

南京粮食交易市场主要分布于中华门和下关两处,交易粮食主要是米、麦、面粉和杂粮。米主要来自于安徽中部、南部各县,无锡、苏州、常州以及南京四郊附近各县;小麦除了江宁四乡、句容及江北的高邮、扬州、六合等地外,皖北淮河流域各县及长江上游各埠也是主要来源;面粉主要来自济南、蚌埠、徐州、无锡、镇江、上海等地;杂粮主要包括豆类、高粱、玉蜀黍、花生、芝麻等,其中以豆类为主,花生、芝麻次之。豆类主要来自皖北淮河流域的凤阳、凤台、蒙城、宿县、泗县、五河各县及苏北的铜山、萧县等;花生完全来自鲁南、苏北、皖北等处;芝麻多来自皖北各地及长江各埠。当时,中华门外的雨花路、扫帚巷、芦席巷、下关的鲜鱼巷、惠民桥一带,粮行鳞次栉比,米商、粮贩云集。据1932年统计,经营粮食的米行、粮食行、米铺、面粉号共有608家。②

上述粮食的输送主要有两个途径:第一个途径是水道运输。即主要以帆船将皖南、皖中的大米经过长江输入南京,俗称“外江米”;或者将南京四郊及附近各县的稻米经过秦淮河及其支流输送到南京

① 参见社会经济调查所编印:《南京粮食调查》,1935年,第3页。

② 参见实业部中央农业试验所、南京技术合作委员会给养组合编:《南京市之食粮与燃料》,1932年,第8页。

的通济门和中华门,俗称“内江米”。这些由水道输送的稻米,除了一部分自江边进口而由铁道转运他埠外,其余几乎全部供南京市消费。见下表:

表 2.9　南京市各粮食码头输入稻米数量及百分比(1932—1934 年)

单位:石,%

年别	全年总输入	中华门		下关		通济门		水汉西门	
		数量	百分率	数量	百分率	数量	百分率	数量	百分率
1932	867, 762	499, 500	57. 56	199, 162	22. 95	150, 800	17. 38	18, 300	2. 11
1933	899, 747	536, 500	59. 63	178, 947	19. 89	160, 900	17. 88	23, 400	2. 60
1934*	754, 713	567, 810	75. 24	130, 503	17. 29	31, 300	4. 15	25, 100	3. 32

资料来源:社会经济调查所编印:《南京粮食调查》,1935 年,第 23 页。

*　1934 年的总计以 10 月份为限。

由上表可见,南京市消费的稻米大部分是通过水道输入而来,如 1932 年南京市需要米 1, 177, 200 担,而由水道输入的米就达 867, 762 担,占总需求量的 73. 7%;1934 年需要米 1, 420, 142 担,而由水道输入的米就达 754, 713 担,占总需求量的 64. 1%。中华门是南京市稻米输入的最大场所。

粮食输送的第二个途径是铁路运输。即以京沪路的下关、江边站和津浦路的浦口站为输送中心,将粮食输入或者输出。其中,除了部分粮食为本地消费外,大部分通过铁路转口输出上海、无锡、苏州、蚌埠、徐州等地。因此,在进出口方面,表现出输出大于输入(见表 2. 10)。除了 1933 年杂粮的输出小于输入外,面粉是个特例,因为面粉的输出主要是通过水道来完成。另外,因为无锡各地也是面粉生产区域,所以输出的数量有限。①

① 参见社会经济调查所编印:《南京粮食调查》,1935 年,第 26 页。

表 2.10　南京市各车站粮食进出口数量统计表(1932—1934 年)

单位:公斤

类别	年份	输入	输出
米谷	1932	19,427,897	23,736,330
	1933	20,453,182	58,402,455
	1934*	12,566,419	22,154,500
小麦	1932	14,896,500	22,750,304
	1933	6,787,000	24,691,078
	1934*	11,539,572	104,029,345
面粉	1932	12,746,244	25,791,532
	1933	9,562,486	1,789,330
	1934*	2,070,789	1,163,000
杂粮	1932	65,639,443	71,452,105
	1933	72,474,137	58,992,427
	1934*	9,741,364	100,279,657

资料来源:社会经济调查所编印:《南京粮食调查》,1935 年,第 24、27、28、30、31 页。

*　1934 年的总计仅以 10 月份为限。

与城市建设相关的商业行业,如木材、建材、五金等,也有了较快的发展。上新河是长江流域较大的木材集散地。民国以后,由于城市建设的需要,上新河木业十分发达,木帮由清末的 8 家发展到 13 家,1912—1934 年,上新河木商达 84 户①。清末南京有砖瓦商店 10 家,1912—1927 年又增加 12 家,到 1933 年南京共有砖瓦、沙石、水泥商店 224 家②。南京居民历来以柴薪为主要燃料,1910 年南京出

① 参见南京市人民政府研究室编:《南京经济史》(上),中国农业科技出版社 1996 年版,第 332—333 页。

② 参见南京市人民政府研究室编:《南京经济史》(上),中国农业科技出版社 1996 年版,第 333 页。

现2家煤炭店,1912年增加为7家,1926年共有8家。到1937年,除了上述8家以外,南京还有大煤店19家,中等煤店46户,加上其他较小的煤店,在册共102户①,还有没有登记的小煤铺多家,分布在全市的大街小巷。

4. 与工业生产相关的商业行业发展薄弱

生产资料商品的交易与生活资料商品的交易相比较,显得十分薄弱,这也是南京近代商业的显著特点之一。这与南京的工业化程度低下有着直接的关系。首先,南京的工业生产设备简陋,没有对生产资料的大量需求;其次,生产资料商品的生产数量也十分有限,如据1934年调查,当年全部机器制造业出品只有抽水机300台,面粉机30架、柴油机24台,打火机5架,碾米机4架②。这样,南京的生产资料商品既无需求又无供给,自然导致交易市场十分薄弱,甚至没有。

二、对外贸易发展的扩大及特点

南京作为传统的商业中心城市,它"北跨中原,瓜连数省,五方辐辏,万国灌输"③,历来都是重要的商品集散地。开埠后,大量洋货输入致使贸易一直处于严重逆差状态。进入民国以后,这种贸易的状况是否有所改变?贸易量如何?在全国的地位又怎样?

民国初年,南京对外贸易仍然处于严重逆差状态,自1915年后,贸易逆差状况有所改变,出口货物量大大增加并开始出超。这主要是由于当时正值第一次世界大战期间,西方国家忙于战争,减少了对

① 参见南京市人民政府研究室编:《南京经济史》(上),中国农业科技出版社1996年版,第334页。

② 参见建设委员会经济调查所统计课编辑:《中国经济志(南京市)》,建设委员会经济调查所1934年,第135页。

③ 张翰:《松窗梦语》卷4,上海古籍出版社1986年版,第74页。

中国贸易的出口,而增加对中国商品的需求所致。战争结束后,西方国家又加大了对中国的商品出口,贸易又开始出现逆差状况。见下表:

表 2.11 南京出入口货物价值统计表(1912—1926 年)

单位:海关两

年份	土货出口	洋货入口	总值
1912	——	1, 538, 442	1, 538, 442
1913	123	2, 654, 070	2, 645, 193
1914	1, 055, 456	3, 619, 865	4, 675, 321
1915	1, 942, 973	563, 867	2, 506, 840
1916	3, 709, 541	1, 185, 370	4, 894, 911
1917	3, 664, 690	1, 661, 174	5, 325, 864
1918	2, 189, 900	1, 659, 805	3, 849, 705
1919	6, 759, 529	3, 120, 556	9, 880, 085
1920	6, 648, 383	4, 411, 399	11, 059, 782
1921	2, 522, 879	8, 274, 009	10, 796, 888
1922	3, 688, 121	8, 562, 794	12, 250, 915
1923	4, 036, 887	3, 845, 613	7, 882, 500
1924	2, 497, 479	3, 968, 058	6, 465, 537
1925	3, 429, 461	4, 347, 052	7, 776, 513
1926	6, 059, 688	4, 324, 808	10, 384, 494

资料来源:叶楚伧、柳诒徵主编:《首都志》,正中书局 1935 年版,第 1069—1070 页。

1915—1926 年,南京对外贸易一直处于明显出超状态,但自 1921 年后的 6 年时间里,只有 2 年出超,其余 4 年均为入超。

1927 年以后,由于南京城市人口的增加,而工业生产不能够满足城市消费的需要,因此,需要从外部输入大量消费品,这样,对外贸易中进口总值大大高于出口总值。见表 2.12:

表 2.12　南京市历年直接对外贸易统计表(1927—1937 年)

单位:国币千元

年份	洋货进口值	土货出口值	年份	洋货进口值	土货出口值
1927	1,466	157	1933	21,730	2
1928	1,634	4,362	1934	18,486	166
1929	8,290	5,789	1935	12,869	474
1930	13,895	5,518	1936	17,406	1,672
1931	16,270	539	1937	8,681	1,194
1932	23,173	352			

资料来源:南京市人民政府研究室编:《南京经济史》(上),中国农业科技出版社 1996 年版,第 338 页。

由上表可见,在 1927—1937 年的 11 年间,除了 1928 年土货出口大于洋货进口外,其余年份均是进口大于出口,近一半以上年份进口货物是出口货物的 10 倍以上,甚至 100 倍以上。其中,1932 年出口货物仅冻鸭一种,价值 35 万余元,入超达 2,282 万余元;1933 年出口货物仅邮包一种,价值 1,800 余元,入超达 2,136 万余元。①

至于国内贸易,也主要以输入为主。以津浦铁路运到浦口后装轮转口货物为例,1927—1933 年间,除了 1926 年、1933 年略有出超外,其余各年"惟见进超不见出超"②。

随着中国对外开放商埠增多,对外贸易货值也大大增加,其中长江沿江城市外贸的发展是促成全国外贸货值增长的主要因素。在本书第一章第一节中曾经提到,在开埠初近 10 年间,金陵海关进出口贸易额在全国口岸贸易总额中所占比重多在 1% 以下,与汉口、九

① 参见建设委员会经济调查所统计课编辑:《中国经济志(南京市)》,建设委员会经济调查所 1934 年,第 231 页。

② 建设委员会经济调查所统计课编辑:《中国经济志(南京市)》,建设委员会经济调查所 1934 年,第 231 页。

江、芜湖、镇江等港口相比,一直处于末位。这种状况随着时间的推移是否有所改变?

表 2.13　长江沿江各埠历年进出口货值净数统计表(1910—1933 年)

单位:万海关两

年份	上海	汉口	重庆	九江	芜湖	南京	岳州	宜昌	镇江
1910	17,292.3	13,530.0	3,230.6	3,397.3	2,467.1	1,040.2	194.2	133.9	2,580.1
1915	20,817.3	16,090.5	3,500.6	3,927.8	2,426.2	2,231.9	710.4	490	1,915.3
1920	51,192	16,995.2	3,542.9	4,841.6	4,014.5	5,332.4	1,155.6	915.4	2,883.7
1925	75,470	28,876.1	6,570.6	5,669.3	6,322.6	3,814.2	2,261.5	1,280.9	2,802
1930	114,557.6	20,048.4	8,655.3	5,496.7	4,937.1	3,245.1	1,906.7	1,390	2,718
1933	109,244.6	14,735.4	4,613.8	3,481	2,895.1	2,681.5	1,210	870.6	1,005.1

资料来源:张仲礼等主编:《长江沿江城市与中国近代化》,上海人民出版社 2002 年版,第 66 页。

表 2.14　重要商埠出入口贸易百分比比较表(1933 年上半年)

单位:国币千元,%

埠别	进口		出口		总计	
	总值	百分比率	总值	百分比率	总值	百分比率
上海	430,868	55.22	157,041	52.93	587,909	54.63
天津	64,091	8.21	42,045	14.17	106,064	9.85
广州	35,905	4.61	26,720	9.01	62,625	5.82
九龙	55,736	7.2	1,941	0.65	57,677	5.36
汕头	35,365	4.55	7,822	2.64	43,187	4.01
厦门	17,702	2.27	1,515	0.51	19,217	1.78
胶州	41,413	5.3	21,267	7.17	62,680	5.82
汉口	20,789	2.67	3,303	1.11	24,092	2.23
南京	9,487	1.23	–	–	9,487	0.88
拱北	10,914	1.4	475	0.16	11,389	1.05

资料来源:中国第二历史档案馆编:《中华民国史档案资料汇编》第 5 辑第 1 编,"财政经济(8)",江苏古籍出版社 1994 年版,第 1109 页。

表2.13是1910—1933年间长江沿江各埠进出口货物价值的统计,从表中可见,南京海关的进出口货值所占比例在长江各埠略有提升,已经超过镇江,但是排名依然靠后。也就是说,在长江沿江各商埠中,南京仍不是一个重要贸易港口。虽然由于南京的特殊地理位置,它被列为全国重要商埠之一,但它的进出口货值所占比重很小。表2.14、2.15反映了这一基本事实。

表2.15　重要商埠出入口贸易百分比比较表(1934年上半年)

单位:国币千元,%

埠别	进口		出口		总计	
	总值	百分比	总值	百分比	总值	百分比
上海	338,405	59.01	133,446	49.66	471,851	55.97
天津	49,559	8.62	43,440	16.16	92,999	11.03
广州	17,880	4.61	23,632	8.79	41,512	4.92
九龙	45,453	7.2	2,727	1.02	48,180	5.71
汕头	15,103	2.64	7,455	2.77	22,558	2.68
厦门	8,873	1.53	1,582	0.59	10,455	1.24
胶州	23,966	4.17	20,342	7.57	44,308	5.26
汉口	15,004	2.64	3,171	1.18	18,175	2.16
南京	11,646	2.02	1	-	11,647	1.38
拱北	4,638	0.81	494	0.18	5,132	0.61

资料来源:中国第二历史档案馆编:《中华民国史档案资料汇编》第5辑第1编,"财政经济(8)",江苏古籍出版社1994年版,第1127页。

从1933年、1934年上半年的贸易百分比来看,在11个重要商埠中,虽然,南京的进出口货物总值在1934年略比厦门、拱北高些,但依旧在1%的上下浮动。

三、现代金融业的出现及其发展

随着贸易通商等对外联系的扩大以及政治中心地位的影响,典当、钱庄等传统金融业在南京城市发展中扮演了重要角色。与此同时,近代金融的高级形式——银行出现并且得到快速发展。

1. 典当业、钱庄业的兴衰

典当业是中国最古老的信用行业,它收取押品,贷出款项,主要用于平民生活的周济,但也用于农事生产和小手工业者的资金融通。东晋时,南京出现了我国最早的典当业。① 明朝时,南京有典当500家。清朝时,典当业的规模比以前有所扩大,不但做放款,而且接受存款。1810年时,南京包括上元、江宁两县共有当铺121家。后经过太平天国战争及其后的社会动荡,到清末只有11家典当铺。② 而在辛亥革命爆发后,这些当铺几乎全部闭歇。

民国以后,南京典当业日益复苏。1913年,江苏省民政厅筹集20万元开设公济公典。1915年,由省署与买办盛宣怀各出资6万元,创办了协济公典。1916年,江苏省典业公会又集资创办了会济公典。1921年,苏民生等人合资创办民国初年南京第一家私典——通济典。上述是民国时期南京著名的"四大典"。其中,公济公典规模最大,1922年,其公积金转为股本,股金由初期的20万元增加到50万元,拥有接典数家,其营业规模、资本额均居江苏省同期近200家典当之首。另外,为了便于民众当赎,还在城中及郊县设了多处接典和代典,是典当业的派出机构。

1927年后,南京典当数目增加不多,但在规模上却有所扩大。

---

① 参见南京市地方志编纂委员会编:《南京金融志》,南京出版社1995年版,第164页。

② 参见南京市地方志编纂委员会编:《南京金融志》,南京出版社1995年版,第165页。

例如协济公典初期股本12万元,到1927年末,该典自有资金20万元,拥有彩霞街房产43间,又有同仁街地产200多平方米,接典数家,1928年总资本额为30万元。会济、通济公典初期资本均为10余万元,到1932年时,各增到30万元和22万元。① “一二八”事变后,典当业交易动荡,1935年6月,通济公典宣布歇业,其余典当行在战前也相继停业。

钱庄是经营货币信用业务的旧式金融机构,钱庄的前身是钱铺,起源于兑换。明代南京的街道上已经出现“钱庄”的铺号。清康熙、嘉庆年间,南京地方特产贡缎畅销全国,商业繁荣,为钱庄业的发展奠定了一定基础。钱庄按同行业务,可分为汇划庄、钱业门市和兑换店三类。汇划庄又称大同行或大钱庄,因为它加入汇划总会、互作票据收付的交换,主要经营汇兑、存款、放款、贴现和代兑银行支票业务,规模大、资本雄厚,大都为合资。钱业门市主要经营存、放款业务,有的兼营米业,一般规模较小、资本薄弱。兑换店主要经营银两、银元和制钱的兑换,一般为独资,规模和资本最小。光绪中期,南京有汇划庄40余家,有中小钱庄百数十家,主要经营兑换和汇兑业务,规模较大者办理存、放款业务。但是辛亥革命爆发后,由于时局动荡,钱业纷纷倒闭。1912年时,南京仅存钱庄9家。②

第一次世界大战期间,中国民族工商业得到发展,南京全市有汇划庄20余家,中小钱庄50余家。1924年,受江浙战争和随后的北伐战争影响,钱庄业闭歇者达半数以上,到1926年,仅存39家。③

---

① 参见南京市地方志编纂委员会编:《南京金融志》,南京出版社1995年版,第170—171页。

② 参见南京市地方志编纂委员会编:《南京金融志》,南京出版社1995年版,第174—175页。

③ 参见南京市地方志编纂委员会编:《南京金融志》,南京出版社1995年版,第175页。

1927 年,国民政府定都南京后,钱庄业又趋向兴旺,在城市金融业中扮演着重要角色,曾经一度控制着城市的金融市场。到 1931 年达到顶峰,“会员增至 61 家,旋又新开 7 家,共有 68 家”①。

这一时期,南京钱庄迅速发展主要有三方面原因:一是定都以后,南京的政治地位提高,工商业得到快速发展,商品流通规模扩大,增加了货币流通的需要,这些均为钱庄的发展提供了条件。二是南京钱庄业仍然垄断着洋厘买卖,即银两与银元兑换时的差价。当时虽然规定用银本位制、以元为单位,但大宗交易仍然以银两计算,而且钱庄同业议决:公定洋厘买卖时,银行不得介入。另外钱庄放款时,注重信用,不重抵押,因此,一般商户多与钱庄来往。三是这个时期钱庄得到银行的支持:钱庄与银行往来透支,承办拆放、贴现、购期票等业务,银行资金大都放给钱庄,钱庄放款多是银行贷款。

南京钱庄业在走上顶峰之后,开始迅速走向衰落。1931 年年底,先是最大钱庄通汇、泰亨润、庚余 3 家停业。1932 年,又有豫大、同康、鸿源等 17 家停业。1933 年,隆太、顺康等 15 家停业。1934 年 3 月以前,谦益、勤康等 4 家停业。这样,到了 1934 年仅有钱庄 29 家,而且营业额也一落千丈。“当其盛时,每年全业营业约二三千万元不等,现年仅可营业一二百万元,恰成十与一之比。”②到 1937 年能够营业的钱庄仅剩通和、福康、仁泰昌、震丰、长和、厚康等 6 家。③

南京钱庄业由盛及衰的原因值得探讨。从表面上看,进入 20 世纪 30 年代后,天灾人祸接踵而至。先是 1931 年夏天的大水灾,洪水泛滥,南京受灾较为严重。接着“九一八”和“一二八”事变相继爆发,一度切断了南京金融市场的货币来源和市区的商品供应。这些

① 叶楚伧、柳诒徵主编:《首都志》,正中书局 1935 年版,第 1075 页。

② 叶楚伧、柳诒徵主编:《首都志》,正中书局 1935 年版,第 1075—1076 页。

③ 参见南京市地方志编纂委员会编:《南京金融志》,南京出版社 1995 年版,第 177 页。

因素导致经济凋敝，通货紧缩，严重影响了钱庄业。仅1931年秋至1933年南京钱庄倒闭者就达30多家。但从另一方面来说，钱庄的倒闭又是历史的必然。因为钱庄虽然是近代中国社会的重要金融机构之一，在城市生活中一度扮演了重要角色，但它毕竟还是一种传统行业，它在管理、组织等方面的落后性十分明显。比如钱庄放款多以信用为主，不重视抵押；管理人员大都是学徒出生，主要靠经验经营；业务范围狭窄，资本规模小。1934年时，南京29家钱庄中资本最大的只有3万元，资本最小的仅500元。另外，国民政府的金融改革政策也不利于钱庄的发展。如1933年4月5日，国民政府发布"废两改元"训令，规定："自4月6日起，所有公私款项之收付及一切交易，须一律改用银币，不得再用银两。……其在是日以后，新立契约票据与一切交易及公私款项之收付而仍用银两者，在法律上为无效。"①早在2月底，财政部就发出命令：钱业停止使用庄票，钱两票据一律废除，并且宣布"钱业同业公会洋厘行市于3月10日起停开"②。这些政策的实施，彻底废除了钱庄洋厘买卖的特权，削弱了钱庄控制金融市场的能力。1935年11月，国民政府又推行"法币政策"，将银本位制彻底废除，再次给钱庄业以沉重打击。而真正给予钱庄业致命打击的是来自于更高级的金融机构——银行业的崛起和发展。新式银行从出现之日起，规模、资本、经营范围、管理方式都是钱庄业所无法比拟的。这样，钱庄业被银行业取代便成为必然。

2. 新式金融业——银行的出现及其发展

新式银行的出现在南京始于裕宁官银钱局。该局于1903年经清政府批准而设立。总行设在上海，1911年在该局基础上成立江苏

① 秦孝仪主编：《革命文献》第74辑，"中国国民党中央委员会"党史委员会1978年，第2页。

② 《中国经济年鉴》，商务印书馆1934年版，第3页。

银行,1912 年设分行于南京。1909 年大清银行(1912 年改组为中国银行)江宁分行在南京成立。1910 年,交通银行南京分行在南京成立。民国初年,除了上述三家官办银行外,还有四家私营商业银行在南京开展业务。

表 2.16　南京市银行业概况表(1934 年)

银行名	行址	开设年份	总行地址	办事处数	资本		职员人数	业务
					定额(元)	实收(元)		
中央银行	奇望街		上海	2	20,000,000	20,000,000		国际汇兑代理国库发行兑换券
中国银行	珠宝廊	1914	上海	4	23,000,000	24,711,700	70	国际汇兑及存放款发行兑换券
交通银行	白下路	1917	上海	2	10,000,000	10,000,000	54	存款放款汇兑储蓄发行兑换券
上海银行	建康路	1915	上海	5	5,000,000	5,000,000	165	汇兑存款放款储蓄
国华银行	白下路	1930	上海	1	4,000,000	2,430,000	60	汇兑存款放款储蓄
金城银行	白下路	1931	天津	1	10,000,000	7,000,000	15	汇兑存款放款储蓄
盐业银行	白下路	1931	天津		10,000,000	7,500,000	9	汇兑存款放款储蓄
中南银行	白下路	1929	上海			7,500,000	20	汇兑存款放款储蓄发行兑换券
大陆银行	朱雀路	1930	天津	1	5,000,000	3,760,000	18	汇兑存款放款
江苏银行	建康路	1912	上海	1	1,000,000	1,000,000	30	汇兑存款放款兼理省金库
中国垦业银行	中山路	1932	上海		2,500,000	2,500,000	18	汇兑存款放款

银行名	行址	开设年份	总行地址	办事处数	资本		职员人数	业务
					定额(元)	实收(元)		
四明银行	延龄路	1931	上海	1		2,250,000	29	汇兑存款放款发行兑换券
中国农工银行	白下路	1929	上海		10,000,000	3,205,000	18	汇兑存款放款发行兑换券
中国国货银行	新街口	1931	上海	1	2,000,000	5,000,000	24	汇兑存款放款储蓄
中国实业银行	白下路	1930	上海		2,000,000	3,507,400	19	汇兑存款放款储蓄发行兑换券
浙江兴业银行	白下路	1931	上海		4,000,000	4,000,000	19	汇兑存款放款储蓄发行兑换券
中国通商银行	新街口	1932	上海		7,000,000	3,500,000	28	汇兑存款放款储蓄发行兑换券
江苏农民银行	户部街	1930	镇江		2,200,000	2,200,000	8	汇兑存款放款储蓄
南京农民银行	坊口街	1928	南京		1,000,000	500,000	24	汇兑存款放款储蓄代理市金库
聚兴诚银行	新街口	1934	重庆			1,000,000		汇兑存款放款储蓄

资料来源:叶楚伧、柳诒徵主编:《首都志》,正中书局 1935 年版,第 1073—1075 页。

上海商业储蓄银行率先于 1917 年在南京设行。“南四行”(浙江兴业银行、浙江实业银行、上海商业储蓄银行和新华信托储蓄银行)之一的上海商业储蓄银行总部于 1915 年 6 月在上海创办,1917 年在南京下关开设办事处,主营沪宁铁路货运的押汇业务。1921 年 7 月改为南京分行,后来又改为南京支行。1923 年后增设北门桥、奇望街、大行宫三个办事处。随后,“北四行”的盐业银行、金城银行、大陆银行等三家也先后在南京设立分支机构。盐业银行于 1919 年 9 月 1 日在南京开设南京支行;金城银行于 1920 年 7 月 1

日在南京下关开设办事处;大陆银行于 1920 年 8 月在南京下关设立支行。

上述四家商业银行的业务,除了经营一般银行的存、放、汇款以外,还兼营储蓄、信托、仓库、房地产和证券交易。金城等支行还参与商业投资,承做国际外汇业务。

1927 年以后,南京银行业迅速崛起,到 1934 年南京共有银行 20 家,如果连支行及办事处一并计算共有 39 家(见表 2. 16)。这些银行与钱庄相比,规模庞大、资金雄厚、业务门类齐全,一般都经营汇兑、存款、放款、发行兑换券等业务。

从上述状况来看,南京在近代以来,特别是 1927 年后,银行业得到了迅速发展。那么,它在长江沿江金融网络中处于什么样的地位呢?

长江沿江城市金融网络是由三个不同的层级构成。第一层级为上海,上海作为全国的金融中心,同时也是长江沿江城市金融网络的枢纽,操握着整个长江流域城市金融的命脉;第二层级为汉口和重庆,汉口是长江中游及中南地区的区域金融中心,重庆是长江上游及西南地区的区域金融中心,两地与上海遥相呼应,成为沿江城市金融网络中最重要的环节;第三层级包括南通、扬州、南京、芜湖、安庆、九江、沙市、宜昌等中小城市,这些规模不等的城市散落在长江的上、中、下游广大地区,分别与上海、汉口、重庆保持着程度不同、疏密有致的金融关系,成为这些金融中心城市的外围和支撑。南京虽然自 1927 年后成为首都,却因不是经济中心,很少有银行在此设立总行。总行一般都设在上海,南京的银行大多为分行,“资本及金融之周转,亦均仰给于总行”。[①] 由表 2. 16 可见,除了南京农民银行总行设在南京外,其余均系总行在上海、天津等地的分行。上海是当时全国

① 叶楚伧、柳诒徵主编:《首都志》,正中书局 1935 年版,第 1072 页。

的金融中心,是现金的最终集中地和分配地,其他城市剩余的现金均输送到上海,而各城市缺乏的现金,又都从上海输入。

南京由于自身不具备贸易、金融方面的优势,又靠近上海,没有像汉口和重庆那样成为周围地区重要的区域金融中心,它在金融方面明显依附于上海,“津浦路沿途需现较多,缺乏时每向京调运,而间接仍以上海为挹注之地。”①表 2.17 和 2.18 是关于上海与南京及其他长江沿江城市之间银元的输出输入情况的两个统计表。由表 2.17 可见,南京向上海输出资金数额远远大于从上海输入的资金数额。在沿江的这 8 个城市中,南京向上海输入的资金数额最大。1922—1931 年上述 8 个城市输入上海的银元数额为 20,370 万元,其中南京为 13,615 万元,占总额的 66.8%。而由表 2.18 可见,由上海向这 8 个城市输出的资本中南京却是第三位,并且在输出资本中南京所占比重也较少。1922—1931 年上海向这 8 个城市输出总资本 16,255 万元,南京为 1,792 万元,只占总资本的 11%。上海主要向汉口和南通输出资本,其中汉口占 40%,南通占 23%。

表 2.17　上海银元输入统计表(1922—1931 年)　　单位:万元

城市 年份	南通	镇江	南京	芜湖	安庆	九江	汉口	重庆
1922			214	40		54	10	
1923	7	10	249	11				
1924	10	693	936	53	30	25	678	
1925	120	110	2,011	155			550	

① 《南京金融机关》,《中央银行月报》第 2 卷第 10 号,1933 年 10 月,第 1627 页。

年份＼城市	南通	镇江	南京	芜湖	安庆	九江	汉口	重庆
1926	160	755	1,925	195	5	25	150	
1927	10	320	3,240	245	5		25	
1928	50	225	3,340	60	10	10		
1929	110	800	720	130		40	7	
1930	5	60	50	210		60		
1931	10	90	30	180	10	40	142	45
合计	482	3,073	13,615	1,279	60	254	1,562	45

资料来源:上海商业储蓄银行调查部:《十年来上海现金流动之观察》,《银行周报》第16卷第41号,1932年10月25日,第25—27页。

表2.18 上海银元输出统计表(1922—1931年) 单位:万元

年份＼城市	南通	镇江	南京	芜湖	安庆	九江	汉口	重庆
1922	91		85			45	222	
1923	437	20	10		2	10	853	
1924	571	65	57	15		56	183	
1925	775	300	70	170		45	50	
1926	300	120	40			65	725	
1927	470	270	70	55		45	1,320	
1928	960	85	130	20	10	100	2,253	
1929	90	250	920	310	30	370	590	20
1930	120	380	125	10		45	285	130
1931		25	285			495	95	510
合计	3,814	1,515	1,792	580	42	1,276	6,576	660

资料来源:上海商业储蓄银行调查部:《十年来上海现金流动之观察》,《银行周报》第16卷第41号,1932年10月25日,第27—29页。

3. 其他金融机构的出现

在钱庄、银行金融机构发展的同时,民国时期,其他新式金融机构在南京也出现了,主要有保险业、储蓄会和农村信用合作社。

保险业开始在南京兴起是在南京开埠后,1912 年已有办理人寿保险的华安合群保寿股份有限公司分公司和英商在浦镇办理火险人寿的保险公司,它们的总公司皆在上海。以后逐渐发展,1930 年前已有赖安仁、太古、公平、巴伦、太阳、怡和、凤凰等英、美商保险公司在南京设立代理机构。最初,企业大多向洋商投保,华商公司势单力薄,营业大都寥落不振,保险费收入甚微。自 1931 年后,由于得到金融界的支持,国人转向华商公司投保,洋商公司开始衰落,华商保险公司逐渐兴盛。1931 年由中国银行投资开办的太平、安平、水宁以及华安、华安合群保险公司开业。1933 年夏,丰盛、宝丰、中国、宁绍、四明、天一、先施等 19 家华商保险公司又相继在南京设分支公司、代理处。南京保险业主要经营工商界的火险、运输险和人身险。1936 年,全市财产险保险费收入 70.7 万元,人身保险费收入 195 万元,华商公司所占比重分别为 87.69% 和 90.77%,洋商公司仅占 12.31% 和 9.23%。①

储蓄会与银行所设的储蓄部不同,它有有奖及分摊红利之分。当时我国规模较大、历史较久的储蓄会有万国、四行、中法三家。万国储蓄会由法国人于 1912 年创办,总会设在上海。四行储蓄会是 1923 年由吴达诠联合盐业、金城、中南、大陆四行(习惯称为"北四行")创办,总会设在上海。中法储蓄会最初由中法合办,后来由中国人经营,总会设在北京。这三家储蓄会在南京都设有分会,它们与南京邮政储金汇业局分别办理南京各种储蓄业务。

---

① 参见南京市地方志编纂委员会编:《南京金融志》,南京出版社 1995 年版,第 183 页。

表 2.19 南京市储蓄会及邮政储金概况表(1933 年)

储蓄机关名称	资本数(元)	储蓄种类	储蓄户数	利率	储蓄总额(元)	附注
邮政储金汇业局		定期、支票、存薄、存本付息、零存整付	2,563	年计最高九厘最低三厘	866,567	
万国储蓄会	32,500 两 500,000 法郎	全会、半会、四分之一会	4,000		18,000	月存数
中法储蓄会	100,000	整会、五分之四会、五分之三会、五分之二会、五分之一会	800		300	月存数
四行储蓄会	1,000,000	基本、定期、分期、长期、活期		周息七厘	77,392,543	四行总会数

资料来源:叶楚伧、柳诒徵主编:《首都志》,正中书局 1935 年版,第 1079 页;建设委员会经济调查所统计课编辑:《中国经济志(南京市)》,建设委员会经济调查所 1934 年,第 242 页。

农村信用合作社最早创办于 1924 年 10 月,是由金陵大学教务委员徐澄在丰润门(今玄武门)创办。当时倡导合作事业的中国华洋义赈救灾总会给予贷款 240 元,1926 年,中国华洋义赈救灾会又拨给金陵大学银洋 5,000 元,支持该校继续试办乡村合作社。次年 6 月,该校在南京附近农村试办的合作社有 20 个。1929 年 8 月,南京市设立合作事业指导委员会,积极推行农村信用合作社。截至 1937 年 6 月,全市合作社发展到 86 个。按业务分类:信用社 69 个,消费社 7 个,生产社 4 个,公用社 3 个,供销社 2 个,运销社 1 个。农村信用社负责人以乡、保、甲长为最多。信用社数量虽多,但每社社员多数为四五十人,百人以上的很少。每人大多认 1

股,每股金额皆以银洋2元为限。全市信用社共有社员2,865人,股金17,531元。根据社章规定:信用社设理事会和监事会,理、监事均由社员大会从社员中选任。理、监事主席均系义务职,会计和司库(出纳)酌支薪给。社员股金按年息6厘计算,但无盈余时,概不发给。年终盈余,除弥补累积损失及付给股息外,其余部分20%作公积金,10%用于合作教育及公益事业之公益金,60%做社员分配金,按借款社员已交付的利息比例分配,10%做理事及事务员之酬劳金。① 当时,信用社均为无限责任制。信用社损失清算时,先由公积金弥补,公积金不足,再由股金抵充,抵充不足,按段向社员分摊。

第三节　农村经济的大量存在

现代化是一次巨大的社会变动,它在工业生产力取代农业生产力的基础上,实现农业文明向工业文明转化。因此,城市工业经济的增强和农业经济的缩小(或者消失)是城市现代化的主要内容,也是衡量一个地区现代化的重要尺度。

民国以后,南京出现了许多现代化的经济因素和特征,但南京的农业社会特征仍然十分明显。1927年以前,南京城内最具有城市特色,或者说最为繁华的是城南一带,而城北一带空旷辽阔,"与其说它是都市,毋宁叫它做农村。"②即使到了20世纪30年代,在南京的三牌楼有中央大学劝业棉作实验场,小门口有中央大学院内农场,成贤街有中央大学成贤园艺畜牧场,鼓楼南有金陵大学农事实验场。

① 参见南京市地方志编纂委员会编:《南京金融志》,南京出版社1995年版,第186—187页。

② 梁克西:《从农村社会谈到京市农业问题》,南京市社会局编印:《南京社会特刊》第2册,1931年4月,第69页。

初到南京的人,看到城内青山绿水,阡陌纵横,从稻、麦、棉、豆,以至果树园蔬等特用或普通作物样样都有,颇为诧异:偌大一个古都,何以竟是农村气象?! 从而"故宫禾黍"的观感,时在骚人词客的笔下表现出来。

一、"阡陌相连"的城市

进入近代,由于太平天国战争的影响,南京在相当长时间里经济状况没有得到恢复,经济落后,城市化水平很低,城市的中心仍然主要集中在人口较为密集的城南夫子庙一带。开埠以后,下关出现了较为繁荣的商业。除此以外,南京的变化并不大,民国初年南京人口只有26万多,是上海同期的1/5。到20世纪30年代初期,虽然人口有大幅度增加,但是,大量农业经济存在的状况并没有改变。据1931年统计,南京市有农民16,000人,耕地面积38,000多亩(见表2.20)。当时全市有23个乡,除神策、万寿、大庙、蒋庙、岔路、夹山6乡在城外,其余17个乡在城内。

另据1932年统计,南京城内外有耕地约37,000亩,"内粮食田包括稻、麦、豆、玉蜀黍各种,约1万亩,花果田如果桑之类,地约1,300亩,蔬菜地约5,000亩,荒地约2,000亩"。① 在23个乡村中,除了定淮乡、劝业乡、鼓楼乡、大庙乡、岔路乡等少数几个乡的农民生活尚可维持外,其余乡中除了个别种菜者和自耕农生活尚可外,均"生活甚苦"、"负债者十之八九",成人的识字率很低,一般都在"十之一二",②入学儿童的百分率也很低,这种状况严重地影响了南京的城市化水平。

---

① 南京市社会局编印:《南京社会特刊》第3册,1932年4月,第12页。

② 王远林:《京市二十三乡农村概况》,南京市社会局编印:《南京社会特刊》1931年1月,第88—98页。

表 2.20 南京市 23 乡农民及耕地统计表(1931 年)

每户平均人数	5.16 人				每人平均耕地数 2.05 亩				
类别	农民				耕地				
	自耕	佃耕	半自耕	总计	稻、麦、豆及玉蜀黍	果、桑	蔬菜	不明	总计
实数	8,193	7,379	717	16,289	1,0537.4	1,300	5,645.5	2,0879.7	38,362.4
百分比	50.3	45.3	4.4	100.0	27.5	3.4	14.7	54.4	100.0

资料来源:南京市社会局编印:《首都户籍第一次调查》,1929 年。

1927 年定都南京后,由于扩建马路、建造政府机关、官员府邸等,占去了大片耕地,城内的农村及农民人口逐渐减少。但是,1934 年南京市与江苏省进行行政划界后,将江宁县大片地区划入南京市,南京市又增加了大片城郊农村地区。

二、“四郊之地尽入”南京

1934 年 10 月间,南京市与江苏省划界,实行交割,南京市四郊的土地大量划入市区——东以乌龙山外廓遗址为界;南以铁心桥、西善桥、大胜关界江宁;西以长江浦口镇界江浦;北以长江界六合。南京增加了孝陵、燕子矶、上新河三乡区,含 23 个乡镇单位。

表 2.21 南京乡区农村状况统计表(1936 年)

乡区	乡镇数	土地状况(亩)		人口状况		
		土地面积	耕地面积	总人口	农民	农民人口比例
孝陵区	5	103,940	51,551	54,416	16,198	29.76%
燕子矶区	10	109,957.09	93,247.39	58,872	36,620	61.29%
上新河区	8	79,514	57,657	85,153	35,611	41.82%
总计	23	293,411.09	202,455.39	198,441	88,429	44.56%

资料来源:秦孝仪主编:《革命文献》第 93 辑,“中国国民党中央委员会”党史委员会 1980 年,第 101、119、122、136、142、152、180、186、189 页。

省市划界后,南京市区的面积由65.025平方公里增至465.85平方公里。① 新增人口约20万,其中农民人口近9万,占新增人口的44.56%。三个乡区中,孝陵区由于地势及交通的关系,比较适合于兴办军备设施及其他公用事业,所以大量土地被征收。比如孝陵镇所属农田,被陵园、中央农业实验所和军政部全部征收;马群镇所属石山、殷家岗与五棵松等地,也被警官学校和全国棉产改进所等机关征收,所以居民转而从事商贩与佣工者较多,农业人口偏低,只有29.76%;上新河区由于木业和米市较为发达,加上大同面粉厂设在该区,工商业较为繁荣;燕子矶区从事农业的人口相对较多,达到61.29%(见表2.21)。

由于大量乡村经济的存在,作为首都,农村事业仍然是南京社会事业的重要部分。在农村事业中,其中一项主要工作是开展乡区自治,包括:研究农业改进事宜、推广改良籽种、消灭农作物病虫害、兴修水利、办理农业小本贷款、公民训练、兴办实业、进行社会调查、开办教育实业以及道路建设、卫生防疫等等。这些无疑增加了南京的农业社会特色,同时,也使其与其他商埠城市相比较自有一番别样的味道:

> 由天津乘船到上海,全是欧化的商埠,差不多没有什么分别,倒是由上海坐火车到南京,一路上的风景,真是有天然江乡的风味,青翠的远山,碧油油的水,疏落的村庄,……自从南京为首都,增加了平坦的中山大道,和几处洋式楼房,其余的也和以前差不了多少。②

---

① 参见秦孝仪主编:《革命文献》第93辑,"中国国民党中央委员会"党史委员会1980年,第87页。

② 谢国桢:《南京在望》,蔡玉洗主编:《南京情调》,江苏文艺出版社2000年版,第3页。

第三章　城市建设——现代城市基本格局的奠定

城市建设是城市现代化的一个重要标志。古代南京虽然也曾经有过辉煌的城市建设历史，但进入近代之初，昔日的辉煌已扫地无余，呈现“满目荒凉”的景象。直至清末，南京现代城市建设才初见端倪。而1927年后政治中心地位的确立为南京城市建设带来了千载难逢的发展机遇，从而奠定了其现代城市的基本格局。

第一节　“兴废替毁”——1927年以前的城市建设

六朝时期，作为江南政治经济中心的南京，无论是城市外部形态，还是内部布局，都可以称得上江南第一城。但由于王权兴衰更迭，南京的政治地位大起大落，城市建设也随之不断地演绎着“兴废替毁”的历史活剧。

一、清以前的南京城市建设

按照《禹贡》、《尔雅》等古籍的记载,南京在夏商时代属古扬州地域。而作为一个城市的建设则始于战国初期,周元王四年(前472年),越王勾践灭吴,南京属越国,越相范蠡筑越城于古长干里,为南京建城之始。周显王三十六年(前333年),楚威王大败越国,尽得吴故地,筑城石头山,置金陵邑,为南京建置之始,金陵之名始此。秦王政二十五年(前222年),秦灭楚,设会稽郡,郡治在吴(今苏州),金陵邑隶属会稽郡。前210年,废金陵邑,设秣陵县(县治在今江宁县秣陵关)。

汉末,建安16年(211年),割据江东的孙权移治秣陵,次年,改秣陵为建业,建石头城于楚金陵邑故址。吴黄龙元年(229年),孙权在武昌称帝,三国鼎立局面形成。同年九月,迁都建业,为南京建都之始。

当时的建康"城周二十里一十九步"①。此后,又经历了东晋、宋、齐、梁、陈,共272年为都城的历史,虽然建康都城的地域范围没有扩大多少,但经过历代的建造,无论从城市建筑的外形设计、质量,还是数量都要远甚于东吴。东吴时,南京城的布局基本上承袭了东汉洛阳城规制。全城开12门,一律沿用洛阳城门的名称,草创之初,并无城墙,只是用竹编篱相隔,后来才夯土筑成土墙,城门仍旧是竹篱制成的篱门。此后,经东晋及以后各代的扩充、改建,逐渐形成了我国都城特有的以中轴线为基准,主要建筑物左右对称的极其规整的风格。这种布局,成为后来北魏重建洛阳城的范本。东吴时的土墙篱门,到南齐时改建为砖城。除建康宫殿外,东晋、南朝各帝王还在建康城内外,先后兴建皇家园囿20余处,主要分布于玄武湖畔,青

---

① 叶楚伧、柳诒徵主编:《首都志》,正中书局1935年版,第62页。

溪、秦淮河岸及钟山之麓。

589年,隋灭陈,不仅结束了南京都城的历史,而且也使得历经数百年建设的城市被摧毁殆尽。隋文帝在灭陈后,为了从根本上消除建康的都城地位及其在人们心目中的印象,他下诏将六朝繁华的宫殿府邸、亭台楼阁、宫苑城垣等夷为平地,辟做农田,"六朝繁盛忽埃尘"①。从此,南京及其周围地区在此后近300年间,一直都没有恢复元气。这在唐朝许多诗人的咏叹中可以被见证,刘禹锡的四首咏南京的诗可谓代表之作:

《台城怀古》

清江悠悠王气沉,六朝遗事何处寻。宫墙隐嶙围野泽,鹳鸟夜鸣秋色深。

《石头城》

山围故国周遭在,潮打空城寂寞回。淮水东边旧时月,夜深还过女墙来。

《乌衣巷》

朱雀桥边野草花,乌衣巷口夕阳斜。旧时王谢堂前燕,飞入寻常百姓家。

《台城》

台城六代竞繁华,结绮临春事最奢。万户千门成野草,只缘一曲后庭花。②

宋元两代,建康的城郭规模没有大的改变。但随后,南京城市建设迎来了一个辉煌的高峰。

1368年,朱元璋建都应天府(今南京),并从次年开始对南京城

① 孙元晏:《淮水》,林德保、李俊主编:《详注全唐诗》,大连出版社1997年版,第2970页。

② 林德保、李俊主编:《详注全唐诗》,大连出版社1997年版,第1411—1412页。

市进行大规模的改造和新建,到1386年才基本完工,前后历时21年之久,耗费了大量的人力和财力。明代南京城,不仅城垣之长称冠,而且城市建设也超过前代。首先,城市面积大大扩展了。明代南京内城周长96里,比周长20里19步的东吴建业城,扩充了近4倍,成为我国古代最大的一座都城。其次,城市的规划设计达到了古代南京城规划的最高峰。从史料记载及现有南京城的情况看,明代南京城设计严谨,第一次在南京建成了真正意义上的所谓"三套城"的建设模式,即皇城——内城——外城,习惯所称的南京城是指内城,即京城而言。其皇城南北长达2.5公里,东西宽2公里,周长9公里。① 城内街道宽广,根据各行各业的聚集而划分为不同区域:东部为官署区,中部为商业区,南部为官员宅邸区,贡院前为娱乐区,北部为学艺区,平民区也集中在北部。城市建筑除了城垣道路外,有壮丽的宫阙、葱郁的孝陵、大规模的国子监、精丽的报恩寺浮屠、幽雅的东西花园,以及以科学方法建筑的钦天监观象台等。1595年,意大利人利玛窦游历南京时指出:

> 论秀丽和雄伟,这座城市超过了世上所有其他的城市。而且在这方面,确实或许很少有其他城市可以与它匹敌或胜过它。它真的到处是殿、庙、塔、桥,欧洲简直没有能超过这些的类似建筑。②

他在参观明皇宫时,曾感慨地说:"或许世上还没有一个国王能有超过它的宫殿。"③

---

① 参见南京市地方志编纂委员会编:《南京建置志》,海天出版社1994年版,第158页。

② [意]利玛窦、[比]金尼阁:《利玛窦中国札记》,广西师范大学出版社2001年版,第201页。

③ [意]利玛窦、[比]金尼阁:《利玛窦中国札记》,广西师范大学出版社2001年版,第202页。

永乐十九年(1421年)迁都北京,南京虽有留都之名,设有六部机构,但已非比昔日。清初,清军南下,占领南京,南京由陪都降为省会,政治军事地位急剧下降。明朝时期南京的辉煌建筑——明故宫,变成了"废皇城",满目荒凉。1684年冬,康熙帝初次南巡至南京,曾经面对荆棘满目的明故宫作《怀古》一诗:

> 一代规模成往迹,千秋兴废逐流波。宫墙断缺迷青锁,野水湾环剩玉河。①

1853—1864年间,南京曾为太平天国的都城,在其控制时期,大兴土木,修建了壮丽辉煌的王府宫殿。但是,当清军攻占南京后"巨宫广厦延烧略尽","满目荒凉"的景象再次呈现,而且这种状况一直持续到了清末。在清末新政前,南京城市建设"有退无进,毫无建设可言"②。

二、"新政"带来的新气象

1905年后,清政府实行新政,各省地方官员也厉行新政。南京是当时南洋大臣及两江总督驻节所在地,一时间新政的设施,如兴学堂、练新兵、创警察、清户口、筑马路、修铁道、辟商埠等等,风起云涌。清廷又在新添各部中,专门设立了民政部,掌理全国地方行政、地方自治、地方户口、疆理(即境界)、巡警、卫生、保息(即保养农工生息事业)、拯救(即慈善事业)等事务,"在各省设立巡警劝业两道,专管此项新政。由是地方行政,焕然改观。"③1907年,端方任两江总督,

---

① 转引自高树森、邵建光编:《金陵十朝帝王州·南京卷》,中国人民大学出版社1991年版,第157页。

② 秦孝仪主编:《革命文献》第92辑,"中国国民党中央委员会"党史委员会1980年,第101页。

③ 秦孝仪主编:《革命文献》第92辑,"中国国民党中央委员会"党史委员会1980年,第101页。

他是清廷派遣出洋考察的五大臣之一,思想相对较为先进,对各项新政推行较为积极,因而南京成为新政的实验场所。当时又正值沪宁铁路开通,交通便利,南京城市现代化建设初见端倪。

1. 新式市政机构的出现

警察局的出现　南京最早的警察局是在保甲局基础上改设的。1902 年,改保甲为警察,“南京之有警察自此始”。[①] 保甲局原有的 140 名巡警兵、135 名保甲巡勇,一律改为警察。后来又添设了 152 名巡勇,“仍按保甲章程,按段稽察”。初创时期,一切体制都不完备,“徒循警察之名,仍未革保甲之习”,“巡警保甲名异实同”。[②] 1906 年,南京又设置了巡警道,专管南京(当时为江宁府)所属警务事宜,同时还设有高等警务学堂和督练巡警教练所。

设立地方自治局　南京市筹办地方自治始于 1907 年。当时,清政府下令各省择地依次办理地方自治,两江总督署派员赴天津考察自治状况。同年 11 月,南京仿照天津章制,选择上元、江宁两县,先行试办地方自治,设立自治局于江宁县城,制定了“江南地方自治总局办事章程”,设立法制、调查、文书、庶务四课,附设“江南地方自治研究所”,并创设“实地调查所”。1908 年,南京又设立调查局,分法制、统计两科。1909 年,江宁县自治研究所成立。1910 年,由地方团体领袖及士绅实行选举,成立“江宁市自治公所”,设议事会及董事会。1911 年 5 月,调查局并入督署,法制科的工作由会议厅参事科办理,统计科的工作仍设专处办理。清朝灭亡后,除了自治公所名存实亡外,其余自治机关,均随之俱废。[③]

---

① 叶楚伧、柳诒徵主编:《首都志》,正中书局 1935 年版,第 527 页,

② 叶楚伧、柳诒徵主编:《首都志》,正中书局 1935 年版,第 528 页。

③ 参见秦孝仪主编:《革命文献》第 93 辑,“中国国民党中央委员会”党史委员会 1980 年,第 85—86 页;叶楚伧、柳诒徵主编:《首都志》,正中书局 1935 年版,第 539—548 页。

2. 新式交通的创办

近代中国交通始于航运业，南京亦如此。1899年南京开埠，中外航运企业开始在南京下关设立洋棚和码头，开展客货运业务。1900年，在南京港停泊的中外轮船中，以中国轮船最多，占总吨位的60%以上。后来随着外商新建码头的增多，中国轮船的总吨位到1908年降至17.91%。① 在此期间，南京民营小航运业也得到了发展。1899年，民营丰和轮船公司的小轮船航行于镇江和南京之间。同年，南京的华商集股开办小轮船公司。1902年，全年进出南京港的小轮总吨位为5,000吨，第二年增加一倍，到1906年时，已达18,371吨。到1910年时，行经南京停泊或以南京为迄港的小轮航线已经有10条左右，可分别到达扬州、镇江、六合、仪征、芜湖、宜昌、长沙、汉口、宁波等地。②

南京的近代公路始于1894年，是年，在时任两江总督张之洞倡议下建筑了下关到城内碑亭巷的马路。该路全长15里，路宽9米，可行东洋车（即人力车）及马车③。1899年南京辟为商埠后，市内运输量增加，该路又向南延伸至贡院，直达通济门。同时，还建了三牌楼至陆军学堂、大行宫至西华门、升平桥至内桥等路。

铁路的出现是在1903年，这年沪宁铁路开工建筑，1906年12月15日建成通车。该线通车后，从南京的下关可以直达上海。天津至浦口的津浦铁路于1911年8月建成通车。沪宁铁路和津浦铁路的建成，改变了南京地区陆路交通布局，使南京成为长江下游水陆交通枢纽。

在南京城内，为举办1910年"南洋劝业会"的需要，改变南京城内"舍驴、骡、马车及肩舆（轿子）外，别无他交通工具可以代步"的状

① 参见吕清华主编:《南京港史》，人民交通出版社1989年版，第117页。

② 参见吕清华主编:《南京港史》，人民交通出版社1989年版，第118页。

③ 参见南京市人民政府研究室编:《南京经济史》（上），中国农业科技出版社1996年版，第268页。

况,1907 年 10 月 20 日,两江总督署奏准清政府,动支藩库公币 40 万两,委任江南商务局总办王燮为工程总办,聘请英国人格宁森为总工程师,兴筑宁省铁路。该路全长 7.3 公里,起于下关江边,跨惠民桥,经栅栏门、三牌楼、丁家桥、无量庵,沿北极阁南麓、两江师范学堂(今东南大学)后墙,跨珍珠河(在今太平北路东侧)后南折,沿督署衙门东墙外讫中正街(今白下路),沿途设江口、下关、三牌楼、无量庵、督署及中正街等站。1908 年 12 月建成通车,第二年元月正式营运。当时宁省铁路置有英制机车 2 辆,货车 4 辆,头等二等联合客车 2 辆,三等客车 6 辆,专供都署饮用江水的铁质小火车 1 辆,另有总督专车 1 辆。客车每车厢可乘坐八九十人,两车南北对开,每小时一趟,极大地改善了南京市区交通,方便了客货往来。①

3. 电信电话业务的创办

近代电信业在中国的出现始于 1879 年李鸿章在大沽北塘海口炮台与天津之间架设的中国大陆第一条电报线。1880 年,李鸿章为加强防务,奏请清政府兴建天津至上海陆路电报线。同年,两江总督兼南洋通商大臣刘坤一致电李鸿章,要求津沪线经过江苏时,能从镇江展设支线通往南京。1881 年 8 月,刘坤一派金陵制造局的龚照瑗主持镇江至江宁线所架设工程。该线全长约 160 余里,照津沪线章程办理,全部经费由军需局开支,日常经费则由南洋海防项下支出。② 这是我国最早在省境内展设官线,也是南京电报业的开始。1882 年元月正式通报,由江南官电报局经营。起初仅用于江海军务和沟通南北洋大臣衙门之间的联系。1883 年,继任两江总督左宗棠奏请清政府采用官督商办形式,由商人集资,将镇江至江宁支线展至

---

① 参见章丽延:《营运五十年的南京市内小火车》,《南京史志》第 24 期。

② 参见张国辉:《洋务运动与中国近代企业》,中国社会科学出版社 1979 年版,第 236 页。

汉口，途经芜湖、大通、九江而达汉口，全长1,600余里，于1884年竣工。① 1884年两江总督曾国荃又架设下关至金陵电报局线一条。此后，南京到天津、两广、上海、云南、陕西、甘肃等地的陆路电报相继开通。1900年8月，江南官电报局在南京设立南洋德律风总汇处，置50门磁石式交换机一台，专供本城官府衙门使用。南京遂成为我国第一个开办市内电话的城市。②

4. 邮政业务的创办

1896年3月，清政府正式批准开办国家邮政后，仅在北京、镇江等地设立邮政局。1897年2月，镇江邮政局在南京贡院街成立南京邮政支局，这是南京邮政的开始。1899年南京辟为商埠后，南京邮政由金陵关税务司接管，设总局于下关。当时仅办理南京一地邮务。1903年，邮务在江苏各地推行，南京邮界扩大，并且管理邻省安徽邮务。1910年，清政府重定邮区，以行政区划为标准，南京遂为邮政司住所，由邮政司管理金陵邮界，并接管苏州、镇江、芜湖、安庆、大通各地邮务。

1905年，南京邮政局已在句容、浦口、钟鼓楼、南京城内、溧水、下关、水西门、大河口、湖熟、六合等处设立邮务支局。1909年后，又添设了龙潭、上新河、三牌楼等分局。宣统三年(1911)9月1日至3日，因战争影响，城内各支局全行关闭，4日，下关邮局和大功坊、鼓楼、三牌楼、中正街、讲堂街、南门及督军署等7个城内支局先后恢复各种业务。③

5. 创办南洋劝业会

南洋劝业会的举办是晚清南京经济生活和市政建设的一件大

---

① 参见张国辉：《洋务运动与中国近代企业》，中国社会科学出版社1979年版，第239页。

② 参见中国工程学会编辑：《三十年来之中国工程》，1946年，第546页。

③ 参见南京市邮政志编纂委员会编：《南京邮政志》，中国城市出版社1993年版，第27页。

事。劝业会举办于1910年6月5日至1910年11月29日,历时半年。这是南京有史以来第一次举办全国性的博览会,轰动国内外。该会由富商集资70万元于丁家桥划地700亩建筑会场,历时14个月的筹备而成。① 博览会有以展品内容划分的教育馆、美术馆、卫生馆、武备馆、机械馆;有按省区划分的京畿馆、云贵馆、山东馆;有专门陈列实业产品的金陵缎业馆、湖南缎业馆,还有两个陈列外国产品的展馆。各省送来的展品达100多万件,共分为420类。与此相连带的"公园、马路、小铁路、一切新式建筑,及公共事业之经营,均随之兴起,为当时之南京市政生色不少"②。

1912—1927年,南京除了曾经做过短暂的中华民国临时首都之外,一直是江苏省省会。由于这一时期国内政局动荡,军阀混战,南京的各级官员如同走马灯一样不停地更换,无暇顾及南京的市政建设。因此,在1912—1927年期间,南京市政设施,"率仍清末之旧,无进步可言"。③ 南京城"道路狭窄崎岖,空气污浊,秦淮河犹如沟渠,电灯犹如鬼火,房屋参差,凹凸不整"④。

第二节 现代城市管理机制的建立

城市现代化要求现代城市管理机制与之同步发展。所谓现代城市管理机制,一般是把城市作为有别于农村的另一种载体,针对城市

---

① 参见秦孝仪主编:《革命文献》第92辑,"中国国民党中央委员会"党史委员会1980年,第102页。

② 秦孝仪主编:《革命文献》第92辑,"中国国民党中央委员会"党史委员会1980年,第102页。

③ 秦孝仪主编:《革命文献》第92辑,"中国国民党中央委员会"党史委员会1980年,第102页。

④ 陈扬杰:《建设首都市政之我见》,《南京特别市市政公报》第12期,1928年3月31日,"市政演讲录",第6页。

的社会经济活动和特殊问题进行单独管理，建立适合于城市社会治安、经济、市政、交通和建设等的专门管理机构，制定自上而下的系统的法律制度，使政府的管理效力不仅遍布城市各个部门，而且达于社会下层。虽然南京开埠和清末“新政”，使南京出现了新式市政机构，但真正开启南京城市管理机制新篇章是在 1927 年国民政府定都南京以后。

一、政治中心地位的确立和南京建市

进入近代以后，南京除了曾经作为太平天国政权的都城外，还曾经两次作为政府的首都。第一次是中华民国临时政府的首都。1912 年 1 月 1 日，中华民国定都江宁府，孙中山就任临时大总统，改江宁府为南京府，废上元、江宁县。但同年 4 月，临时政府就迁往北京。1913 年 1 月，北京临时政府发布《划一现行各省地方行政官厅组织令》、《划一现行各县地方行政官厅组织令》等政令，其中规定废府存县。同年，撤销南京府，复置江宁县，隶属江苏省（上元县未恢复，原辖地并入江宁县）。1914 年 5 月，袁世凯北京政府颁布《道官制》，明令于省、县两级之间设“道”，全国地方行政区划又改为省、道、县 3 级。江苏省划分为金陵、沪海、苏常、淮扬、徐海等 5 道，金陵道辖江宁、江浦、六合、高淳、溧水、溧阳、句容、丹徒等 11 县，治所在江宁。第二次是国民政府的首都。北伐战争即将胜利之时，武汉与南昌之间出现定都之争。为了摆脱武汉政府对其的控制，以孙中山当然继承人自居的蒋介石集团选择南京为首都是再恰当不过了。因为在国民党内外，大家公认南京是孙中山所选定的首都，理由主要有两方面：一是南京曾经为中华民国临时政府所在地，孙中山在此就任临时大总统。后来，即使袁世凯当选大总统后，孙中山也坚持以南京为首都，只是后来被迫让步迁都北京。二是 1918 年孙中山在其《建国方略》中曾对南京地理环境作了高度评价：

> 南京为中国古都,在北京之前,而其位置乃在一美善之地区。其地有高山,有深水,有平原,此三种天工,钟毓一处,在世界中之大都市诚难觅如此佳境也。而又恰居长江下游两岸最丰富区域之中,虽现在已残破荒凉,人口仍有百万之四分一以上。……当夫长江流域东区富源得有正当开发之时,南京将来之发达,未可限量也。①

于是,继承"总理遗志",定都南京,便成为众望所归。1927 年 4 月 17 日,中国国民党中央政治会议第 73、74 次会议正式决定定都南京。② 次日,国民政府发布《定都南京宣言》,南京再次成为全国的政治中心。1937 年 11 月 20 日,国民政府以侵华日军逼近,宣布迁都重庆,以重庆为陪都。③ 1927—1937 年这段时期,习惯上被称为"南京十年"。

随着首都地位的确立,南京建市便提上了议事日程。国民政府委任刘纪文为南京市市长,令其筹备市政府成立事宜。1927 年 4 月 24 日,刘纪文通电宣布就职,并举行了市政厅成立及市长就职典礼。④

由于南京的特殊地位,中央政治会议第 97 次会议议决南京为特别市,1927 年 6 月 1 日,在市政府礼堂举行了市政府及各局成立典礼,到会中央及各机关团体代表等 300 余人。⑤ 6 月 6 日,国民政府

---

① 孙文著,刘明、沈潜评注:《建国方略——近代化中国大策划》,中州古籍出版社 1998 年版,第 204 页。

② 废金陵道,改江宁县为南京。

③ 1932 年 2 月,上海"一二八事变"发生,国民政府移驻河南洛阳,称洛阳为行都,并在陕西省长安县筹建西京。同年 11 月,国民政府还驻南京,撤销洛阳行都。

④ 参见《市政厅成立及刘市长就职纪》,《南京特别市市政公报补编》,1927 年 4 月至 8 月,"纪事",第 1 页。

⑤ 参见《市政府及各局成立纪》,《南京特别市市政公报补编》,1927 年 4 月至 8 月,"纪事",第 2 页。

公布《南京特别市暂行条例》，正式定名南京为南京特别市，隶属于国民政府。1928年年初，国民政府公布《特别市组织法》和《普通市组织法》，规定：特别市的设置须经国民政府的批准，直属于中央，条件是："中华民国首都；人口在百万以上之都市；其他有特殊情况之都市。"①普通市的设置，由省政府呈请，经国民政府特批，直属于省政府，与县有明显的行政区域界线，其设置条件为人口在20万以上的城镇。根据上述条件，全国设立了北平、天津、哈尔滨、上海、南京、青岛、汉口和广州8个特别市。1930年，国民政府废止了上述两法，另颁布了《中华民国市组织法》，不再分"特别市"和"普通市"。而是分为院辖市和省辖市，南京更名为南京市，隶属于行政院。到1932年年底，全国只有北平、上海、南京和青岛4个院辖市。

关于市区所辖范围。依照1927年6月6日国民政府颁布的《南京特别市暂行条例》第4条规定，"暂以南京城厢内外及浦口原有区域为南京特别市行政范围"。1927年8月22日，国民政府修正《南京特别市暂行条例》第4条，规定："本市区域暂以江宁县原有区域为行政范围，以原有之江宁县属之。"南京市政府据此规定，准备接收江宁县全区，但是遭到江宁县党部及民众团体的反对。于是1927年10月17日，国民政府再次修正《南京特别市暂行条例》第4条，改为："本市区域，暂以南京城内外原有区域及八卦洲为范围。"但是由于变更后的市区面积狭小，国民政府又召集南京、上海、江苏3方面，举行划分省市权限区域会议进行讨论。虽然后来制订了划分方案，但由于江苏省方面拖延，迟迟不予执行。1934年蒋介石手令限期交接，9月省市划界开始实行交割。②

① 《特别市组织法》，中国第二历史档案馆编：《中华民国史档案资料汇编》第5辑第1编，"政治(1)"，江苏古籍出版社1994年版，第125页。

② 相关内容见本书第二章第三节第二部分。

关于区划。建市之初,南京市政府曾经着手按功能划分全市为行政区、学校区、商业区、住宅区、市园区、农林区、工业区以及预备扩充区等8个区。后来,因"推行自治"的需要又改变了原来的区划方案。1929年12月,南京市拟定将全市划分为12个自治区。1931年又划全市为21个自治区,依次称为一至十二区。1933年3月,又重新划分为8个区,并使其与警察区的划分范围相一致,称一至八区,并改自治区为市政府所属的8个行政区划单位,奠定了南京城区划分的基本格局。1934年9月,省市划界后南京市新增加了大片乡村。10月,市政会议讨论通过南京市区、乡区划分办法:1. 将全市区域分为市区和乡区,市区指原有的8个区,其中第八区扩大范围,包括江浦县移至浦口商埠附近地域外,其余7个区界线、番号不变。2. 乡区分为3个区,即孝陵卫、燕子矶和上新河3区,分设为九、十、十一区,全市增为11个自治区。

按照国民政府《特别市组织法》的规定,市政府在与中央法令不抵触的情况下可自行办理下列事项:"一、市财政事项;二、市公产之管理及处分事项;三、市土地事项;四、市农工商业之调查、统计、奖励、取缔事项;五、市劳动行政事项;六、市公益慈善事项;七、市街道、沟渠、堤岸、桥梁建筑及其他土木工程事项;八、市内公私建筑之取缔事项;九、市河道、港务及船政管理事项;十、市交通、电气、电话、自来水、煤气及其他公用事业之经营、取缔等事项;十一、市公安、消防及户口统计等事项;十二、市公共卫生及医院、菜市、屠宰场、公共娱乐场所之设置、取缔等事项;十三、市教育、文化、风纪事项。"①

---

① 《特别市组织法》,中国第二历史档案馆编:《中华民国史档案资料汇编》第5辑第1编,"政治(1)",江苏古籍出版社1994年版,第126页。

二、现代性市政机构的设置

南京建市后,与之相配套的城市行政机构随之应运而生。1927年4月24日,南京市政厅成立,后又改为南京市政府,同时成立了财政、工务、公安、教育、卫生各局。此后,由于中央法规的变化以及各任市长的政见不同和经济环境等因素,市政府组织一再变动。1927年7月,在原有各局基础上设参事室,为市长的咨询机关,又成立土地局,并设总务科为庶务机关,兼管不属于各局专管事项,市政府为"6局1科1室制"。同年8月,刘纪文因病辞职,何民魂继任市长,因财政困难,为节俭起见,将土地局并入财政局设土地课,将卫生局并入公安局设卫生课。1928年1月,应市政之需要,成立社会调查处,4月,又恢复土地局,市政府为"5局2处1室制"。同年7月,国民政府又委任刘纪文为南京特别市市长,在原有秘书处及土地、财政、工务、公安、教育、卫生各局外,增设社会处。市政府机关又成为"6局2处1室制"。这是南京市政府组织规模最大的时期。1929年,国民政府以首都公安关系重要,将南京市公安局改名为首都警察厅,划归内政部直辖,改社会调查处为社会局。市政机构又变为"6局1处1室制"。此后有魏道明、马超俊、谷正伦相继担任南京市市长职务,但是行政组织变化不大。

1932年4月石瑛任南京市长时,适逢"一二八"事变之后,金融枯竭,市库拮据。为减少行政费增加事业费起见,将教育局并于社会局,土地局仍并于财政局,裁撤卫生局,由市府直接掌理卫生行政事宜,卫生事业则归卫生事务所办理。同时,在市政府设立自治事务所,又形成"3局1处2所1室制"。这是市政府组织规模最小的时期。

1935年4月,马超俊再次被任命为南京市长,鉴于土地行政事务日益繁多,于同年7月,恢复土地局(次年6月1日,奉行政院令改称地政局),3 月成立自治事务所,形成“4 局 2 处 1 所 1 室制”。这样,从南京市政府建立开始,市政府机构一再变动,一直到 1936 年才稳定下来。

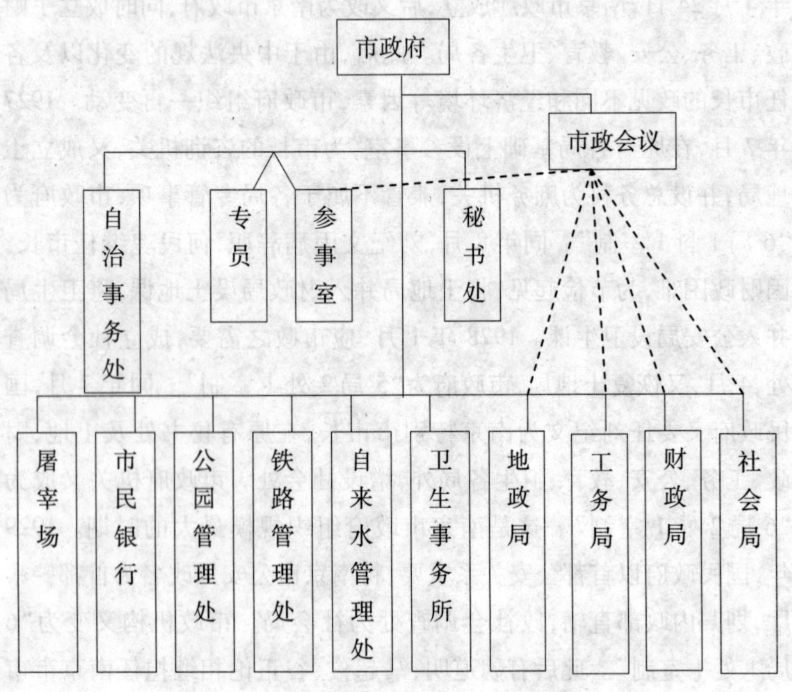

图 3.1　南京市政府组织系统图(1936 年)

根据《特别市组织法》及有关法规规定,市政府各机关的职权分工如下:

市政会议:由市长、秘书长、参事和各局局长组成。由市长召集,至少每月开会一次,议决有关全市重大工作事宜。

参事室:设参事 2—4 人,由市政府呈请国民政府任免,辅佐市长掌理关于法令起草、审议及市政府设计等事项。

秘书处:设秘书长 1 人,由市长呈请国民政府任命之。负责掌管文牍庶务及其他不属于各局专管事项。

财政局:负责征收税捐、管理公产、经营公债、编制预决算等金融财政事项。

土地局:负责土地登记、测量土地河道、土地分配等地产管理事项。后与财政局合并为地政局。

工务局:负责公共建筑、电力、电话、自来水、煤气建设、铁路公路建设、人力马车运输等建设及取缔等公共工程事项。

公安局:负责全市水陆治安、消防户籍管理、交通管理、维持社会风气等公共安全事项。后改为直属国民政府内务部管辖的首都公安局、首都警察厅。

教育局:管理与监督私立学校、审查戏剧影片书刊、检查公共娱乐场所设备、保护文物、推广社会教育等。

社会局:1928 年 1 月市政府成立社会调查处,1929 年 1 月正式改为社会局。其事务范围包括:社会经济调查统计、公司商店和农工商团体注册、农工商业改良及取缔、劳工奖励及保护、调解劳资纠纷、市民贫困救济、灾害预防、改良慈善事业以及有关市民生计等公益事业。

卫生局:负责街道沟渠清洁,管理屠宰场、茶楼、戏院、牛乳场、浴场厕所、理发店、取缔医生药房营业,监督市内医院,市民卫生知识宣传教育,管理检疫所及各种传染病精神病医院,饮料食品卫生检查及卫生统计等公共卫生事项。

直属市政府的还有铁路管理处、自来水管理处、公园管理处、市民银行、屠宰场等附属机构。

南京市政府当局在市政组织建设过程中,除了遵行中央政府的相关法律、法规、指令外,还适时地制定了多项地方性法规、例规、行政命令、公告等,主动引导和规范城市社会生活运行机制,使城市整体发展趋向有序化、法制化和制度化。而且,法制建设所涉及的内容十分广泛,包括财政、土地、交通、道路、自来水、建筑、公共卫生、教育、治安、防灾等等。南京特别市政府编辑的《南京特别市市政法规汇编》(初集)收录了1927年4月南京市政府成立之日起至1929年1月15日止,南京市政府及各局与其他附属机关现行法规共计282项。笔者对《南京市政府公报》自1931年9月至1937年6月公布的法规、例规进行了统计,7年间共计颁行696个(见表3.1)。这些法规条例仅仅是南京市颁布的,不包括国家通行的法规条例在内。

表3.1　南京市政府法规、例规制定情况一览表(1931—1937年)

年份	1931年9—12月	1932	1933	1934	1935	1936	1937年1—6月
数量	35	102	107	113	139	117	83

资料来源:《南京市政府公报》1931年9月—1937年6月。

政府机构、法规等已然建成,那么,如何使政府机构正常、高效运转,法规能否贯彻实施,政府职员的素质如何是一个至关重要的问题,即现代性的市政机构是否具有现代性的职员来为之服务。应该说,南京市政府成立初期,在这方面大有一番刷新吏治、朝气蓬勃的气象。

首先,部分职员通过考试录取。南京市政府人员的任用方面,实行简任、荐任、委任、雇用等方式。市长由国民政府任命,为简任职;秘书处处长、参事室参事及各局局长由市长呈行政院转呈国民政府任命,为简任职;各局处所科长、科员、办事员由市政府任命,为荐任职或者委任职;雇员可以由各该主管长官委用后呈报市政府备案。科员以下办事员等主要通过考试录用,后来科员也是通过考试录用。表3.2是1927—1928年一年里市政府组织的考试情况,其后各局处需要人员如测量员、宣传员等,均由各局处自行办理考试事宜。

后来南京市政府又强调面向全国考试录用职员,规定,“全国范围内不问性别凡愿充前各局处科员办事员或者录事而经忠实党员2

人以上负责介绍者，均得应试。”①这样，政府职员便来自全国各地。据统计，1928年的市政府工作人员中，来自于全国16个省区。其中人数最多为江苏，其余按人数多少依次为浙江、安徽、河北、湖北、湖南、江西、广东、山东、广西、福建等。②

表3.2　南京市政府职员考试录用情况表（1927年5月—1928年7月）

考试类别	资格要求	考试时间	报考人数	录取情况
录事	文理清通并知算术；书法工整明白公文程式；初中毕业或高小毕业成绩优良、曾经充任各机关录事；不论男女，年龄在18岁以上，35岁以下，身体强健。	1927年5月15日考试，19日复试	1,300余人	正取10名、备取10名
测量员	曾在国内外大学或专门学校工科毕业或与测量学校毕业有相当之程度曾任测量员；不论男女，年龄在18岁以上，身体强健。	1927年5月22日		正取4名、备取2名
宣传员	曾在初中毕业或具有同等程度而于党纲党义有相当研究，熟悉市内情形；无论男女，年龄在18岁以上，35岁以下。	1927年7月30日，考试8月5日复试		正取6名、备取6名
录事		1927年11月10日	600余人	正取7名、备取13名
科员、办事员、录事		1928年8月14日笔试，8月21日口试	1,600余人	科员50名、办事员84名、录事55名

资料来源：秦孝仪主编：《革命文献》第92辑，“中国国民党中央委员会”党史委员会1980年，第125—127页。

① 《南京特别市市政公报》第17期，1928年8月15日，“例规”，第21页。

② 参见南京市社会局编印：《南京社会》，1928年11月，统计表。

其次,政府职员年轻化、知识化,并具有专家治市的特点。南京市政府成立之初的职员构成中,年龄普遍在20—40岁之间,绝大多数受过良好的学校教育,并且是专业人才。比如第一任市长刘纪文,38岁,卒业于日本志成学校及法政大学,专攻政治经济,随孙中山革

表3.3　南京特别市市政府职员一览表(1927年8月)

机构	姓名	职务	年龄	籍贯	学历
秘书处	卢　锐	秘书	31	江西南康	美国俄亥俄大学硕士
	邵洵美	秘书	26	浙江余姚	英国剑桥大学
总务科	钱　浤	总务科长	31	江苏无锡	广东法政大学毕业
	许缙晋	文牍股主任	46	江苏句容	清贡生
	马饮冰	编辑股主任	25	江苏武进	江苏法政大学毕业、法学士
	俞公鲁	庶务股主任	30	浙江吴兴	不详
	朱养素	稽查股主任	42	广东	两广师范毕业
	应尔信	文牍股科员	29	浙江慈溪	浙江木业高等学堂毕业
	江世沆	文牍股科员	45	安徽旌德	清付生、江南高等学堂毕业
	骆文翰	文牍股科员	31	江苏句容	不详
	杜少甫	文牍股科员	29	江苏江宁	不详
	何庆嵩	文牍股科员	34	湖南长沙	不详
	王傅铸	文牍股科员	34	安徽婺源	不详
	许　登	管卷员	30	广西桂林	江苏公立法政专门学校
	虞清南	编辑股科员	30	江苏丹阳	江苏法政大学毕业、法学士
	陈惠苍	编辑股科员	28	广东番禺	广东法官高等专门学校毕业
	佘秉国	稽查股科员	32	南京	江苏公立法政专门学校政治经济本科
	蒋楚白	稽查股科员	32	南京	江苏公立法政专门学校毕业
	尹赞汤	稽查股科员	32	浙江	不详
	孙绍康	庶务股科员	26	江苏江宁	江苏省立第一中学毕业
	杨明恒	庶务股科员	24	江西萍乡	不详
	周士选	庶务股科员	26	浙江吴兴	吴兴甲种商业学校毕业
	崔紫峰	庶务股科员	32	江苏铜山	江苏第一女子师范学校卒业

机构	姓名	职务	年龄	籍贯	学历
各局局长	杨宗炯	财政局局长	39	江苏句容	国立北京大学法科毕业、法学士
	陈扬杰	工务局局长	36	广东新会	法国北省工业学院、土木工程师
	邱鸿均	公安局局长	48	湖北黄陂	南京陆军讲武堂炮科毕业
	周　威	卫生局局长	42		德国柏林大学医学博士
	陈剑翛	教育局局长	30	江西遂川	伦敦大学硕士
	桂学基	土地局局长	27		哥伦比亚大学政治经济博士

资料来源:《南京特别市市政公报》(补编),1927年4月至8月,"纪事",第10—13页。

命10余年,历任中华革命党财政部部员、广东全省金库监理、广州市审计处处长、大元帅府审计局局长、陆军部军需司司长等职。1923年赴英国,在伦敦经济大学及剑桥大学研究欧洲战后状况,又被广东省政府特派为欧美市政考察专员,赴欧美各国首都及重要城镇实地考察。1926年归国后,由国民政府特任为广东省政府委员,兼农工厅厅长,北伐战争时期,被任命为国民革命军总司令行营军需处处长,及总司令部经济委员会主席、审计处处长、经理处处长,可以说是市政专家兼理财专家。

表3.3是1927年4月至1927年8月,南京市政府职员(不包括各局局长以下职员及附属机关职员)学历状况一览表,加上市长共计30人,平均年龄32.8岁。学历方面,除了不详以外,基本都受过新式学校教育,而且还有7位有在国外学习的经历,占总人数的23%。最为突出的是各局局长,基本上均为专家型人才,其中两位还具有博士学位。

另据1931年11月统计,南京市政府所属各机关职员共计1,204人,其中国外大学、专门学校毕业者50人,占全体的4.15%;国内大学、专门学校毕业者376人,占31.23%;军警学校、中等学校、师范学校、职业学校毕业者581人,占48.26%。① 另据1936年3月统计,南京市政府所属各机关职员共计1,795人,其中,大学392人,占21.83%,专门学校510人,占28.41%,中学738人,占41.12%,小学72人,占4.02%,私塾83人,占4.62%。②

三、区以下基层组织的设立

南京市政府成立之初,划南京市城厢及浦口原有地区为市辖区,仅划全市为南京市区、江宁县和总理陵园区三个区,没有设相应机构。此后,划全市为东、西、南、北、中、下关六个区,仍没有区级政权。1930年,国民政府颁布《市组织法》,规定市区划分为区、坊、闾、邻四级组织,以"五户为邻,设邻长;五邻为闾,设闾长;二十闾为坊,设坊长;十坊为区,设区长"。③ 1931年7月,南京开始推行地方自治,市政府设自治事务所,设所长1人,职员11人,月支经费1,240元,总揽全市自治事宜。并且制定了"划分区坊闾邻"、"坊公所筹备委员人选标准"等方案、办法、规则等10多种,将全市划分为21个区,区设区公所,每区设区长1人,助理员1人,雇员2人,工役2人,每区月支经费300元。1933年3月,为了节俭经费起见,将21区归并为8个区,使自治区与首都警察区的范围相同,同时裁撤自治事务所,所有职务改由市政府秘书处兼管。每区职员人数依旧,月支经费165元。国民政府于1932年8月在河南、湖北、安徽三省颁行《编查保甲户口条例》,1934年11月后向全国推行,1935年南京也开始在

① 参见《南京市政府暨所属各机关职员教育程度统计表》,《南京市政府公报》第100期,1932年1月31日,附录。

② 参见南京市政府秘书处统计室编印:《南京市政府行政统计报告》(1935年度),1937年4月,南京市档案馆藏,案卷号:1001—1—1731,第13页。

③ 南京市地方志编纂委员会编:《南京民政志》,海天出版社1994年版,第46页。

乡区实施保甲。当时省市划界交割不久，南京市增设乡区燕子矶、上新河和孝陵卫3个区公所，区以下分设6镇17乡。这样，南京市共有11个区公所，23个乡镇。各区设区长1人，助理员1人，调查员2人，雇员2人，区丁2人。乡镇公所设乡镇长1人，副乡镇长1—3人，区丁1人。①

乡、镇下设保甲，保甲编组以户为单位，设户长；十户为甲，设甲长；十甲为保，设保长，共编为283保，2,872甲，31,281户。保甲编成后，即由各户户长联合甲内其他户长至少5人，共同填具"连保连坐切结"，声明"互相监视，不为匪盗或汉奸，如有违犯，应即密报，倘有瞻徇私隐匿，联保各户实行连坐"。② 1936年3月，南京市政府设立自治事务处，专门负责督促指导之责，事务处设正副主任各1人，职员16人，月支经费1,300余元，各区组织依旧。③

区公所名义上是自治机构，有权办理区民大会决议的应办事项、区民代表会议议决交办事项、编制区预决算、管理区公产公款及财政收支等。但实际上区公所完全是一级市政府派驻的行政机关。区长也不是由民选产生并接受民众监督，而是由市长提请实业部任命，区财政收入基本上依靠市财政拨款。区公所主要工作也是办理"市政府委托事项"。因此，各乡区公所的自治工作，除了编查保甲、办理贷款等项主要工作外，其他关于社会、教育、财政、土地、工务、卫生等各项设施，均协同市政府所属各主管机关进行办理。如教育由社会局直接办理，区公所仅派人协同勘察校址；税收由财政局直接办理；

---

① 参见秦孝仪主编：《革命文献》第93辑，"中国国民党中央委员会"党史委员会1980年，第87—88页。

② 《南京市乡区清查户口编组保甲规则》第二十四条（1934年11月制订），中国第二历史档案馆藏，全宗号：二，案卷号：1005。

③ 参见秦孝仪主编：《革命文献》第93辑，"中国国民党中央委员会"党史委员会1980年，第88页。

建设由工务局派人常住区内,工务局直接负责施工、监督,规划设计;卫生由卫生事务所设诊所直接办理;甚至“区公所主持办理事项”,各局也“径饬乡镇公所办理”。① 以孝陵区为例:孝陵区原属江苏省江宁县,1934 年 8 月省市交割,划归南京市辖区,市政府接收后,除了设区公所掌理全区事务,其乡镇区域仍沿江宁县旧制,零星村落则分别归并乡镇,原有乡镇长,经市政府考核加以委任,乡镇公所经费以境内户口数分等发给。虽然说区公所掌理全区自治事项,但许多行政事务或者由市属各局处径自处理,或者由市政府派员住区办理。比如“教育,由社会局直接处理;财政,财政局派有税员一人办理稽征事项;建设,工务局派以养路队 1 队,常川驻区另派技佐一人负责监督指挥;卫生,卫生事务所在孝陵马群两镇设以诊所;保卫,由乡区保卫团派队分驻,本区以境内缺乏驻防地址,改驻中华门外善德镇”。这样所导致的结果是“各项事权过去径由各区处理,各自为政漫无系统,联络机能全失,或以关京全区须行分别缓急统筹办理者,区所无从过问,遇以事件主管机关鞭长莫及区所无从统率指挥,甚至区所主持办理事项各局又径饬乡镇公所办理,政令纷繁”。②

1936 年,自治事务处成立后,为了推进城区的自治工作,南京市特制定“南京市闾邻组织原则”,同年 7 月咨准内政部备案。然而中央决定容保甲于自治范围之中,闾邻应改为保甲,要求不论城乡,一律编组保甲,南京市开始着手在城区编组保甲。

第三节 “十年建设”的新南京

市政建设是城市现代化的基础。如果说南京城市现代化有显著

---

① 《各区公所工作报告与计划大纲》,南京市档案馆藏,案卷号:1001—1—366。

② 《南京市孝陵区区务报告》,1935 年 4 月,南京市政府秘书处:《各区公所工作报告与计划大纲》,南京市档案馆藏,案卷号:1001—1—366。

成效的话，表现在物质层面上的就是市政建设，特别是1927—1937年的10年间，南京的市政建设方面成果较为显著。

一、城市规划的蓝图

要进行城市建设，自然离不开规划。定都南京，把南京建设成为一个什么样的首都，应该是国民政府所关注的问题。但是定都初期，由于战争尚未完全结束，国民政府还无暇顾及这个问题，最早关注该问题的是南京市政府的官员们，特别是在何民魂任市长期间，曾经提出过一些建设的思路和理念。而真正对南京城市建设产生重大影响的是国民政府制定的《首都计划》。

1.“三化”首都的建设理念

1927年8月，何民魂接任因病辞职的刘纪文后，他提出了关于建设一个什么样的南京的一些理念，概括起来就是“建设农村化、艺术化、科学化的首都”。这些思想主要反映在他和其他市政府官员的一些演说中：

1927年12月21日，何民魂在招待农商代表时发表的演讲词中讲道：

我们的首都建设在南京，因为南京一地较任何城市不同，城垣周围百数十里，山青水秀，气象万千，为历史上著名的胜地，总理指定南京为首都，其意亦在此，所以我们建筑首都市政，不仅注意于卫生交通娱乐而已，同时尤需注意于农村化，就南京现状说，如白鹭洲扫叶楼等均系农村风景，假使再以科学方法加以整理建筑，则可成为全世界唯一无二的首都了，将来中外人士必将接踵而至，流连忘返，今试举一例，欧洲瑞士不过弹丸之地，而全球人士无不以履步其间为毕生幸福，每年各国人士前往游览者不可胜计，国家且以游览之收入为国库收入者大部分，细察他的优胜处所，便是农村化，……首都应该建设农村化的理由，还有根本必要的地方,现在首都农民占全数四分之三或五分之四之众。①

1928年1月1日,何民魂在市政府招待首都各团体的元旦茶话会上讲道:

> 首都之建设与其他商埠不同,必先建设农村化,而后建设都市化,并加以东方艺术化,使对于过去革命历史上之光荣,用建设方法表现之,以能得市民之安慰为原则。②

1月4日,何民魂在第一次总理纪念周的报告中又讲道:

> 就地方情形说,南京与上海广州不同,总理在建国方略上说过,此地有山水园林,在最短时期,要逐渐改造,一步一步的做去,……我以为南京市的建设,在"建设农村化的首都"不要单是欧化,把东方原有的艺术失掉,因为东方有东方文化历史,不必去模仿人家。③

2月22日,在第一通俗图书馆举行的第一次市政演讲中,何民魂做了关于"市政府的三个月工作计划"的演讲,在演讲中他又对"农村化"作了进一步的解释:

> 我们为什么要它农村化呢? 原来中国是以农立国的,农民占全民百分之八十五,农产品也极其丰富,首都是表现一国特殊精神的所在! 所以我们一定要主张将首都农村化起来;而且南京有山有水,城北一带,农田很多,只要稍微建设,即有可观,我们为着要把东方文明与艺术的真精神——整个表现出来! 同时

---

① 《何市长招待农商代表之演词》,《南京特别市市政公报》第6、7期合刊,1927年12月31日,"特载",第10—11页。

② 《元旦市府招待首都各团体》,《南京特别市市政公报》第8期,1928年1月15日,"市政消息",第1—2页。

③ 《何市长在第一次总理纪念周之报告》,《南京特别市市政公报》第8期,1928年1月15日,"特载",第3页。

主张“艺术化”、“科学化”。若是专一歆羡欧美物质的文明，抄袭人家成文，有甚意义，反觉把自己真美失掉，所以要建设“农村化”、“艺术化”、“科学化”的新南京！①

从上述的演说或者讲话中，不难看出，以何民魂为市长的南京市政府对把南京建设成为一个什么样的城市是有比较清楚的思路的，那就是：根据南京已有的特色，因地制宜，把南京建设成为一个环境优美、具有东方艺术气质的公园式的新南京。主要突出艺术性，正如市政府秘书长姚鹓雏在演讲报告中指出：“南京市政府计划，在造成农村化、革命化、艺术化之首都，但是总括是‘美’字。”②在当时的杂志报刊上时常看到“建设艺术化之新南京！实施最革命的市政治！”这样的口号性话语。在《南京特别市市政公报》第13期的封底上有这样一段文字：

欣赏艺术，为人类之天性。今之学者，列美育与智德体群四育并重，诚以艺术能愉快人之精神，提高人之心灵，于人生有至大之关系。欧美各国，对此无不注意，往入其都市，如行画图之中，故有所谓“公园市”之名目。盖以经营公园之法，经营都市。则都市亦不啻为一大规模之公园。吾国人对于艺术素多忽视，今后当本此原则，以造成未来之新南京，俾以改变首都民众之观感者，一新全国民众之观感。③

客观地说，根据当时的情形，南京市政府的建设理念比较切合实际，对南京的定位比较准确。一方面，根据南京自身有山有水的特

① 何民魂：《我们三个月的工作计划》，《南京特别市市政公报》第11期，1928年3月15日，“特载”，第2页。

② 《首都市政一月内之预计》，《南京特别市市政公报》第13期，1928年4月15日，“演讲录”，第7页。

③ 《造成艺术化的新南京》，《南京特别市市政公报》第13期，1928年4月15日，封底。

点,把南京建设成为艺术化的城市有它得天独厚的条件;另一方面,认为南京的城市功能主要是政治中心和文化中心,而不是经济中心,也是切合南京实际的。在刘纪文和何民魂任市长期间都没有提出把南京建设成为全国经济中心,而认为“首都是全国的行政中心,不是商业中心”,①“倘诸同志于物质建设之外,并力谋精神建设,则将来之南京,必有为世界文化中心之一日矣。”②

但是,1928 年 2 月国民政府成立了国都设计技术专员办事处,主持首都建设计划。1929 年 6 月 22 日,又成立了以蒋介石为主席的首都建设委员会,该会直属于国民政府。同年 8 月,国都设计技术专员办事处归并于首都建设委员会,并且在 1929 年 12 月,国民政府制订并公布了《首都计划》。这以后,南京的城市建设基本以《首都计划》为蓝图进行,关于“建设农村化、艺术化、科学化首都”的提法便归于沉寂。

2.《首都计划》的设计

1929 年 12 月,国民政府制订并公布了《首都计划》,这是近代中国最早的一个较为系统的城市规划方案,也是南京城市建设史上第一部正式的规划文件,对南京城市建设产生了重大影响。

《首都计划》的指导思想主要源于欧美当时流行的城市规划思潮,每个专项的分析,均以欧美现状为参照标准。从《首都计划》的内容来看,它主要确定了南京城市总体发展目标、原则、战略布局等重大问题,同时对城市远景发展的进程与方向做了轮廓性的规划安排,属于城市的总体规划。“此次设计不仅关系首都一地,且为国内各市进行设计之倡,影响所及至为远大,加之全部计划皆为百年而

① 《刘市长在本府第二次总理纪念周之报告》,《南京特别市市政公报》第 17 期,1928 年 8 月 15 日,“专载”,第 3 页。

② 刘纪文:《总理与南京》,《南京特别市市政公报》第 19 期,1928 年 10 月 15 日,“特载”,第 3 页。

设,而非供一时之用,且具整个性质不能支节拟定。”①

《首都计划》共分28个子目录:南京史地概略;南京今后百年人口之推测;首都界线;中央政治区地点;市行政区地点;建筑形式之选择;道路系统之规划;路面(附说明书),市郊公路计划;水道之改良;公园及林荫大道;交通之管理;铁路与车站;港口计划;飞机场站之位置;自来水计划;电力厂之地址;渠道计划;市内交通之设备;电线及路灯之规划;公营住宅之研究;关于学校之计划;工业;浦口计划;城市设计及分区授权草案;首都分区条例草案;实施之程序;款项之筹集。另外有59幅图表。主要内容有以下方面:

(1)人口预测　确定城市规模是城市总体规划的首要任务之一,城市规模指城市人口规模与用地规模,而用地规模随人口规模而变化,所以,城市规模通常以城市人口规模来表示,城市人口规模即城市人口总数。人口规模估计得合理与否,对城市建设影响至大。这一规划思想在《首都计划》中得到充分体现。“城市之设计,不仅为现在之市民设想,当并为将来之市民设想,时势迁移,人口之数量,当必随之而变动,故科学化之城市设计,关于人口某个期间内变动之趋势,必先从事于精审之研究,以为设计之标准,盖街道之如何开辟,港口之如何规划,电灯自来水之如何设备,疆界之如何划分,以及其他各端,无一不有关人口之数量,非先有详审之估算,则种种计划,将无以臻于切当而适用。故此次国都之设计,亦以研究人口之数量为先着也。”②

《首都计划》推算估计,“南京百年内之人口,以二百万人为数量,当不至有若何差误”。关于分布,“根据所定分区条例人口密度

① 《国都设计技术专员办事处处长林逸民呈首都建设委员会》,《首都计划》,1929年。

② 国都设计技术专员办事处:《首都计划》1929年,第9页。

之限制,并控除一切保留之空地,以南京城内而论,应住七十二万四千人,其余一百二十万六千人,悉在城外居住。”①

(2)城市分区 《首都计划》将城市分为中央政治区、市行政区、工业区、商业区、文教区及住宅区等。

以中央政治区为重点,计划设在中山门外紫金山的南麓,其理由是:该区“处于山谷之间,在二陵之南,北峻而南广,有顺序开展之观,形势天然,具神圣尊严之象”②。

市行政区地点,拟定设在“京内大钟亭五台山两处,……两者合计,共为1,602亩”。这样,除了建筑机关以外,还可以留出大量的公共场所、公园等用地,使得市政建筑“永远足用”。而且这两块地方的地势“皆高出于其附近之地面,建筑各物,容易望见,一方面可增加市府之尊严”③。另外,拟将工业区域设在三汊河之南;将明故宫设为商业区;将火车总站建于明故宫之北;飞机总站设在水西门外西南端之地段。

(3)道路系统的规划 计划中明确了道路规划的方针。首先,“道路在一定之期间内,实具固定之性质,其中一切之规划,因须顾及现在,并须顾及将来,道路规划之中,以系统一端为最要。”④其次,要减少无谓的牺牲,“南京原属旧城,名胜古迹,散布各处,而城南一带,屋宇鳞次,道路纵横密布,其状如网”,因此,“鼓楼以下达于南部城墙一带”的道路规划要“因其固有,加以改良”。而其他大部分空地,其道路系统可按现代道路交通要求“采用随意规划”⑤。这样,道路主要有干道、次要道路、环城大道、林荫大道、内街等五种。

---

① 国都设计技术专员办事处:《首都计划》1929年,第15页。

② 国都设计技术专员办事处:《首都计划》1929年,第25页。

③ 国都设计技术专员办事处:《首都计划》1929年,第30—31页。

④ 国都设计技术专员办事处:《首都计划》1929年,第37页。

⑤ 国都设计技术专员办事处:《首都计划》1929年,第37页。

(4)建筑形式的选择　《首都计划》认为,新建国都的建筑中,最重要的部分,有中央政治区和市行政区的公署,有新商业区的商店,有新住宅区的住宅,以及其他公共场所,如图书馆、博物馆、演讲堂等。对建筑式样也进行了规定,“要以采用中国固有之形式为最宜,而公署及公共建筑物,尤当尽量采用。”①主要理由是:“其一,所以发扬光大本国固有之文化也。……中国建筑艺术之在世界,实占有一重要地位,国都为全国文化荟萃之区,不能不藉此表现,一方以观外人之耳目,一方以策国民之奋兴也”。“其二,颜色之配用最为悦目也”。“其三,光线空气最为充足也”。“其四,具有伸缩之作用利于分期建造也”。② 计划中还注意采用西方的建筑风格与方法,“外国建筑物之优点,亦应多所参入,大抵以中国式为主,而以外国式副之,中国式多用于外部,外国式多用于内部,斯为至当。”③

(5)实施的程序　《首都计划》明确提出:“实施程序应以经济情形为根据,因就财政上可能之范围进行。”④具体的实施程序是:1928 年,主要是中央政治区的建设,公布各种条例,着手自来水厂的建设、浦口火车渡船及码头的建设等;1931 年,继续前年未完成的工作,同时开展水道的整治,新建公园和开辟道路等;1932 年,继续未完成的工作,建新校舍,建五台山公园及文化区,建住宅,修道路等;1934 年,继续未完成的工作,建市行政区,建新校舍,盖房屋等;1935 年,继续未完成的工作,改良玄武湖及各水道,完成市行政区建筑,建新校舍,建职工住宅,改良道路等。该计划只订到 1935 年。

(6)款项的筹集　《首都计划》规定,应该由中央政府筹措款项

---

① 国都设计技术专员办事处:《首都计划》1929 年,第 33 页。
② 国都设计技术专员办事处:《首都计划》1929 年,第 33—34 页。
③ 国都设计技术专员办事处:《首都计划》1929 年,第 35 页。
④ 国都设计技术专员办事处:《首都计划》1929 年,第 121 页。

的建筑设施为:中央政治区、铁路、港口、飞机场、市郊公路、城外运河、学校、政府职员住宅等项;应由市政府筹集资金的建筑项目为:市行政区、交通管理、自来水、市民住宅等项;应由市民直接负担的为:街道、公园、路灯、渠道等项。当然,以上这些也仅仅是理论方面而言。后来,首都建设委员会建议筹款5,000万元,除由各省负担2,000万元外,其余之3,000万元,则通过发行公债筹集。①

《首都计划》开创了近代以来中国城市系统规划的历史先河。它结合了中国古代的城市规划建设思想,借鉴和引进了当时欧美的都市规划学、建筑学等先进科学知识,使南京城市的改造与发展迈向现代化,从此,南京出现了宽阔的道路与街道两边各式各样的现代建筑,自来水、下水道等各项现代市政公用设施逐渐发展起来。但是,由于各种因素的制约,实际上,在随后的南京城市建设过程中,并没有完全按照这一计划进行。

二、市政建设的成就

1. 道路交通建设

城市交通是城市文明的重要尺度,也是城市基础设施的重要组成部分。它把城市的生产和生活等各项功能有机地联系在一起,是城市社会再生产各个环节的纽带,是维持城市生机与发展的关键。城市道路系统是城市的骨架和交通动脉,它由不同功能的各种干道、支路、专用道以及社会公用停车场等组成网络系统。因此,道路交通建设任务摆在首都建设的首要位置。南京市政府认识到"交通于市政,好比血脉于人身,血脉不畅流,则身体疾病,什么事不能做,同样的交通不便利,则市政的基本未得到巩固,则其他一切建设事业,都

---

① 参见国都设计技术专员办事处:《首都计划》1929年,第183页。

无从着手,所以说整理交通是建设的第一要务。”①

南京市的道路修建由市工务局负责。1927 年 6 月工务局成立后,即开辟了狮子巷马路。为迎接孙中山灵柩到南京奉安,国民政府将南京第一批市政建设工程,均以“中山”来命名。1928 年开辟了由下关,经挹江门、鼓楼、新街口至中山陵的道路,这条路原名迎榇大道,后改称中山路,1929 年 5 月工程完工。这是南京第一条现代化的马路,该路全长 12 余公里,宽 40 米,全路分作 5 道,中间为柏油路面,两旁为慢车道与人行道。该路的建成奠定了南京道路系统的主骨架。1930 年年初,首都建设委员会公布了南京市道路系统规划,规定南京的道路采用放射性及矩形相结合的空间布局,以新街口为中心,以中山、中央、中正(今中山南路)、汉中等放射式干线,作为设计全市干道之基线。其他干道,一律与这些干道基线或平行或垂直来布局。此后南京市的市政建设和街道建设开始了科学规划施工的新时代。

首先在市内开辟新道。自 1927 年 6 月至 1937 年 2 月间南京在市内新开辟 36 条道路(见表 3.4)。

表 3.4　南京市历年新筑主要道路一览表(1929 年 5 月—1937 年 2 月)

道路名称	路面种类(主要部分)	长度(米)	建筑费(元)	完工日期
中山路	柏油	12,001,74	1,170,114.72	1929 年 5 月
黄埔路	柏油	1,050.00	17,877.73	1930 年 5 月
湖南路	柏油	334.00	9,247.89	1929 年 4 月
中正路	柏油	1,334.00	76,069.90	1930 年 7 月

① 秦孝仪主编:《革命文献》第 93 辑,“中国国民党中央委员会”党史委员会 1980 年,第 362—363 页。

道路名称	路面种类(主要部分)	长度(米)	建筑费(元)	完工日期
国府路东段	柏油	366.00	18,156.80	1931年1月
朱雀路	柏油	622.30	12,800.12	1931年3月
山西路	碎石	500.00	59,734.92	1931年5月
太平路	柏油	1,454.66	123,667.17	1931年10月
白下路西段	柏油	644.00	63,354.81	1931年10月
汉中路	柏油	1,661.00	146,633.77	1932年3月
玄武路	柏油	224.16	15,888,70	1931年9月
中华路	柏油	1,816.00	165,141.75	1932年8月
大光路	石片	1,563.00	10,251.47	1933年7月
石城路	石片	187.00	3,011.45	1933年9月
中央路	碎石	3,826.00	53,159.74	1934年5月
瞻园路	石片	528.06	10,481.43	1934年5月
云南路东段	柏油	148.00	8,601.71	1934年9月
白下路东段	柏油	91.00	5,849,91	1934年11月
建康路二、三段	柏油	896.80	55,838,60	1934年11月
国府路西段	柏油	962.82	62,476.35	1934年11月
新筑宅区第一区全部道路	碎石	6,413.54	100,321.73	1935年1月
莫愁路	柏油	1,518.50	81,094.13	1935年8月
云南路西段	碎石	521.00	6,064.05	1935年8月
南通路	石片	463.00	4,991.85	1935年9月
广州路	碎石	2,567.50	43,082.57	1935年9月
珠江路	柏油	2,115.00	139,637.50	1935年10月
上海路	碎石	2,168.00	30,965.14	1935年10月
多伦路	煤屑	1,627.00	11,293.00	1936年3月
福建路	弹石	1,896.50	24,002.38	1936年7月
黑龙江东段及察哈尔路	煤屑	2,425.40	24,101.18	1936年7月

道路名称	路面种类（主要部分）	长度（米）	建筑费（元）	完工日期
镇江路	弹石	534.00	4,114.70	1936年6月
升州路及建康路第一段	柏油	1,448.00	135,318.16	1936年10月
新筑宅区第四区道路	沙石	6,538.00	113,392.16	1936年底
拉萨路	弹石	171.00	1,950.62	1936年7月
东海路南段	柏油	240.00	27,870.00	1936年11月
中兴路（即旧御道街）	混凝土	1,949.00	87,680.80	1937年2月

资料来源：南京市政府秘书处编印：《十年来之南京》，1937年，第59—61页。

其次，新建城外及近郊马路。完整的城市道路系统除市内道路外，还包括城外及近郊的道路，以便城市物质流、能量流、人流的输入与输出。南京市工务局在开辟市内道路的同时，也积极兴建城外及近郊各马路。自1927年6月至1936年6月，南京市新建城外及近郊马路45条（见表3.5）。

表3.5　南京市新建城外及近郊马路概况表（1927年6月—1936年6月）

路面种类	长度（米）	建筑费（元）	道路数量（条）
柏油路面	11,284.8	225,703.42	3
碎石路面	约2,373.3	78,376.56	6
弹石路面	约21,377.4	78,031.45	11
煤屑路面	—	1,374.98	1
石片路面*	约71,441.5	202,287.35	23
土路	11,520	30,010	1

资料来源：《南京市之经济建设》，中央党部国民经济计划委员会编：《十年来之中国经济建设》（1927—1937）（下篇），1937年，第11—13页。

* 另有2,234.7平方公尺，3条道路无长度数据。

再次,改造旧有道路。定都初期,南京市内街道大都弯曲狭窄,坎坷不平,尤其在城南一带,街道狭窄,交通极为不便,因此,改善旧城道路系统势在必行。南京市工务局在致力开辟新道路的同时,另一方面还翻筑改造城区旧有道路。自 1927 年 6 月至 1936 年 6 月,南京市共改造拓宽旧有道路 58 条。

工务局除负责新建和改造马路外,还组织人员随时保养路面。在 1930 年以前养路经费每月为 5,000 元。嗣后因人口激增,市区范围扩大,新辟马路逐年增多,养路经费也渐增加,到 1936 年,每月已增至 20,000 元。即使如此,经费需缺仍很大。自 1927 年至 1936 年 5 月止,工务局维修各种路面面积约为 2,295,593.58 平方米。①

经过十年的道路建设,南京城市道路状况大为改善。从 1929 年 5 月南京第一条现代化的马路——中山路竣工,到 1937 年,南京先后完成干路 48 条。其分布情形是:城内以新街口为中心,北有中山北路、中央路、珠江路、广州路、国府路等;东有中山东路、太平路、朱雀路、中兴路;南有中正路、白下路、中华路、建康路、升州路等;西有汉中路、莫愁路、上海路等,城外则有热河路、绥远路、蒙古路、雨花路等。"更由是而递分旁达,经纬网布,构成全市的道路系统。"②郊外公路也有所改善,在此期间完成的道路,共计约有"混凝土路面 2 公里,柏油路面 50 公里,碎石路面 200 公里,弹石路面 150 公里"③。首都建设规划中所制定的主干道路面宽度基本为 40 米,横断面为三块板,即分为快车道、慢车道、人行道,中间有绿化带分隔。这种快、

---

① 参见《南京市之经济建设》,中央党部国民经济计划委员会编:《十年来之中国经济建设》(1927—1937)(下篇),1937 年,第 9 页。

② 秦孝仪主编:《革命文献》第 91 辑,"中国国民党中央委员会"党史委员会 1980 年,第 5 页。

③ 秦孝仪主编:《革命文献》第 91 辑,"中国国民党中央委员会"党史委员会 1980 年,第 5 页。

慢车道和人行道分开的制式形成了南京道路的一大特色，至今仍是城市道路的路面制式。道路两旁广植树木，不仅起到必要的防尘防噪作用，而且也美化了城市，使南京成为全国绿化的典范。

当时规划的南京市道路交叉口包括新街口、山西路、宁海路、江苏路、扬州路、苏州路、山阴路、仙霞路等 8 处采用环行交叉。环岛直径多数为 50—60 米，环行车道 18—20 米。在一定交通流量范围内，环行交叉具有较多优点，因此解放后南京的许多街道路口仍采用环行交叉的方式。在各主要交通路口还出现了现代交通警察，各种交通指示灯、指示牌也遍设交通干线各路段。但与此形成强烈反差的是，在城南一带普通居民区及广大棚户区内，道路交通依然狭窄破敝，不尽如人意。

随着道路的开辟与修建，城市的车辆也逐年增加（见表 3.6）。作为城市主要交通工具的公共汽车开始运营。

表 3.6　南京市历年来车辆统计表（1928—1936 年）

年度	车辆									
	总计	汽车	马车	人力车	自行车	板车	手车	水车	箱货车	机器脚踏车
1928	8,347	144	424	5,334	590	281	1,182	351	41	0
1929	16,453	764	458	9,097	2,253	361	2,800	600	110	10
1930	14,854	819	380	8,407	1,817	328	2,493	542	61	7
1931	17,633	1,188	349	9,856	2,831	400	2,392	589	21	9
1932	14,854	1,021	329	9,026	1,885	332	1,600	625	28	8
1933	18,115	1,396	335	10,158	3,394	360	1,770	611	73	18
1934	21,334	1,674	323	10,544	5,546	472	1,951	660	95	69
1935	22,265	2,005	305	10,962	6,676	451	1,334	377	58	97
1936	25,415	2,119	341	11,180	9,279	579	1,365	349	155	48

资料来源：南京市政府秘书处统计室编印：《南京市政府行政统计报告》（1935 年度），1937 年 4 月，第 224 页。

南京较早的公共汽车公司是宁垣长途汽车公司(原名金陵长途汽车公司,1918 年由商民佘恒等筹建,1921 年冬更为此名)。1921 年该公司获准在市内经营,路线为:自沪宁火车站、经下关大马路、三牌楼、丁家桥、鼓楼、东南大学、珍珠桥、大行宫至门帘桥(今火瓦巷口)。该公司有汽车 8 辆,年赢利达 4,000 多元。1927 年前后,南京城内先后出现过南京特别市汽车公司、关庙汽车公司、公共汽车公司、振裕汽车公司和兴华汽车公司等汽车营运公司。后因种种原因,纷纷倒闭,只剩下兴华汽车公司和江南汽车公司。兴华汽车公司由黄孚彦等于 1930 年 7 月筹集华侨资金创办,起初有车 14 辆,后来增加到 33 辆,行驶下关火车站经大行宫至夫子庙、下关火车站经内桥至夫子庙、下关火车站至黄埔路等三条路线。江南公司由国民党元老张静江、李石曾、吴稚晖等招股创办,聘留法归国的吴琢之任经理。起初只有 6 辆,营运长途客运,1933 年后,购进德国奔驰客车 150 辆。1935 年 7 月,江南汽车公司击败了兴华汽车公司,开始独自经营全市的公共汽车业务。到 1937 年抗战爆发前夕,该公司有客车 300 余辆,职工 1,600 多人,成为当时我国商办汽车运输业中规模最大的汽车公司。①

与此同时,以南京为中心的省市之间的大规模交通网建设也开始了。在公路建设方面,1928 年 11 月,蒋介石下令江苏、浙江两省政府辟建南京至杭州间公路,并限于次年 3 月竣工。这开启了以南京为中心的全国公路网建设的序幕。1932 年 11 月底,全长 1,040 公里的联省公路完工。1932 年 11 月,在“剿总”主持下召开了七省公路会议,提出建立苏、浙、皖、赣、鄂、湘、豫联省公路。1935 年前后,七省互通的联省公路完成,1937 年以南京为中心通往全国各地

① 参见南京市人民政府研究室编:《南京经济史》(上),中国农业科技出版社 1996 年版,第 320 页。

的干支大体已脉络贯通。主要修建的道路有:京杭国道、京芜公路、京建路(南京至安徽朗溪)、京镇路、京熟(南京至湖熟)、溧下路、六扬路等干支线 18 条,筑路费用达 2,000 万元。①

在铁路建设方面,1933 年 10 月,长江火车轮渡建成通车,津浦、沪宁两条干线客货联运开始。“津浦沿线的煤、粮食等整列车,甚至自平绥铁路包头起运的西宁羊毛整列车,也都经由轮渡,直接由铁路负责联运至上海,使京沪铁路货运迅速发展起来了”。②

公路和铁路的发展,使南京港成为水陆交通中转的重要枢纽,货物吞吐量骤增。1927 年南京港进出口货物总值为 12, 594, 787 关平两,1936 年则达到 26, 664, 906 关平两。③

航空方面,抗战前沪蜀、沪平、沪满等重要航线,均以南京为其要站。

总之,1927—1937 年间,以南京为中心的对外交通网初具规模。交通的发展,促使南京的经济腹地进一步延伸和扩大,为南京城市现代化营造了较好的区位优势。

2. 水电建设

自来水建设　建都初期,南京市民饮用水取自江河,既不卫生,也不方便。有鉴于此,南京市政府于 1929 年 8 月组织自来水筹备处。1930 年 3 月成立自来水工程处,水厂设在汉西门外北河口,厂址占地约百亩,1933 年 4 月 1 日完成局部出水。这是南京历史上第一家自来水厂。1935 年 10 月 1 日正式成立南京自来水管理处,直隶于市政府,办理市内水管网的扩充及推进业务各事项。1936 年度,每月最高出水量为 506, 025 公吨,最低出水量为 300, 725 公吨。

① 参见《南京路政建设统计》,《交通杂志》第 3 卷第 3 期。

② 金士宣、徐文述编著:《中国铁路发展史》(1876—1949),中国铁道出版社 1986 年版,第 483 页。

③ 参见吕清华主编:《南京港史》,人民交通出版社 1989 年版,第 161 页。

到1937年年初,埋设管线长度达160多公里,几乎遍及全市各主要街道。出水量每日约4万公吨,用户达4000户以上。① 当时,市政府打算增加沉淀池、沙滤池、清水蓄水池各一座,但正在兴建中,因为抗战爆发而未能完成。

城市下水道　排水系统的完善与否,直接关系到城市的环境卫生、水源质量等。由于没有系统的下水道,旧式沟渠既狭窄又不相互衔接,时常淤塞,有碍卫生及防洪排涝。随着南京市人口的迅速增加,建设系统的下水道工程,已刻不容缓。1932年南京市政府利用荷兰退还庚款,进行水利建设,在工务局设立下水道工程处,筹划全市的排水工程。下水道系统规划根据南京市区地势北高南低,人口北稀南密,下水道工程投资甚巨的实际情况,计划分城南城北下关三区逐步进行建设。1935年10月城南部分测量完成,决定采用合流制,另加节制方法,使雨水流入秦淮河内,污水引至处置地点,转流入江,估计约需经费560余万元。城北及下关两区测量工作于1936年完成,鉴于城北地旷人稀、金川河蜿蜒密布,为节省经费起见,对于该区下水道拟采用分流制,于中山北路一带埋设污水干管,并于挹江门建设抽水总站,以便抽送污水入江。至于下关地区因地势低洼,易受洪涝灾害,因此下水道拟采用合流制,估计约需经费49万余元。②

南京市整个下水道系统真正付诸实施的工程并不多,较大规模的工程是在1935至1936年新开辟马路时,同时埋设下水管道,两年共埋设各种管道26,722.66米。③

① 参见秦孝仪主编:《革命文献》第91辑,“中国国民党中央委员会”党史委员会1980年,第6页。

② 参见秦孝仪主编:《革命文献》第93辑,“中国国民党中央委员会”党史委员会1980年,第32—33页。

③ 参见秦孝仪主编:《革命文献》第93辑,“中国国民党中央委员会”党史委员会1980年,第33页。

电气与照明 南京电气事业由首都电厂经营,输电线路除城区外,东达龙潭汤山、北通浦口、南迄上方门东山镇、西至江东门,设有配电所13处,分布于城区及陵园、龙潭水泥厂、栖霞山水泥厂、东门街、江东门、句容、水晶台、三汊河、浦口等区。用户44,000户,用电量每月约330万度。①

公用路灯在1927年以后也发展起来了。仅1930年12月至1933年12月,南京市就装设路灯3,362盏(见表3.7)。

表3.7 南京市装设路灯统计表(1930年12月—1933年6月)

期数	装设日期	盏数	装设地点
第1期	1930年12月—1932年5月	448	中山路、中正路、新街口、交通路北段、成贤街、朱雀路、白下路、贡院东西街、下关江边马路等。
第2期	1932年6—10月	448	保泰街、鼓楼四周、新菜市、中央党部、三牌楼、西华门至大行宫、高家酒店、傅海街等。
第3期	1932年11月—1933年2月	592	中华路、建康路、下关鲜鱼巷、邓府街、上新河南北、升州路、汉中路、公园路、科巷、二条巷等。
第4期	1933年3—5月	408	鼓楼头条巷、二条巷、三条巷、和会街、大石坝街、东西钓鱼巷、信府河、马府街、双石鼓等。
第5期	1933年6—12月	1,466	姚家巷、平江府街、王府园、国府东街、通济门外、灵谷寺、京汤路、江东门、马府街等。

资料来源:秦孝仪主编:《革命文献》第91辑,"中国国民党中央委员会"党史委员会1980年,第94页。

① 参见秦孝仪主编:《革命文献》第91辑,"中国国民党中央委员会"党史委员会1980年,第6页。

3. 电信与邮政业务的发展

南京是首先开通使用自动市内电话的城市。1928 年 11 月,国民政府交通部与美国自动电气公司签订购买自动交换机 5,000 门的合同,于 1930 年 8 月装机完工,开始正式通话。到 1936 年 6 月,全市公众电话网设有 4 个交换局,自动交换机容量有 7,300 门,用户有 5,374 户,装机数为 5,665 门。① 在此期间,南京的长途电话业务也十分发达。从 1927 年开通南京与上海的直达长途电话后,到 1936 年 2 月,九省长途电话网络所属的京汉、京杭、京津及平汉、粤汉各干线先后完成,南京至浙、皖、湘、鄂、赣、豫、鲁、冀等省大城市均可联络通话,初步形成了以南京为中心的全国长途电话通信网。同时,在江苏省内,除苏南九县长途电话网与京沪线各城市联网外,南京与江北地区之六合、十二圩、仙女庙、扬州等地亦可通话。到 1937 年 6 月,南京长途电话可通达城市已有北平、天津、大同、曲阳、保定、石家庄、兰州、长安、广州、衡阳、长沙、汉口、桂林、南昌、济南、青岛、淮阴、铜山、徐州、开封、郑州、九江、安庆、屯溪、宜城及宁沪间各城市。②

南京的电报业务开始于 1881 年。最初它是津沪电报线的一个分支,是由镇江架往金陵的专线,全长 160 余里,是我国最早在省内架设的电报官线。国民政府定都南京以后,电报业务归交通部管辖。当时,南京有两种电报局:一是有线电报局,总部设在润德里,分设下关、鼓楼两个收发处,通报线路有 30 条;二是无线电报局,总部设在估衣廊,分设下关、杨公井两个收发处,共有机号 4 个,均为短波,通报地点有上海、福州、长沙、广州、汉口、北平、青岛、芜湖、南昌等地,

① 参见南京市人民政府研究室编:《南京经济史》(上),中国农业科技出版社 1996 年版,第 355—356 页。

② 参见南京市人民政府研究室编:《南京经济史》(上),中国农业科技出版社 1996 年版,第 354—355 页。

范围较广。

1928 年,南京市内有邮政支局 3 处,至 1932 年,城内有支局 14 个,城外有 8 个二等邮局、2 个三等邮局。截至 1936 年年底,南京城内已有邮政支局 19 个,城外有支局 17 个。为建国前南京邮政局所网点建设的最好时期。①

4. 公共卫生建设

作为人口相对集中的城市,公共卫生建设至关重要,特别是城市建设初期,由于城市人口的急剧增加,而城市自来水、下水道、卫生防疫等各项基础设施建设又不足,不但普通疾病得不到医治,而且容易爆发传染病、甚至瘟疫,造成死亡率偏高的现象。

南京市政府成立初期,设置了卫生局管理市内公共卫生事项。但由于初创时期,组织极不稳定。直到 1928 年 12 月,时年 32 岁、毕业于德国柏林大学、专攻公共卫生的医学博士胡定安受命重新筹备成立卫生局后,南京的公共卫生事业才开始有了较大的发展。

卫生防疫　卫生防疫工作主要有两方面:传染病管理和环境卫生管理。对于传染病管理,一方面是进行宣传传染病的预防、消毒方法;另一方面(也是主要方面)是进行预防接种。自 1929 年起,南京市各卫生分所逐步推行预防接种注射活动,每年春秋两季举行免费种痘、预防接种,夏秋两季施行霍乱、伤寒疫苗注射。1935 年举办幼童注射白喉类毒素运动,1936 年 3 月起,开展天花、白喉、猩红热、脑膜炎、霍乱等法定传染病预防活动。到 1936 年,年受接种人数达 30 多万人(见表 3.8)。

① 参见南京市邮政志编纂委员会编:《南京邮政志》,中国城市出版社 1993 年版,第 28—29 页。

表 3.8　南京市历年预防接种人数统计表(1929—1937 年)

病名＼年份	1929	1930	1931	1932	1933	1934	1935	1936	1937*
白喉类毒素				2, 510	895	7, 456	12, 201	12, 839	5, 227
伤寒霍乱疫苗	1, 658	45, 477	70, 638	136, 421	110, 656	113, 688	132, 387	189, 906	2, 204
种痘	10, 625	16, 380	35, 033	21, 058	70, 843	78, 660	111, 606	141, 843	13, 737
合计	12, 283	61, 857	105, 671	15, 989	182, 394	96, 804	256, 194	343, 638	21, 168

资料来源:南京市政府秘书处编印:《十年来之南京》,1937 年,第 91 页。

*　统计截至 1937 年 3 月 21 日。

要真正预防传染病等疾病的发生和传播,环境卫生的管理是一个重要环节。为此,南京市规定,凡是有关卫生的各业商店,都要向卫生事务所填具申请书,由卫生事务所随时派人检查。而对于牛奶及豆制品,则每月至少两次对其样品进行化验。其次,对饮用水进行严格管理,凡是经营茶炉生意者,要求一律用自来水,每天由卫生稽查员到各水炉取水试验,并在水炉上安装温度表,要求水温达到摄氏 95 度以上才可以出售。对于市内的水井,每年夏天都进行漂白消毒,从每三天消毒一次后改为每天消毒一次。清洁道路也是环境卫生的一项主要内容,道路的清洁最初由公安局卫生课(初为卫生局,1927 年 8 月何民魂任市长时,将卫生局与公安局合并设卫生课,次年 7 月又改设卫生局)办理。1932 年撤卫生局,改设卫生事务所,原属卫生局的清洁队由市政府管理。1933 年 8 月成立了清洁总队,管理全市道路的撒扫、垃圾的处置、河池沟渠菜场的清洁等。1936 年,道路清洁工由 1928 年的 230 名增加到 860 人。①

① 参见秦孝仪主编:《革命文献》第 93 辑,"中国国民党中央委员会"党史委员会 1980 年,第 55 页。

医务建设 南京的市立医院有市立医院、传染病院及戒烟医院。南京市市立医院于1934年冬天在下江考棚兴建，1936年1月建成，设病床110张，内部设置有X光、病理检验等先进设备，1936年1月开始门诊，2月1日起收容病人，诊务主要有内科、外科、产妇科、小儿科等，仅1936年2月至12月住院病人达2,465人。① 传染病院建在下关，成立于1933年7月，设有病床40张，后来扩充为50张，专收各种法定传染病人，1934—1935年入院人数为1,987人②。1934年春成立戒烟医院，收戒烟毒犯及志愿投戒烟民，有床位200张。当年冬天，首都肃清烟毒委员会成立，规定南京为绝对禁烟区，戒烟人数增加，增设临时医院6处。后来因为人数递减，又归并为一处，一次可以收容550人次。1936年，朝天宫戒烟医院扩充为800床位，又在钞库街开设分院一处，能容纳200人。从1934年2月至1936年12月，戒烟医院共收容戒烟者24,379人次。③

另外，南京市在城乡还设立卫生分所。1936年，城乡共有卫生分所18处，其中城区7处、乡区11处，每天开诊，免费治疗，每月门诊病人数超出7万次以上。后来改为上午为医药救济工作，下午则专门办理公共卫生工作，除了诊病外还负责：(1)传染病管理；(2)健康检查；(3)缺点矫治；(4)环境卫生；(5)预防接种；(6)产前产后检查；(7)免费接生；(8)母亲会、儿童会；(9)学校卫生、私塾卫生；(10)卫生教育等项。④

---

① 参见秦孝仪主编：《革命文献》第93辑，“中国国民党中央委员会”党史委员会1980年，第66—68页。

② 参见秦孝仪主编：《革命文献》第93辑，“中国国民党中央委员会”党史委员会1980年，第69—70页。

③ 参见秦孝仪主编：《革命文献》第93辑，“中国国民党中央委员会”党史委员会1980年，第70—73页。

④ 参见秦孝仪主编：《革命文献》第93辑，“中国国民党中央委员会”党史委员会1980年，第64页。

其中比较突出的是推广助产工作。为了减低出生死亡率,南京市将推行新式助产作为一项主要工作。这项工作自1930年起开始办理,起初,民众反应冷淡,经过编发妇婴卫生小册子等宣传,民众接受新式助产的数量逐渐增加。1936年时,平均每月"接生人数已达四百余人,约占全市出生人数的25%"(见表3.9)。①

除医院门诊以外,还进行"化验工作"、"学校卫生"、"工厂卫生"、"卫生教育"等医务事项。南京市成立卫生试验所,后来并入卫生事务所,主要进行化学及生物检验。自1930年1月至1937年2月,仅细菌试验达144,212件②;1930年起,实施学校卫生工作,最初只在5所学校进行,到1936年扩大到181所学校③,主要工作有检查体格、矫治缺点、预防接种、灌输卫生知识、改良环境卫生、学生家长访视等;1935年6月,成立南京市工厂卫生实施指导委员会,对市内合法工厂进行疾病诊治、预防接种、环境卫生、卫生教育等工作;此外,还通过卫生展览、游艺会、卫生新闻广播、报纸特刊、张贴标语等形式开展医务活动。

表3.9 南京市卫生事务所产科工作统计表(1930—1936年)

项别 / 年份	产前检查		接生	产后检查
	初诊	复诊		
1930年9—12月	61	9	22	16
1931	468	258	250	161
1932	812	985	405	228

① 参见秦孝仪主编:《革命文献》第93辑,"中国国民党中央委员会"党史委员会1980年,第77页。

② 参见南京市社会局编印:《十年来之南京》,1937年,第99页。

③ 参见秦孝仪主编:《革命文献》第93辑,"中国国民党中央委员会"党史委员会1980年,第79页。

项别 年份	产前检查		接生	产后检查
	初诊	复诊		
1933	2,273	4,902	1,213	596
1934	4,080	7,639	2,122	972
1935	6,658	12,963	3,444	2,095
1936	8,029	14,746	4,385	2,318
共计	22,381	41,502	11,841	6,386

资料来源:南京市社会局编印:《十年来之南京》,1937年,第93页。

除上述市立医院外,南京当时还有公立、私立医院若干所。其中规模最大的是国立中央医院。南京中央医院(原名中央模范军医院,1931年1月更名为中央医院)于1929年1月筹建,同年10月开诊,归卫生部管辖,为南京最早兴办的唯一大型国立医院。设有内外科,内科下设小儿科、皮肤花柳科及肺痨科;外科下设妇科、骨科、耳鼻喉科、牙科、X线科、电疗科和检验科等,有病床275张。后来又增设妇产科、眼科、泌尿科、脑病科、护士部、门诊部、保健部、药局等16个科室。1933年时,有卫技人员140人,其中医师77人,护士32人。[①] 公立医院中还有中央军校医院、军政部第一陆军医院、陆军医院分院、教会创办的鼓楼医院。其余均为私立医院。1936年南京市有西医师315人,中医287人,药剂师(生)47人,助产士82人,接生婆71人,医院30家。床位1,153张,西药房49家,中药店114家,卫生所15所。[②]

此外,城市绿化建设成就也较为突出。起初,在中山路两侧和中

---

① 参见南京市地方志编纂委员会、南京市卫生志编纂委员会:《南京市卫生志》,方志出版社1996年,第622—623页。

② 参见南京市地方志编纂委员会、南京市卫生志编纂委员会:《南京市卫生志》,方志出版社1996年,第42页。

山陵一带广植梧桐树。1930年2月,南京市社会局拟定了荒山造林计划,由于计划造林的区域主要在江宁管辖范围内,没有付诸实施。其后,中央模范林区管理局会同南京市社会局在雨花台、小九华山两处建造风景林,共植树苗10余万株。1933年春天,军事委员会参谋本部、江宁要塞司令部、南京市政府、总理园林管理委员会、中央大学农学院、中央模范林区管理局等六个机关共同发起首都附近地带造林运动。1936年由南京市政府主办的国民劳动服务大会,进行了大规模的造林运动。1937年,又有南京市政府会同首都国民军事训练委员会,组织南京市社会军训各团队劳动植树指导委员会,对上一年已栽的各区域,进行补植。1933年至1937年植树共计4,784,332株。①

第四节　城市建筑的现代话语

城市建筑是一个民族物质和精神文明的集中反映,是民族文化的主要"物化"和"载体"。同时,它也反映出一个城市的历史发展进程。

中国建筑在世界建筑宝库中独树一帜,许多建筑成为世界建筑中的珍宝。步入近代以后,西方先进的科学技术,使建筑结构与建筑材料更具有科学性,中国传统的建筑技术则日益显得落后。面对这种局面,中国的建筑与建筑师均面临着重大挑战,从最初的被动接受西方建筑的影响到主动接受再到中西结合,创造出了中国特色的近代建筑。1927—1937年是中国近代建筑体系的确立时期。一批杰出的中国建筑师走到了建筑的前台,他们吸收了西方现代主义的建筑艺术及中国传统建筑的精髓,在中国固有的建筑形式与西方建筑

① 参见南京市社会局编印:《十年来之南京》,1937年,第139—142页。

形式的结合上进行了积极而卓有成效的探索，涌现出了一大批具有中国本土特色的近代建筑。作为当时中国首都的南京，其城市建筑集中体现了这一时代特色，城市面貌也因之发生了巨大变化。

一、《首都建筑规则》与建筑指导思想

民国时期南京的城市建筑发生了巨大的变化。这种变化不仅仅表现在建筑风格的变化上，更主要表现在建筑领域的指导思想上。1929 年颁布的《首都计划》就是一个最好的体现。在这个计划中就有“建筑形式之选择”一章，提出了南京建筑形式的一般原则，并且根据不同的建筑类型规划出了不同的建筑形式。不过《首都计划》只是对南京的建筑作了一般性规划。南京历史上第一部真正具有科学性、内容广泛而具体的专门性的建筑规则——《首都建筑规则》，则颁布于 1935 年，它是由南京市工务局根据当时南京城市建筑的具体情况而制定的。它对南京市的建筑提出了具体而翔实的要求，规则共计有十一章，主要内容有：总则；请照手续；营造手续；取缔；退缩（临路、临河、截角）；建筑通则（高度、面积与部位、门窗及通气孔、建筑物之突出部分、基地之整理、墙及防火墙、地板楼板及屋顶、里拱）；设计准则（基地载力及泥土阻力、价值材料之重量、屋顶楼板及楼梯诸载量、风力及雪力、墙壁所受之旁压力、建筑材料之安全耐力、钢筋混凝土工程、钢铁工程）；防火设备；公众建筑（戏院影剧院游戏场礼堂演讲厅、医院校舍旅馆茶园浴室、工厂货栈商场）；杂项建筑（火炉及烟囱、厕所及化粪池、阴沟地下室及地窖）；罚则；附则（南京市新建住宅建筑规则、南京乡镇建筑规则）。①

通过《首都建筑规则》所包含的具体内容，我们可以看出民国南京建筑的指导思想已经大大不同于中国古代的建筑思想：

---

① 参见南京市工务局编印：《首都建筑规则》，1935 年，第 1—5 页。

第一,城市建筑成为一种公共行为。在中国传统城市建设中,建筑可以说是一种个体行为。在不违反皇权等一些大原则的前提下,可以按照个人的喜好来建造。营造时不必提供复杂的审查手续,诸如是否符合城市总体的规划要求,是否会妨碍其他建筑物的使用等。到了近代,由于受西方建筑思想的影响,建筑不再是一种纯粹的个体行为,而成为一种公众行为。城市建筑物的建造需要经过有关部门的严格审查,并逐渐纳入城市总体规划的范围内。在《首都建筑规则》总则第三条中就明确规定:“凡建筑物之全部或一部分构造不固或其他妨碍市政情形者均由工务局依照本规则取缔之。”①

第二,采用西方新式建筑材料及建筑规则。中国的传统建筑采用土木结构,主要材料是土、木、砖、石等。进入近代以后,随着西方科技的突飞猛进,在建筑方面出现了新型高科技产品,如钢筋混凝土工程及钢铁工程,这在建筑质量的科学性上大大超过了中国传统建筑。为了跟上时代的潮流,《首都建筑规则》对南京的城市建筑制定了更加科学化的规则,如采用当时来自西方的高科技产品钢筋混凝土工程及钢铁工程,使建筑物更加牢固,使用期更长。另外在“建筑规则”与“设计规则”方面,南京的建筑物也制定了一套更加严格的建筑设计与检验标准,不仅可以延长建筑物的寿命,而且也跟上了世界建筑的步伐。

第三,建筑物类型丰富多样。这主要体现在公共建筑物的类型比以前大大增加,如各种政府办公楼、影剧院、演讲厅、图书馆、游戏场、体育馆、学校等,这些明显带有现代意识的建筑,使得南京至少在外观上成为一座具有现代化特征的城市。

第四,对城市建筑进行规范化管理。《首都建筑规则》的颁布使得南京的建筑有法可依。在总则第一条中规定:“凡本市区内一切

① 南京市工务局编印:《首都建筑规则》,1935 年,第 7 页。

公共建筑之起造、改造、修理或者拆卸均适用本规则之规定。”第二条规定：“凡未遵照本规则之规定而起造、改造、修理或拆卸之建筑者除由工务局令其停工并应依照本规则之罚则分别处罚。”①同时，对厕所、化粪池、阴沟等建筑附属设施有了统一、详细的规划。这样，整个南京的城市建筑就都统一在这个规则之下，从而使得南京的建筑更加规范，既便于管理，又有利于发展。

二、城市建筑的现代化解读

国民政府定都南京以后，南京的城市空间迅速扩大，最为突出的是一批大型行政建筑、大型纪念性建筑、文教建筑、天主教与基督教建筑、公共建筑、里弄建筑、新式住宅、使馆建筑、近代工业建筑等拔地而起。这些独具特色的建筑，不仅为当时的南京增加了现代都市气息，而且从一个侧面反映了其城市现代化特色。

首先，建筑造型的丰富多彩，反映了南京文化兼容、开放的特色。南京的建筑造型十分丰富，既有中国传统式样的建筑，也有西方各个时期、各种风格的建筑，可以说是一个近代建筑造型的集大成者。主要建筑造型依其特点有以下四类②：

一是折中主义与西方古典式建筑。南京最早出现的一批西式近代建筑大约是在 19 世纪中期，那时正值欧美流行折中主义思潮，一些西方传教士和商人通过本国建筑师把当时流行的建筑形式移植了过来，例如南京石鼓路天主教堂（1870 年）就是采用法国罗曼式教堂

---

① 南京市工务局编印：《首都建筑规则》，1935 年，第 7 页。

② 该部分主要参见刘先觉等主编：《中国近代建筑总揽 · 南京篇》，中国建筑工业出版社 1992 年版；陈济民主编：《民国官府》，金陵书社出版公司 1992 年版；潘谷西主编：《南京的建筑》，南京出版社 1995 年版；南京市地方志编委会编：《南京建筑志》，方志出版社 1996 年版；卢海鸣、杨新华主编：《南京民国建筑》，南京大学出版社 2001 年版。

的型制;汇文书院的钟楼(1888 年)、西教学楼(1898 年)、小教堂(1898 年)采用了美国殖民时期的建筑风格。真正的西方古典建筑形式在中国出现于20 世纪 20 年代初期,其中较早的一座是当时国立中央大学的孟芳图书馆(1924 年)。此后在 1924 年由上海东南建筑公司设计的科学馆,1929 年由李宗侃设计的生物馆,亦均采用西方古典建筑手法。1930 年由英国公和洋行设计的中央大学礼堂造型宏伟,属于欧洲文艺复兴时期的古典形式。此外,1936 年在新街口建造的交通银行也是采用标准西方古典式构图的典型建筑实例。

二是中国传统宫殿式的近代建筑。在南京最早应用西方现代建筑结构技术建造中国传统式样房屋的是一批教会建筑。目前现存较早的例子有美国建筑师帕金斯与汉密尔顿建筑师事务所于 1917 年设计建造的金陵大学礼拜堂、美国建筑师司马(Small)于 1919 年设计建造的金陵大学北大楼、1925 年建造的西大楼。1921—1923 年由美国著名建筑师墨菲(Murphy)在南京主持设计金陵女子大学一批教学楼,其中有主楼、礼堂、办公楼、图书馆,以及 1926 年以后由齐兆昌设计建造的金陵大学东大楼(因失火于 1958 年重建)、科学馆及甲、乙、丙、丁、戊、己、庚、辛学生宿舍等建筑基本上采用中国传统建筑形式。中山陵是中国近代建筑史上最重要的建筑之一。它的总体规划吸取中国古代陵墓建筑布局的特点,采用轴线对称造型式样。陵墓建有牌坊、甬道、陵门、碑亭、祭堂和墓室。所不同的是甬道两旁没有象生,陵墓的单体建筑造型亦基本上采用传统帝王陵寝的形式。在 20 世纪二三十年代,在大型纪念性建筑、行政性建筑与公共建筑中应用传统宫殿式造型几乎形成一股潮流。这主要是由于当时国民政府出于政治上的需要而发起新生活运动,提倡尊孔读经,保存国粹所需。在 1929 年的《首都计划》中就明确指出,"中国固有之形式为最宜,而公署及公共建筑尤当尽量采用。"①这从客观上促使了对中国民族形式建筑的追求。因此,南京相继出现了一批宫殿式的政府办公大楼和公共建筑,较有代表性的如铁道部大楼(1928 年)、交通部大楼(1933 年)、励志社(1929 年)、国民党中央党史史料陈列馆(1935—1936 年)、国民党中央监察委员会(1935—1936 年)、谭延闿墓(1931—1933 年)、小红山主席官邸(1931 年)、中央博物院(1936—1947 年)等。在这批建筑中,基本上都是仿清代宫殿式造型,只有中央博物院特殊,是仿辽代殿宇式造型。

三是新民族形式的建筑。20 世纪 30 年代初期,中国近代建筑师中的一些有识之士看到传统建筑形式与现代技术、现代功能结合的矛盾,并且考虑到宫殿式建筑造价的昂贵,于是大胆探索了新民族形式的建筑。这和当代西方流行的新乡土派建筑思潮颇有某些相似之处。这类建筑一般采用现代建筑的平面组合与体形构图,并多半用钢筋混凝土平屋顶,或用现代屋架的两坡屋顶,但在檐口、墙面、门窗及入口部分则重点施以中国传统构件装饰,并辅以适当的传统花纹图案。在室内也采用类似的传统装饰。这种设计实际上是兼顾新的建筑功能需要与现代技术特点,又带有民族风格的一种尝试,当时也有人称之为"现代化民族形式建筑"。南京在 20 世纪 30 年代对这类建筑的探索处于全国领先地位,它已突破了单纯对传统形式的模仿而进入了创造的领域,其中有不少建筑至今仍不失为中国近代建筑史上的重要范例。比较有代表性的如赵深、童寯、陈植合作设计的国民政府外交部大楼(1933 年),由奚福泉建筑师设计的国民党大会堂(1935 年)、国立美术馆(1935 年)、新街口国货银行(1936 年),由建筑工程师杨廷宝设计的中央医院主楼(1933 年)、中央体育场一组建筑(1930—1933 年)、中山陵音乐台(1932 年)、紫金山天文台

① 国都设计技术专员办事处:《首都计划》,1929 年,第 33 页。

(1931—1934 年)等,尤其以外交部大楼最为典型。该幢建筑的设计指导思想既不完全抄袭西方样式,也并非一成不变地照搬传统的中国宫殿式做法,而是根据现代技术与功能的需要安排平面布局与造型,同时又具有中国传统建筑风格,以达到既有新民族形式又反映了时代特色。它为中国建筑的现代化与民族化作出了有益的探索,并对解放后民族形式建筑的设计产生过深刻的影响。

四是西方现代派建筑。20 世纪 30 年代中期,有不少留学归国的中国近代建筑师,他们受到西方现代建筑思潮的影响,也开始在南京做一些尝试,如原最高法院大楼(1933 年),就具有早期现代建筑风格。1935 年由华盖建筑事务所设计建造的实业部地质矿产博物馆,则完全是用钢筋混凝土结构建造的早期现代建筑。另外,还有李锦沛设计的新都大戏院(1935 年),杨廷宝设计的大华大戏院的立面(1935 年),梁衍设计的国际联欢社(1936 年),华盖建筑事务所设计的首都饭店(1932—1933 年)以及福昌饭店(1932 年)等。山西路、颐和路、北京西路一带新住宅区的现代花园洋房也是典型的西式建筑。

从上述建筑造型特点看,除了少数几座纯粹西方式建筑以外,大多数建筑物都体现出“中式为体、西式为用”的特点,即建筑外型采用中国传统民族形式或以民族形式为主,而其内部设施或建筑技术多以西式为主。这是南京与中国其他许多近代城市,特别是发展较快的一些租界城市不同的地方,比如上海、天津、青岛、大连等城市,西式建筑遍布全城,在新式建筑中几乎看不到中国传统式样建筑物。而在南京,既可以看到中国宫殿式与传统建筑形式的继续发展,也出现了对创造新民族形式建筑的探索;既可以看到西方古典建筑形式与殖民时期风格的移植,也涌现了一批中国杰出的建筑师在致力于发展西方现代建筑风格。这些几乎一应俱全的建筑风格,充分反映了南京文化中的兼容、开放的特色。

其次,近代建筑的大量出现,改变了南京城市的空间结构。自古以来,南京城市的中心部分主要是在城南沿秦淮河两岸。因此,城市建筑的精华也主要集中在那一带。而城北一带十分荒凉,即使在民国初期仍然是空旷地带,竹木田园,一派农村气象。从城南到城北如同从城市到乡下。1927 年以后,这种情况发生了巨大变化。这个变化首先来自中山路的开辟。为了迎接孙中山的灵柩来南京奉安,该大道对南京城市建设空间布局产生重要影响。它的出现一改以往城市建筑主要集中在城南的状况,开始沿着中山大道重点发展城北。许多拔地而起的近代建筑物主要分布在这条大道的两旁,形成了以新街口广场为中心并呈放射状分布的城市格局。特别是以往荒凉空阔的城北一带大兴土木,公共建筑、官员府邸相继兴建,呈现出了一派现代化都市的气息。

再次,反映了南京作为政治中心城市的特点。通过对南京近代建筑的考察不难发现,这些建筑主要集中在南京为国民政府首都的1927—1937 年间。据统计,近代南京建筑有 190 座,其中 157 座是1912—1937 年间建造或动工建造的,而在 1927—1937 年间建造的就达 131 座,占南京全部近代建筑的 68.9%。① 从建筑物的性质或者用途来看,它们或为中央政府机关的办公楼及附属机构,如铁道部、交通部、中央党部、外交部、监察院、行政院、考试院、立法院、首都最高法院、国民党大会堂、励志社、国民党中央党史陈列馆等;或为中央政府组织修建的公共建筑和大型纪念建筑,如中央医院主楼、国立美术馆、中央体育场、紫金山天文台、中央博物院、中山陵及附属建筑谭延闿墓、音乐台等;或为中央政府官员官邸、私宅,如小红山主席官

---

① 根据刘先觉等主编《中国近代建筑总揽 · 南京篇》统计得出,有年代不详者均不计算在内,中国建筑工业出版社 1992 年版。另据统计,《民国官府》收录民国建筑 63 处;《南京的建筑》收录了 28 处;《南京建筑志》收录了 68 处;《南京民国建筑》收录了 238 处。

邸、外交部长官邸、何应钦别墅以及山西路、颐和路等处私宅;或为外国使领馆,如苏联大使馆、英国大使馆、日本大使馆、比利时大使馆等。可以断言,如果不是因为南京是国民政府首都,这些建筑在当时是不会出现的。在这方面,城市发展缘于政治中心地位的确立,这一点体现得尤为突出。

第四章　教育体制的转型

在从传统向现代转型过程中,教育的现代化是一个至关重要的环节。近代以来,由于国家教育体制的改革与南京自身的特殊政治地位,南京的教育体制较为快速地完成了从传统向现代的转型,现代教育体制基本确立。那么,南京新教育体制的转型是如何完成的?它的现代化功效如何?这是本章主要探讨的问题。

第一节　教育体制的转型过程

南京教育体制的转型是从晚清开始的。此前,南京的教育体制完全以旧式的科举制度为中心,传统教育十分发达,有贡院、府学、县学(含社学)、书院、义学、私塾等。进入近代以后,随着西学的传入,中国传统教育的弊端也愈来愈明显。作为东南政治文化中心的南京得开放风气之先,加之,南京先后为中华民国临时政府所在地、国民政府首都所在地的得天独厚的优势,因此,南京率先实现了教育从传统到现代的转型。

一、新式教育的兴起

清末,随着国门打开,外国教会纷纷来华创办学校,同时,清王朝为缓和国内外矛盾,从19世纪下半叶开始,推行新政,改良教育,新式教育开始在中国出现。南京则成为全国较早兴新学的城市之一。

在新式教育体系中,小学教育是最重要的组成部分。清政府在1904年颁布的《奏定初等小学堂章程》中指出:“国民之智愚贤否,关国家之强弱盛衰。初等小学堂为教成全国人民之所,本应随地广设,使邑无不学之户,家无不学之童,始无负国民教育之实义。”明确规定:“今学堂开办伊始,虽未能一律齐设,所有府、厅、州、县之各城镇,应令酌筹官费,速设初等小学以为模范。其能多设者固佳,至少小县城内必设初等小学二所,大县城内必设初等小学三所,各县著名大镇亦必设初等小学一所。此皆名为初等官小学,以后再竭力督劝,渐次推广。”①

其实,早在1875年,法籍传教士倪怀纶(译名)在石鼓路天主教教堂始创小学。1884年,美国基督教北美长老会传教士李满夫人在汉西门四根杆子(现莫愁路)创办明德女子小学,后来由小学、初中发展为完全中学。随后又有一些教会开办了小学。但是教会学校由教会管理,清政府并不过问。

1902年,江宁府在南京创办了江宁第四模范小学堂(现大行宫小学)、上元高等小学堂、北区第十二小学堂(现天妃宫小学)。这些小学堂的创办是南京官办小学的开始。

1904年清政府颁布《奏定学堂章程》,称“癸卯学制”,规定初等小学学制5年,初等小学毕业后升入高等小学,高等小学学制4年,

① 《奏定初等小学堂章程》(1904年),璩鑫圭、唐良炎编:《中国近代教育史资料汇编·学制演变》,上海教育出版社1991年版,第292页。

小学堂设有修身、读经、习字、算学、体操、格致（自然研究）、图画和手工。高等小学堂还增加了农业和商业。江宁府（即南京）创办的第二模范小学、江宁第四模范小学带有示范性质，所设课程有国文、算术、修身、博物、历史、地理、音乐、体操等。清末，南京有小学18所。①

南京最早的中学堂也是由教会创办的。1888年，美国基督教美以美会傅雷·福开森于乾河沿举办私立汇文书院（现金陵中学），开始没有大学和中学之分，学制4年。1892年分为大学堂、高等学堂、中学堂、小学堂4级，学制均为4年，专收男生。1910年汇文书院与宏育书院合并为金陵大学，改中学堂为附中，简称金大附中、金陵中学。附中隶属大学，只设主任，校长由大学堂校长兼任。1917年，校董会调整体制，决定中学设校长，威尔逊（美籍）为首任校长。

1904年1月，清政府颁布《奏定中学堂章程》，规定："设普通中学堂，令高等小学毕业者入焉，以施较深之普通教育，俾毕业后不仕者从事于各种实业，进取者升入各高等专门学堂均有根柢为宗旨，以实业日多，国力增长，即不习专门者亦不至暗陋偏谬为成效。"②学制5年。南京的官立、私立中学堂多实行这一学制。南京最早的官办中学堂是1902年的江宁府学堂，其前身是文章书院。在课程设置方面，金陵中学最初仅设英文为主要课程，后来增加了中文、算学、音乐、体操、家政（女学堂设）等课程。江宁学堂所设课程有修身、经学、中国文学、外国语、历史、地理、算学、博物、物理、化学、法制及理财、图画、体操等12门。

1904年，南京兴办私立中学堂的风气很盛。这一年先后有私立

---

① 参见南京市地方志编纂委员会编：《南京教育志》，方志出版社1998年版，第178页。

② 《奏定中学堂章程》（1904年），璩鑫圭、唐良炎编：《中国近代教育史资料汇编·学制演变》，上海教育出版社1991年版，第317页。

钟英中学堂、私立旅宁第一女学、私立安徽旅宁公学等学校。1906年后,南京又兴起官绅举办女学之风。继旅宁第一、第二女学堂后,又有惠宁、毓秀、江宁八旗第一女学等。据学部统计,1909年,南京有中学堂20所,学生1,516人,教员180人,其中外籍教员8人。而到民国元年,南京只有官办、私立中学堂10所,其中官办3所,私立7所。①

与此同时,新式高等教育在南京也出现了。1889年,两江总督兼南洋通商大臣曾国荃在仪风门(今兴中门)创办江南水师学堂,这是近代南京最早的军事学校。1895年,两江总督张之洞为造就自强军的新式军官,在和会街创办了江南陆军学堂,同时为培养辖区铁路建设人才,在陆军学堂附设铁路专门学堂(又称矿务铁路学堂,鲁迅曾在该学堂读书)。1896年,张之洞在南京三牌楼同文馆基础上扩充成立培养外文人才的储才学堂。1898年,两江总督刘坤一奏准将储才学堂按大学堂定章改办为江南高等学堂。维新变法失败后,江南高等学堂停办,改为格致书院。在1896—1899年间,南京还先后建立江宁练将学堂、江宁武备学堂等。1901年8月,清政府迫于形势,颁布"兴学诏书",鼓励办学堂,并谕令全国一律将书院改为学堂。1902年4月,两江总督刘坤一邀请东南名流张謇、缪荃孙和罗振玉等商议筹办学堂。刘坤一上奏清廷,呈请在督署江宁办师范学堂。同年9月,刘坤一病逝。1903年2月,张之洞移督两江后,复奏清廷创办三江师范学堂获准,即开始筹建。这是中国近代最早建立的高等师范学堂之一,学堂主要培养中、小学教员。1905年改名为两江师范学堂暨两江优级师范学堂。1902年,钟山书院山长缪荃孙将该书院改建为江南高等学堂。1904年11月,两江总督魏光焘将

① 参见南京市地方志编纂委员会编:《南京教育志》,方志出版社1998年版,第365—366页。

格致书院改办为江南农工格致学堂，后易名为江南农工商矿实业学堂，后定名为江南高等实业学堂。1907 年，两江总督端方奏准在江宁府建立南洋方言学堂，培养涉外和翻译人才。同年，江南法政讲习所建立。1908 年，两江总督端方奏请将江宁省城旧仕学馆改建为两江法政学堂，1910 年，增设讲习科，定额 100 名，专门为造就速成法政人才，1911 年，又附设监狱专修科及中学经济科（参见表 4.1）。辛亥革命爆发后，由于战争的影响，清末以来南京地区所设立的高等学堂，除了金陵大学外全部停办。

表 4.1　清末南京高等学堂学科、学制情况表

学堂名称	建立时间	学科	学制
三江（两江）师范学堂	1902 年筹建	理化、农业博物、历史舆地、手工图画	优级师范本科 4 年、本科 3 年、速成科 2 年、最速成科 1 年
江南高等学堂	1902 年筹建	预科、本科；一类：政经、文商科；二类：医科；三类：理化、工农科	均为 3 年
江南高等实业学堂	1904 年	矿学、电学、应用化学	3 年
江南高中两等商业学校	1906 年	银行、税关专修科	
江南蚕桑学堂	1906 年	蚕学科、普通学科	
南洋方言学堂	1907 年	德文、法文两班，交涉、理财、教育等 3 科	5 年
江南法政讲习所	1908 年	法律、政治经济科	2 年
两江法政学堂	1908 年	正科、副科	预备科 2 年、专门科 3 年
	1910 年	增设讲习所	
	1911 年	附设监狱专修科、中学经济科	
金陵大学	1910 年	师范、华言、农林、医等 4 科	

资料来源：南京市地方志编纂委员会编：《南京教育志》，方志出版社 1998 年版，第 1027—1028 页。

此外,晚清政府还提倡设立民众补习学塾,同时,儿童的学前教育也初见端倪。1904年清政府颁布《奏定实业补习普通学堂章程》,规定:“设实业补习普通学堂,令已经从事各种实业及欲从事各种实业之儿童入焉;以简易教法,授实业所必需之知识技能,并补习小学普通教育为宗旨;然较之他种专施普通教育及专施实业教育之学堂不同,以各项实业中人其知能日有进步为成效。三年毕业。”①1905年,江宁府试办简易半日学堂,专门吸收贫寒子弟,不收学费,不限年岁。教育内容为“圣谕、识字、生计、健康、科学常识、家事及民众娱乐”。1907年,刘启勋等人在南京惜善堂内设商业补习夜馆,收容商业失学从业人员学习文化,学额40名,不收学费。这是我国较早出现的一所行业职工夜校。同年3月,江南法政讲习所成立。1909年,清政府颁布《简易识字学塾章程》,同年,端方奏请在江苏省城创设了罪犯习艺所、法政学堂、江宁省城塾师补习所。次年,江宁府辖的上元、江宁两县合办简易学塾8所,高淳、溧水、六合三县各办简易学塾两所。

1904年1月,清政府颁布的《奏定蒙养院章程及家庭教育法章程》规定:“蒙养院专为保育教导3岁以上至7岁之儿童”,②课程设置有游戏、歌谣、谈话、手技等内容。1905年,美国基督教会在南京畲清小学(今估衣廊小学)始创附设幼稚园。1906年,南京旅宁第一女学开办附设幼稚园,之后日本人小野八千代在南京弁敏女学也开设了幼稚园。

总之,清末南京兴起的新式学校完全不同于封建教育体制。所开设的课程西学占了很大比例,学制也是效仿欧美的新式学制。

---

① 《奏定实业补习普通学堂章程》(1904年),璩鑫圭、唐良炎编:《中国近代教育史资料汇编·学制演变》,上海教育出版社1991年版,第447页。

② 《奏定蒙养院章程及家庭教育法章程》(1904年),璩鑫圭、唐良炎编:《中国近代教育史资料汇编·学制演变》,上海教育出版社1991年版,第393页。

这种新式教育体制的兴起是南京教育体制从传统向现代转型的开始。

二、新式教育体制的初步形成

1912年元旦,中华民国临时政府成立,中国历史翻开了新的一页。中国资产阶级及其代表掌握政权以后,力图按照西方资本主义的模式来改造中国,其主要内容之一就是发展新式教育。同年9月,北京政府教育部成立,在蔡元培的主持下,制定和公布了新的教育宗旨,即"注重道德教育,以实利教育、军国民教育辅之,更以美感教育完成其道德"①。同时,确立了教育的基本政策和制度,并颁布了一系列教育法令,如《学校系统令》、《小学校令》、《中学校令》、《师范教育令》、《专门学校令》、《大学令》等,新教育法令和新学制的颁布,对旧的教育制度进行了比较全面的改革,使得近代新式教育体制初步确立。因此,曾为中华民国临时政府所在地的南京,新式教育体制在民国初期得以初步形成,并在许多方面处于全国领先地位。

1. *初等教育*

1912年9月,中华民国临时政府教育部颁布《师范教育令》和《小学校令》,规定:"女子师范学校于附属小学校外应设蒙养园,女子高等师范学校于附属小学校外应设附属女子中学校,并设蒙养园。""并得附设保姆讲习科",②"儿童达学龄后,应受初等小学校之教育。儿童满六周岁之次日起,至满十四岁止,凡八年,为学龄期。儿童未届学龄时,不得令入初等小学校。高等小学校之入学儿童,以

① 中央教科所教育史研究室编:《中华民国教育法规选编(1912—1949)》,江苏教育出版社1990年版,第1页。

② 《师范教育令》(1912年),中央教科所教育史研究室编:《中华民国教育法规选编(1912—1949)》,江苏教育出版社1990年版,第437页。

初等小学校毕业及与有相当程度者为合格。”①初等学制4年,高等3年。1915年7月,教育部公布《国民学校令》(1916年10月修正),对儿童入学年龄规定:“自满六周岁之翌日始至满十三岁止,凡七年为学龄。”②1922年,国民政府又颁布《学校系统改革案》,将学制系统分为初等、中等和高等教育。将幼稚教育纳入初等教育范围,规定“幼稚园收受六岁以下之儿童”③。

1917年冬,设在南京的江苏省第一女子师范学校开保姆传习所。次年3月,又附设蒙养园。1919年7月,南京高等师范学校幼稚园(今南京师范大学附属小学幼儿园)开办。1923年,东南大学儿童心理学教授陈鹤琴④腾出自己住宅的一部分办起了私立幼稚园,自任园长,招收12名幼儿入学。第二年,在住宅旁购地扩建新园舍,聘请东南大学讲师卢爱林为指导员,聘东南大学附属中学音乐教师甘梦丹为教师,同时还聘请东南大学教育科毕业生张宗麟为该园研究员,协助陈氏开展幼稚园的课程设置、教学原则和方法及设备等教育试验工作。1925年起,该幼稚园定为东南大学教育科试验幼稚园。这是我国第一所通过科学实验,以探索中国化幼稚教育道路为目的的幼稚园(今鼓楼幼儿园)。同年,私立明德女子中学也附设幼稚园。

南京的小学教育发展较快。其中,1918年创办的南京高等师范

---

① 《小学校令》(1912年),璩鑫圭、唐良炎编:《中国近代教育史资料汇编·学制演变》,上海教育出版社1991年版,第656页。

② 《国民学校令》(1916年10月修正),璩鑫圭、唐良炎编:《中国近代教育史资料汇编·学制演变》,上海教育出版社1991年版,第780页。

③ 《学校系统改革案》(1922年),璩鑫圭、唐良炎编:《中国近代教育史资料汇编·学制演变》,上海教育出版社1991年版,第991页。

④ 陈鹤琴(1892—1982年),浙江上虞县百官镇人,清华学堂毕业生,1914年公费赴美留学,获霍布金斯大学文学学士、哥伦比亚大学教育学硕士学位。1919年8月回国后,历任国立幼稚师范学校校长,南京高等师范学校教授,东南大学教授、教务长,鼓楼幼稚园园长。著作《家庭教育》、《儿童心理之研究》、《幼儿教育论文集》、《中国幼稚教育之路》等。

学校附属小学是全国较有影响力的学校。该校依据杜威的"从做中学"的教育理论，自一年级起试行设计教学法，将全校一个年级划为三个部分：一、二年级为低学年，三、四年级为中学年，五、六年级为高学年。中、低学年教学采取大单元设计法，将国语、算术、常识、工作、体育等科尽量联系在一起，以常识为中心，组成设计单元，引导学生去观察、联想，自发地决定学习目的和内容，在自己设计、自己负责实行的单元活动中获得相关知识和解决实际问题的能力。高学年则采取分科设计办法，以儿童对于各科的能力，分成四组，表示不同的程度，若学生成绩有提高者可随时升调，从而进一步提高学生学习的积极性。1920 年，杜威来中国访问，对该校的教学改革颇为赞赏，于是，设计教学的风气盛行一时。1923 年，南高师归并于东南大学，附属小学改称为国立东南大学附属小学。第二年，全国教育展览会在南京召开，由东南大学附小主持小学教育组展览事宜。该校参加展览的有：学校默读、算数、社会、自然各种测验，各种量表及各种研究的报告等 50 多类。东南大学附小的教育改革，对全省和全国小学教育均产生了很大影响。

1927 年 6 月，南京特别市教育局成立后，经市教育局接办的市立小学共 48 所。其中，江宁县市乡公立小学 3 所，江宁市立小学 38 所，代用小学 2 所，私立小学 5 所，学生 6, 814 人，教师 297 人。此外，还有私立小学数 10 所，私塾 1, 000 余所。①

2. 中等教育

1912 年 9 月，民国政府教育部颁布《中学校令》，规定："中学校以完足普通教育、造成健全国民为宗旨。"②规定学制为 4 年。1922

---

① 参见南京市地方志编纂委员会编：《南京教育志》，方志出版社 1998 年版，第 180 页。

② 中央教科所教育史研究室编：《中华民国教育法规选编（1912—1949）》，江苏教育出版社 1990 年版，第 338 页。

年11月颁布《学校系统改革案》,规定“中学修业年限6年,分为初高两级:初级3年,高级3年”,“初级中学施行普通教育,但得视地方需要,兼设各种职业科”,“高级中学分普通、农、工、商、师范、家事等科”,“中等教育得用选科制”。① 1913年,南京中学堂一律改称中学校。到1917年,所有中学校课程均为单科制,课程一律固定。1919年后,又增设选修科。1920年,南京高等师范学校附中,在廖世承主持下,试行“六三三”学制,即小学6年、初中3年、高中3年,并实行高中文、理分科(1923年,陶行知在私立安徽公学也实行分科制)。此后,分科制在南京推行,规定课程设置为:修身(高三改读伦理学)、国文、英语、历史、地理、算学、博物、生理卫生、物理、化学、法制、经济、书法、图画、音乐、手工、体操。高中文科,国文增加课时,并增开逻辑及文法;理科,大代数增加课时,并增开解析几何。1926年,金大附中第一任华人校长刘靖夫,改重英文一科为英文、国文、数学三科并重,将理科分为物理、化学两科,改宗教课为选修。1927年年初,南京有公、私立中学15所。②

3. 高等教育

1912年,临时政府公布的《壬子学制》、《大学令》、《专门学校令》等,规定高等学堂改称高等学校,分公立、私立,监督改为校长。规定高等教育机构有大学院、大学、专门学校和师范学校。允许私人设立大学和专门学校,这是我国首次在法律上确定了私立学校的地位。1912年9月,江苏公立法政专门学校在南京建立(1923年改为江苏法政大学),设法律及政治经济预科。1915年,南京河海工程专门学校创办,开设水利工程、土木工程科。1923年,江苏省第一工业

① 中央教科所教育史研究室编:《中华民国教育法规选编(1912—1949)》,江苏教育出版社1990年版,第43页。

② 参见南京市地方志编纂委员会编:《南京教育志》,方志出版社1998年版,第367页。

学校改为江苏公立南京工业学校。1924年，东南大学工科与河海工程专门学校合并成立公立河海工程大学。

这一阶段，在南京建立的比较著名的高等学校有三所：金陵女子大学、南京高等师范学校和国立东南大学。

金陵女子大学是由美国基督教会在南京创办的一所教会大学，于1913年组织创办。1915年9月，招生开学，首任校长为德本康夫人（美籍）。1916年，得到纽约州大学的承认，准予立案。1928年，德本康夫人辞职，校董会推选金女大首届毕业生、留美博士吴贻芳任校长。

南京高等师范学校建于1914年，由原来两江师范学堂校舍改设。该校是民国初期，继北京高师、武昌高师和贵州高师之后，我国最早成立的4所高等师范学校之一，校长先后由江谦和留美博士郭秉文担任。1915年，开设国文、理化两部及国文、体育专修科（该科为全国首创）。到1920年，建立文理科（"科"相当于学院），下设国文、英文、哲学、历史、地学、数学、物理和化学等8个系（"系"成为四年制本科标志，以此区别于2—3年制专科）。

国立东南大学是1920年在南京高等师范学校的工艺、体育、教育、农业、商业等专修科的基础上扩建成立的。这是民国初期继北京大学之后，我国建立的第二所国立大学。东南大学设文理科、教育科、农科、工科于南京，设商科单科大学于上海。1921年10月东南大学开学，郭秉文任校长。1923年6月，南京高等师范学校并入东南大学。东南大学由原来的四科扩大成为一所拥有文、理、工、商、农、教育科的综合性大学，成为东南地区的最高学府。全校职工200余人，学生1,600余名，①是全国规模较大、学科最全的一所综合性

① 参见南京市地方志编纂委员会编：《南京教育志》，方志出版社1998年版，第985页。

新型大学。当时,东南大学与北京大学齐名,公认“北大以文史哲著称,东大则以科学名世”。

4. 社会教育

民国初年,教育总长蔡元培竭力提倡社会教育,南京社会教育有所发展。

一是通俗教育。1915 年,教育部公布通俗教育讲演所规程、通俗讲演规则、通俗图书馆规程等,各地纷纷设立通俗教育会。1921 年南京设 4 所通俗夜校,1 所江苏省立南京通俗教育馆。

二是平民教育。“五四”前后,一些爱国进步知识分子,在“拥护民主”的口号指引下,通过开办平民学校,以增进平民知识,唤起平民自觉性。1920 年在欧洲办理华工教育的学者晏阳初回国后,大力提倡平民教育。1923 年,他与陶行知在国内倡导组织中华平民教育促进会,同年 6 月,陶行知、朱其惠等人在南京成立平民教育促进会,并召开“平民教育宣传动员大会”,试办平民教育,在南京东、南、西、北、中、下关 6 区,共设平民教育男校 19 所,女校 5 所,学员 1,643 人,聘请小学教员及教育界人士为义务教员。由陶行知、朱经农编《平民千字课》为课本,先后共办 3 期,学员 5,000 余人。[①] 1926 年,陶行知又在晓庄创办乡村师范,在燕子矶尧化门等处开展乡村教育运动。

三、新式教育体制的进一步完备

1927 年国民政府定都南京,为南京教育事业的发展提供了良好机遇。初等教育、中等教育、高等教育、社会教育均进一步扩大和完备。

① 参见南京市地方志编纂委员会编:《南京教育志》,方志出版社 1998 年版,第 1236 页。

1. 学校教育继续发展

初等教育成效颇为显著　1927 年后，在前一时期的基础上，南京的幼稚教育发展良好，在全国具有示范性。这与致力于幼儿教育的两位著名教育家的努力是分不开的，一位是前面提到的陈鹤琴，另外一位是陶行知①。陈鹤琴以鼓楼幼稚园为研究幼儿教育的基地，进行课程、设备、故事、读法等项实验研究。同时，他支持陶行知于 1927 年创办晓庄试验乡村师范学校，并任该校第二院（即幼稚师范院）院长兼指导员。自 1927 年起，在陶行知领导下，张宗麟、徐世璧、王荆璞、孙叔勋、戴自俺等人在南京晓庄师范学校附近的燕子矶、晓庄、和平门、迈皋桥创办了 4 所乡村幼稚园。这些幼稚园都以陶行知的生活教育理论为指导，以“教学做合一”的方法教育儿童，其中燕子矶幼稚园是中国第一所农村幼稚园，开辟了乡村幼稚教育实验场所。1926 年，陈鹤琴的《一年中幼稚园教学单元》在鼓楼幼稚园试行（见表 4. 2）。1927 年，在全市 14 所幼稚园试行。同年下学期，又开始在晓庄、燕子矶等乡村幼稚园推行，在 20 世纪 20 年代至 40 年代成为全国幼稚园普遍采用的教材（教会办的幼稚园除外，教会办幼稚园是采用欧美教材）。1928 年，陈鹤琴与张宗麟、甘梦丹参加并负责全国幼稚教育课程的草拟和制订工作，将鼓楼幼稚园和晓庄、燕子矶中心实验成果（教具、教材、教法、设备和幼稚生应有的习惯和技能的培养方法等）列为全国幼稚园的课程标准。1932 年 11 月 1 日，教育部颁发的《幼稚园暂行标准》就是以此成果为基础，此《标准》对我国幼稚园教育的发展起了重要推动作用。

---

①　陶行知（1891—1946），安徽歙县人，南京金陵大学毕业后于 1919 年赴美留学，先在伊利诺大学学市政，后进入哥伦比亚大学学教育，世界著名教育家杜威的学生。1916 年回国后，应聘于南京高等师范学校、东南大学，任教授、教育系主任、代理教务长等职务。

表 4.2　南京市鼓楼幼稚园年度教学单元(1935 年)

月份	单元名称
9 月	1. 我们的幼稚园;2. 欢迎会;3. 秋天的水果;4. 我们园里的花草树木。
10 月	5. 秋天的收割;6. 庆祝国庆;7. 雨和水;8. 水里有什么生物;9. 菊花开了;10. 秋天到了。
11 月	11. 检查体格;12. 旅行去;13;总理诞辰;14. 衣服的来源;15. 开恳亲会。
12 月	16. 冬天的御寒物;17. 怎样预防白喉;18. 下雪了;19. 动植物怎样过冬;20. 冬天的花;21. 水缸结冰了;22. 过新年。
1 月	23. 邮局做些什么事;24. 交通的方法;25. 放寒假了。
2 月	26. 我们开学了;27. 我们的小动物园;28. 常见的家畜。
3 月	29. 纪念孙中山先生;30. 怎样种树;31. 春天快到了;32. 放风筝;33. 纪念黄花岗烈士。
4 月	34. 庆祝儿童节;35. 春天的花;36. 蜜蜂的生活;37. 蝌蚪变青蛙;38. 种牛痘。
5 月	39. 养小鸡;40. 燕子来了;41. 鸟类的家;42. 蚕宝宝;43. 园内的果子熟了;44. 麦子收割;45. 恳亲会。
6 月	46. 蚕宝宝作茧;47. 美丽的蝴蝶;48. 可恶的蚊蝇;49. 夏天的卫生;50. 暑期到了。
7、8 月	放暑假。

资料来源:南京市地方志编纂委员会编:《南京教育志》,方志出版社 1998 年版,第 118 页。

与此同时,陈鹤琴等人还十分重视幼稚教育的研究。1926 年,陈鹤琴联合陶行知在南京发起组织中国幼稚教育研究会,第二年,改名为中华儿童教育社,陈鹤琴任理事长。这是全国最早的儿童教育研究组织,成立时仅有个人社员 47 个。到 1937 年,发展到全国有团体社员 34 个,个人社员 4000 多人,是当时全国最大的教育学术团体之一。中国幼稚教育研究会出版《幼稚教育》月刊(后改为《儿童教育》月刊),《新儿童教育》和《幼稚园教育丛刊》。1927年3月在《幼稚教育》的创刊号上,陈鹤琴发表了《我们的主张》一文。他说:"办幼稚教育,对幼稚园的培养目标,儿童应养成什么习惯、知识、技能、做人的态度不去研究,没有主张,今日抄日本,明日抄美国,抄来抄去是办不出什么好的教育来。"他提出适合我国国情和儿童特点的十五条办幼稚园的主张。这十五条主张的题目是:幼稚园要适应国情的;儿童教育是幼稚园与家庭共同的责任;凡儿童能够学的而又应当学的,我们都应当教他;幼稚园的课程可以用自然、社会为中心;幼稚园的课程既须预定,但临时得以变更;幼稚园第一要注意儿童的健康;要使儿童养成良好的习惯;幼稚园应当特别注意音乐;幼稚园应当有充分而适当的设备;幼稚园应当采用游戏式的教学法去教导儿童;幼稚生户外生活要多;幼稚园要多采用小团体的教学法;幼稚园的教师应当是儿童的朋友;幼稚园的教师应当有充分的训练;幼稚园应当有种种标准可以考查儿童的成绩。①

陈鹤琴曾请陶行知作中华儿童社社歌,歌词中有"发现小孩"、"了解小孩"、"解放小孩"、"信仰小孩"、"变成小孩",才能教育小孩。这体现了完整的儿童教育原则。在这期间,陶行知还发表了《创设乡村幼稚园宣言书》、《幼稚园之新大陆》和《如何使幼稚教育普及》等3篇幼教论文,坚决主张改革外国的、费钱的、富贵的幼稚园,建设省钱的、平民的、适合中国国情的幼稚园。1929年10月18日,陶行知成立了晓庄幼稚教育研究会,会员为晓庄各幼稚园的指导员,均为幼稚师范生、晓庄师范中的志愿幼教者及校外志愿者,每周活动一次,开展过"儿童卫生"、"儿童心理"、"解放儿童"、"未来的儿童教育"

---

① 参见南京师范大学、江苏省陈鹤琴思想教育研究会编:《陈鹤琴教育思想研究文集——纪念陈鹤琴先生诞辰100周年》,人民教育出版社1997年版,第22—23页。

等专题研究。这些为我国的乡村幼稚教育发展奠定了基础。

到1936年,南京幼稚园有24所(独立园3所,小学附设幼儿班21所),有幼稚生1,667名,教职员48名。①

在幼稚教育初见成效时,南京的小学教育也得到了进一步发展。1928年,大学院颁布《小学暂行条例》,规定:小学学制为6年,前4年为初级小学,后2年为高级小学。南京小学普遍实行这一学制。1935年5月,国民政府行政院修正通过《实施义务教育暂行办法大纲》规定:分期实施义务教育,"使全国学龄儿童(指6岁至12岁之儿童而言)于10年期限内逐渐由受1年制2年制达于4年制之义务教育"。② 要求各省市办理1年制、2年制短期小学,逐渐完成4年义务教育的普及。1936年7月修正的《小学规程》第4条规定:"为推行义务教育起见,各地并得设简易小学及短期小学。"③简易小学收受6足岁至12岁的学龄儿童,以初级小学为限,学制3年。短期小学收受9足岁至12足岁的失学儿童,学制为1年或2年。这样,南京的小学教育得到了快速发展。

由表4.3可见,南京市小学已由1928年的79所增加到1936年的231所,学级由286级增加到1,742级,学生人数由13,340人增加到79,372人。教职员人数1936年为2,190人(市立小学1,739人,公私立及代用小学451人)。④ 入学儿童约占学龄儿童86%。⑤

---

① 参见南京市地方志编纂委员会编:《南京教育志》,方志出版社1998年版,第80页。

② 中央教科所教育史研究室编:《中华民国教育法规选编(1912—1949)》,江苏教育出版社1990年版,第298页。

③ 中央教科所教育史研究室编:《中华民国教育法规选编(1912—1949)》,江苏教育出版社1990年版,第271页。

④ 参见南京市政府秘书处编印:《十年来之南京》,1937年,第31、34页。

⑤ 参见南京市地方志编纂委员会编:《南京教育志》,方志出版社1998年版,第181页。

不过,另据资料表明,似乎没有这样高的儿童入学率。据1936年2月学龄儿童调查统计结果,城区学龄儿童共有70,482人,入学儿童43,027人,占61.05%,失学儿童27,455人,占38.95%;乡区学龄儿童共有21,159人,入学儿童为7,680人,占36.3%,失学儿童13,479人,占63.70%。全市学龄儿童入学率为55.33%,失学儿童占44.67%。①

表4.3　南京市历年来市立、公私立及代用小学概况统计表(1927—1936年)

项别 \ 年份		1927	1928	1929	1930	1931	1932	1933	1934	1935	1936
市立小学	学校数	33	33	38	40	43	68	71	115	170	179
	学级数	181	194	226	274	316	430	514	707	1,267	1,451
	学生数	7,326	9,564	11,097	12,388	13,503	18,116	24,320	25,547	62,908	70,365
公私立及代用小学	学校数		46	47	46	63	42	51	56	57	52
	学级数		132	154	176	170	162	211	262	263	291
	学生数		3,776	6,076	5,645	5,412	5,681	8,336	9,896	10,079	9,007
备注	市立小学包括完全小学、简易小学、短期小学和乡区小学;幼稚园附设于市立小学,其学级数与学生数均并入市立小学;简易小学原称义务小学,1934年改为简易小学;1927年的公私立及代用小学没有统计。										

资料来源:南京市政府秘书处编印:《十年来之南京》,1937年,第30、31页。

中等教育以发展私立为主　1927年南京建市时,南京有中等学

---

①　参见秦孝仪主编:《革命文献》第93辑,"中国国民党中央委员会"党史委员会1980年,第278页。

校22所,市立中学只有中区实验中学一所,成立于1927年11月,是由江宁县立中学改组而成。成立之初,“仅破屋数间,教师四五人,学生四五十人,经费尤感困难”。① 另外省立男、女两中学,其余均为私立中学。鉴于这种状况以及考虑到南京市财政拮据的实际,为发展中学教育事业,南京市教育局便以重点发展私立中学来补市立中学的不足。并从1928年起,采取了一些措施鼓励私人办学,如:制定私校补助办法,促进私人办学;订立私校董事会章程,立案及取缔条例,加强管理,提高办学质量;规定私立教会中学应以中国人为校长。之后,南京私立中学教育有所发展。1932年,国民政府公布中学法、师范法、职业学校法。次年,教育部规定这三类中等学校应该分别设立,于是,1933年省立南京中学师范科及商科奉令停招新生,1934年起高中部改为完全普通中学,南京市立第一中学也在中学法公布后,成为“三三”分段普通完全中学。到1936年,南京市共有国立省立中学各1所,市立中学2所,私立中学24所,共计28所,班级285个,学生12,923人,教职员工1,003人。②

高等教育改革的尝试　1927年至1929年,南京国民政府对全国教育行政制度进行了改革,不再在行政院下设教育部,而代之以大学院(1927年10月成立),隶属于国民政府,裁撤省教育厅,归属各大学区,区内一切教育行政事宜均由大学校长全权处理。这就是“大学区制”。

1927年6月,教育部部长蔡元培呈文国民政府,请求变更中国的教育制度。他认为,中国近年来大学教育的纷乱和一般教育的萎缩,虽有多种原因,“而行政制度之不良实有以助成之”。他主张效

---

① 南京特别市教育局编印:《南京特别市教育局工作述要》,1930年1月,第11页。

② 参见南京市政府秘书处编印:《十年来之南京》,1937年,第25—26页。

仿法国教育制度,实行大学区制,即"以大学区为教育行政之单元,区内之教育行政事项,由大学校长处理之","大学应确立研究之制,一切庶政问题皆可交议,以维学问之精神"。同时,蔡元培还主持拟定了《大学区组织条例》等。国民党中央执行委员会在1927年6月7日的第102次会议上议决该条例"由国民政府核议施行"。根据《条例》,全国按各地的教育、经济及交通等情况定为若干大学区,每大学区设立国立大学一所,由大学校长综理区内一切学术与教育行政事宜。大学区设评议会,为该区立法机关;设秘书处,辅助校长办理区内行政事务;另设高等教育部、普通教育部和扩充教育部,分别掌管区内各级学校和各类教育。大学区制的计划首先在江苏、浙江两省试行。在江苏,决定裁撤江苏省教育厅,改设大学区,区内设立一所大学,统管全省教育。大学区设教育行政部(后改为教育行政院),全权处理本省范围一切教育财政事宜。国民政府明令将国立东南大学、河海工程大学、上海商科大学、江苏法政大学、江苏医科大学、南京工业专门学校、江苏省立第一农业学校、苏州工业专门学校、上海商业专门学校等江苏境内的专科以上的9所公立学校合并,改组为国立第四中山大学(因南京为北伐军攻克的第四座历史文化名城,为纪念孙中山而命名为第四中山大学),原省教育厅改为第四中山大学教育行政院,以江苏、上海为范围,由国立第四中山大学校长综合办理学区内由小学而中学而大学的一切学术与教育行政事宜。这是江苏高等教育体制的一次大改革试验,同时也是中国的一次高等教育改革试验。

第四中山大学的主校址设在原东南大学,共设9个学院,校本部设有文学院、哲学院、自然科学院、社会科学院、工学院、教育学院等6个学院;农学院设在丁家桥原农校旧址;在上海设有商学院和医学院,学校与省教育行政联为一体,校长为张乃燕。大学区设评议会,为本区立法、审议机关;设研究院,为本区研究专门学术的最高机关。

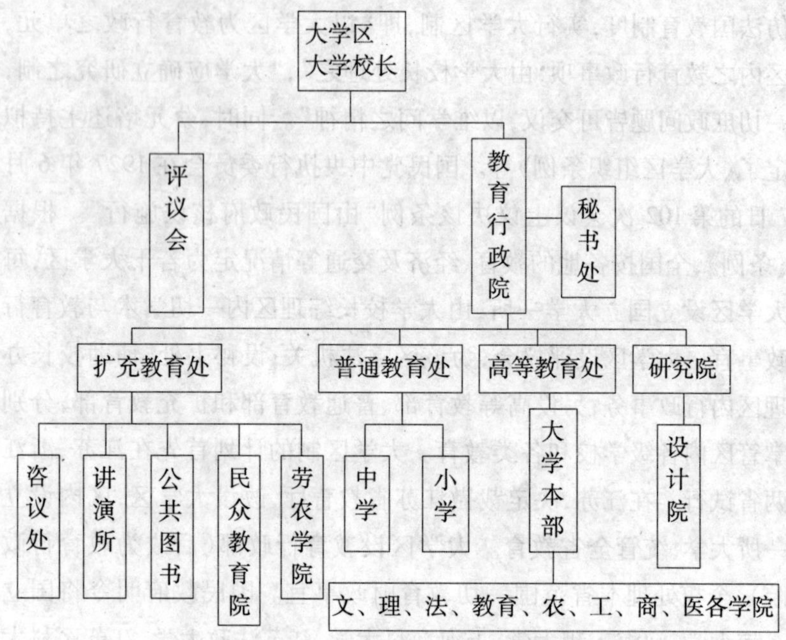

图 4.1　第四中山大学区组织系统示意图(1927 年)

行政机构设高等教育处、普通教育处、扩充教育处、秘书处。高等教育处协助校长处理大学本部事务并监督区内私立大学与私立专门学校暨留学事宜。

1928 年 2 月,国民政府议决《大学区条例》,国立第四中山大学改称江苏大学,但被学生反对。同年 5 月,改名为国立中央大学,吴稚晖任校长,但未到任,仍由张乃燕任校长。8 月,调整院系设置,改设文、理、法、教育、农、工、商、医等 8 个学院,40 个系科,合宁、沪、苏各学院共有专任教师 189 人,兼任教师 66 人,职员兼教员 211 人,在校学生 2,060 人。① 规模之大、学科之全、师资力量之雄厚,居全国

① 参见南京市地方志编纂委员会编:《南京教育志》,方志出版社 1998 年版,第 986 页。

各大学之首。

但是,大学区制遭到一些人的反对。早在1927年年底,第四中山大学中等学校联合会出于对大学区制的不满,就呈请国民政府确立"中等学校治标治本办法"。1928年6月,该联合会再次呈文国民政府,历陈大学区制的缺点,认为这种采用学术机关与行政机关合而为一的大学区制,只能使清高的学府变为政客角逐的场所,恳请设法变更。两个月后,该联合会又以大学区制"受政潮牵涉,经费分配不公,行政效率变低,影响学风,学阀把持学校"等为缘由,呈请国民党中央全会"主持公论,设法改进"。[①] 1929年6月,国民政府行政院决定大学区制停止试行,同年9月中央大学将省教育行政工作移交江苏省政府,恢复江苏省教育厅,国立中央大学不再担负大学区的行政工作。至此,大学区制宣告结束。

在20世纪20年代,国内掀起"收回教育权运动",即收回外国人在华所办学校的教育权。1925年11月,北京政府临时执政教育部公布《外人捐资设立学校请求认可办法》,规定:外人捐资设立各等学校,得依照教育部所颁关于请求认可之各项规则,向教育行政官厅请求认可;学校名称应冠以"私立"字样;校长须为中国人,如校长原系外国人,必须以中国人充任副校长;中国人应占学校董事会董事名额之过半数;学校不得以传布宗教为宗旨;学校课程须遵照部定标准,不得以宗教科目列入必修科。[②] 北京政府的这一政策,实际上是其后国民政府处理教会学校的基本原则。在一片收回教育权的呼声中,岭南、沪江、圣约翰、震旦、东吴法科等学校相继由中国人初步收回教育权。1927年11月,陈裕光出任金陵大学校长,他担任校长后

---

① 王德滋主编:《南京大学百年史》,南京大学出版社2000年版,第155页。

② 参见毛礼锐等主编:《中国教育通史》第5卷,山东教育出版社1988年版,第119—120页。

的第一件事就是向中国政府申请立案。1928 年 9 月 20 日,国民政府大学院以训令 688 号批准金陵大学立案,金陵大学成为第一个获准立案的教会大学。此后,金陵大学得到了新的发展,从初创时期仅有文科,数理化均附着于文科的状况,发展到 1930 年的"三院嵯峨,文理与林农"的格局。教职员也从 1926 年的 103 人发展到 1935 年度(当时的年度系从当年 7 月 1 日到次年 6 月 30 日)的 278 人,学生从 1926 年的 555 人增加到 1936 年春季的 767 人。① 1930 年金陵女子大学也向国民政府教育部立案,金陵女子大学因为不具备大学条件,改名为金陵女子文理学院。

到 1937 年年初,南京地区除了上述 3 所高校外,还有国立戏剧专科学校、国立药学专科学校、国立牙医专科学校、国立中央国术馆体育专科学校、国立中央政治学校等学校。

此外,南京的特殊教育开始于 1927 年。该年年初,南京特别市委派俞友仁主持普育堂,以普育堂收容的 13 名盲童和 1 名聋童为基本学生,筹建盲聋哑学校,同年 10 月开学。1929 年春,又增设哑科,正式定名为南京市立盲哑学校,是我国第一所公立盲哑学校。

2. 社会教育成绩显著

南京国民政府成立后,1929 年公布"中华民国教育宗旨及其实施方针",明确社会教育的目标和实施方案,即"社会教育,必须使人民认识国际情况,了解民族意义,并具备近代都市及农村生活之常识,家庭经济改善之技能,公民自治必备之资格,保护公共事业及森林园地之习惯,养老、恤贫、防灾、互助之美德"。② 其后,国民政府对社会教育的目标进行多次修正,并颁布了社会教育的各项法规,确定

① 参见张宪文主编:《金陵大学史》,南京大学出版社 2002 年版,第 60—61 页。

② 中央教科所教育史研究室编:《中华民国教育法规选编(1912—1949)》,江苏教育出版社 1990 年版,第 46 页。

社会教育经费，训练社会教育人才，举办民众教育实验区等。南京市的社会教育成绩也比较显著，主要采用的方式有：

一是开办民众学校。1927年后，南京的平民教育学校均改称民众学校。1928年12月，创办附设在民众教育馆或各学区小学内的民众学校，均为夜校制（后改称民众夜校）。

到1931年3月，除了设立兼任夜校外，并办专设民众学校（初名中心民校，后改民众学校），教职员均专任职，校务有识字班、社会活动、代笔问事及其他推广事业等（见表4.4）。

二是进行职业补习。除了进行识字等文化补习以外，南京还创办了公立、私立职业补习学校，进行一些职业培训。所学习的科目有速记、打字、商务等实用科目，如1933年，省市办初级职业补习学校1所，6个班，学生234人，教师14人，分商业、女子职业、速记打字3科，簿记会计、商业补习、电业补习3个班。1934年，南京市将市立初级补习学校、市立妇女职业补习学校合并，改为市立职业补习学校，设立中文打字速记、缝纫、商业广告、会计、保婴等5科，附设会计夜班。[①] 此外，尚有大量的私立补习学校。1935年10月至1936年10月登记的私立补习学校达31所，所学内容有国文速记、外语、算术、缝纫、无线电、汽车驾驶、会计、打字、医学、建筑等，学习期限有3个月、6个月、1年、2年不等。[②] 而据1936年度统计，私立补习学习增加至42所，有174个班级，教员249人（男教员211人，女教员38人），学生3,064人。[③]

---

① 参见南京市地方志编纂委员会编:《南京教育志》，方志出版社1998年版，第1237—1238页。

② 参见南京市社会局编印:《南京市二十三年度教育事业概况》，1935年10月，第69页。

③ 参见南京市社会局:《市立各学校教育发展状况统计表》（1936年），南京市档案馆藏，案卷号:1001—5—87。

三是创办民众教育馆。江苏省立南京民众教育馆是规模较大的一个。1912年筹备,1915年正式成立"江苏省立南京通俗教育馆",任濮祁为馆长。1928年,内部组织分设图书科学、艺术、推广、编辑、教学、事务7部,并且成立大中桥实验区。后来试行大学区制先后改为第四中山大学通俗教育馆、江苏大学通俗教育馆、中央大学通俗教育馆。1929年改为江苏省立民众教育馆。1930年8月,改为江苏省立南京民众教育馆。1932年3月扩充内部组织,改设科学、图书、艺教、教导、研究、总务6部,并于南京南郊西善桥设立乡村实验区。1933年2月起,又增设推广、设计、稽核及辅导4个委员会协同各部进行工作,并划定城东南为基本施教区域。该馆所办的事业较多,按照教育目标分为:语言教育、生计教育、公民教育、健康教育、家事教育等。另外,还特辟城市及乡村实验区各一处。城市实验区即大中桥实验区,开办民众夜校、流动教导、民众识字处、义务教导、阅报处、壁报、地方事业改进会、青年励志会、儿童幸福会、妇女进修会、清洁比赛、代笔处、询问处、抽调户主谈话等。乡村实验区即西善桥村民众教育实验区,办有民众夜校、茶园识字处、义务小学、流动教学等。

表4.4 南京市历届民众教育发展状况统计表(1928—1937年)

项别 届别	校数	级数	学生数	毕业生数	教员数	办理年月	所用经费(元)
第一届	47	54	2,502	1,365	115	1928年12月	2,910
第二届	47	52	2,492	1,259	81	1929年9月	8,568
第三届	46	49	2,156	1,233	54	1930年3月	8,598
第四届	44	46	1,949	1,058	49	1930年9月	7,684
第五届	43	48	1,896	1,127	53	1931年3月	9,585
第六届	35	46	1,778	1,014	50	1931年9月	8,768
第七届	41	51	2,357	1,446	49	1932年3月	9,760
第八届	41	47	2,125	1,185	52	1932年9月	9,137

届别＼项别	校数	级数	学生数	毕业生数	教员数	办理年月	所用经费(元)
第九届	22	34	1,575	970	40	1933年3月	9,904
第十届	28	44	1,971	1,493	53	1933年10月	12,918
第十一届	32	52	2,307	1,914	48	1934年3月	18,000
第十二届	39	63	2,737	1,965	59	1934年8月	21,360
第十三届	39	61	2,954	2,411	61	1935年2月	34,412
第十四届	61	89	4,399	2,634	136	1935年8月	47,664
第十五届	76	122	6,466	3,823	180	1936年2月	37,535
第十六届	165	313	14,977		330	1936年8月	60,000
第十七届	189	342	16,376		366	1937年2月	60,000

资料来源:南京市社会局:《市立各学校教育发展状况统计表》(1936年),南京市档案馆藏,案卷号:1001—5—87。

除上述三种社会教育外,还设有市立首都实验民众教育馆、市立八卦洲农民教育馆和燕子矶民众教育馆等。这些教育机关内一般设有生计、政治、语文、健康、家事、休闲、社会、农事等项教育目标。市立图书馆、市立九龙桥游泳场、教育电影等也属于社会教育的部分。

3. 私塾教育改良

私塾是中国封建社会民间私人开办的一种学馆。自春秋孔子开创私人讲学之风以后,私人讲学便成为中国封建社会教育的主要形式。南京从古代起就有私塾,在学校教育不普及的情况下,南京私塾遍及城乡各地。清末民初,虽然开始实行新的学制,但是私塾仍然大量存在。如1927年秋,南京市区有私塾710所,入学塾生15,502人①。实际上,塾所和塾童远远超过此数。据《一年来之首都市政》载,南京私塾"有一千余所,私塾学童,有三四万人,较学校学生数目

① 参见南京特别市教育局编印:《南京特别市教育局工作述要》,1930年1月,第45页。

之多,超过五倍有余”。[①] 相对于新式教育体制,私塾教育无论是教材、教法还是师资都大大落后于时代。如1928年3月调查,全市私塾共480所(实际上远不止此数),塾师480人,其中受过学校教育的只有1/3强,年龄在50岁以上者有159人,占33%。[②] 不过,由于新式教育还不能够完全满足社会需要,在短时间内根本取缔私塾不应该也不大可能。为此,南京市教育局采取一些改进办法,因势利导,使其起到弥补小学教育不足的作用。

一是检定塾师。即对私塾进行测试检定,合格者发给许可证。比如1927年12月举行第一届塾师检定试验,试验科目为作文一篇,笔算、珠算任选一项,另有常识。参加受试及格者有14人,加上暑期学校成绩优良者18人,免受检验者199人,共231人。[③] 他们于1928年1月领取了私塾许可证,同年2月又举行第一届塾师登记。

二是改良私塾教育。即颁发私塾暂行条例,规定塾师、塾舍、塾牌、塾训、塾教等项大纲,公布对私塾最低限度的规定,其中明确私塾之教育宗旨、办理方式、所用课本、应有设备及塾童应有活动之指导,另外规定塾童应养成的习惯、塾舍应有整洁等。

三是塾师的进修。即对塾师进行培训教育。主要有两种形式:一种是成立私塾教育研究会,凡是已经领取塾师许可证的,都必须入会。全市分为四区,各区每两星期开会一次,都在市立学校举行。每次开会,提出一个中心问题,由教育局派员指导。另一种是塾师讲习会,凡是没有获得塾师许可证的都必须报名入会,分区分期开讲,讲

① 南京特别市秘书股编译组编:《一年来之首都市政》,1928年12月,秦孝仪主编:《革命文献》第92辑,“中国国民党中央委员会”党史委员会1980年,第190页。

② 参见南京特别市教育局编印:《南京特别市教育局工作述要》,1930年1月,第46—47页。

③ 参见南京市地方志编纂委员会编:《南京教育志》,方志出版社1998年版,第69页。

习课目为党史、党义、教育原理、教学方法、教学管理、儿童心理、卫生常识、自然常识及国语等项，每期为一个月。

四是提出私塾学校化。1929年南京市政府提出“私塾学校化”的口号，并且制定一些具体措施促进私塾逐渐向学校转变，如设置巡回教师分赴各私塾示范；奖励津贴设备费，按照私塾的成绩分甲乙丙三等，每月分别给予津贴15元、10元、5元，并对各等级也有限制，甲级不得超过10所，乙级不得超过20所，丙级不得超过40所；归并最优良的私塾，改组为私立学校，1929年，就有10所私塾被归并为学校。

五是取缔不合格私塾。即按规定标准，逐年取消不合格私塾。

通过上述措施，南京的私塾数量明显减少，私塾教育质量有所提高。私塾由1928年的480所减少到1936年的289所(均指城区而言，不包括乡区)，学生也由13,557人减少到8,103人。[①]

4. 推广义务教育

1935年，国民政府提出义务教育计划，并且颁布了《实施义务教育暂行办法大纲》和《实施义务教育暂行办法大纲施行细则》等法规，规定：“在普通小学及短期小学已足收容当地学龄儿童之地方，凡身体健全之学龄儿童，应由所在地办理义务教育之机关，依其年龄及家庭状况，督令入普通小学或短期小学。”“凡应入学而不入学者，应对其家长或保护人，予以一定期限，必须就学之书面劝告。其不受劝告者，得将其姓名榜示示警。其仍不遵行者，得由县市教育行政机关请由县市政府处以1元以上5元以下之罚款。并仍限期责令入学。”[②]为了积极推行义务教育，南京市政府依照中央颁布的实施义

① 参见南京市政府秘书处编印：《十年来之南京》，1937年，第32页。

② 中央教科所教育史研究室编：《中华民国教育法规选编(1912—1949)》，江苏教育出版社1990年版，第300—301页。

务教育办法大纲及施行细则,制定了南京市实施义务教育暂行办法,将南京市义务教育的实施分为三期:1936 年 8 月至 1937 年 7 月为第一期,1937 年 8 月至 1938 年 7 月为第二期,1938 年 7 月至 1939 年 7 月为第三期。在上述各期中,凡所指定范围内的学龄儿童,都必须一律强迫入学,按照暂行办法规定,1936 年应该强迫 9 足岁至 12 足岁的失学儿童入学。但是由于南京市地域辽阔,失学儿童过多,整体强迫入学难度大,于是将南京市第三区划为实施义务教育的实验区。

同时,对成人施行强迫识字,主要方法就是增设民众学校。1935 年度的第二学期,试行强迫识字教育制度;1936 年度的第一学期,正式明令实施强迫成人识字教育,所有民众学校,民众夜校及新办之民众识字班,共增开 340 多个班,收容学生 15,000 余人,毕业人数达 12,000 人左右。①

总之,自清末至 20 世纪 30 年代中期,在国家的倡导和直接推动下,加上地方政府和民间的努力,南京教育基本上完成了由传统的以科举考试为中心的教育体制向以新式学校教育为主体、各种社会教育为辅助的现代型教育体制的转变。

第二节　教育的现代化功效评价

新式教育体制的确立,必然对南京城市现代化的发展产生积极的推动作用,如新式教育培养出新式人才的同时,也吸引着人才的聚集;作为中国农学的中心,农业科技成果的推广成效显著。但同时,也存在接受教育人数有限和教育结构不平衡等方面的不足与缺憾。

---

① 参见秦孝仪主编:《革命文献》第 93 辑,"中国国民党中央委员会"党史委员会 1980 年,第 7—8 页。

一、新式人才的造就与吸纳

新式教育为南京培养了大中小学师资和各类人才的同时，也吸引了来自其他省份的人才到南京从事教学、科研等工作，使南京成为人才荟萃之地。

首先，新式教育大大改善了大中学校的师资状况。下面以1935年南京市立、私立中学的师资为例：

表4.5　南京市市立及私立中等学校教职员资格统计表(1935年)

学校性质	学校数量	国外大学本科高师本科或专科毕业	国内师范大学及大学教育学院科系毕业	国内高等师范毕业	国内大学本科毕业	国内专门学校毕业	受中学师范学校教员检定合格	中等学校毕业	其他	总计
市立	4	5	15	9	27	20	12		17	114
私立	24	34	57	50	277	104	8	68	73	662

资料来源：《民国二十四年度南京教育》，秦孝仪主编：《革命文献》第93辑，"中国国民党中央委员会"党史委员会1980年，第271—273页。

从上表看，南京的中学教育师资状况良好，教职员大都受到新式学校教育，其中受过本科以上教育或有国外留学经历的占63%。不过，从这个统计表中尚看不出有多少教职员由南京本地培养，有多少又是来自其他省市。下面以私立金陵中学教职员的学历为例来了解一下这方面的情况。

表4.6　金陵中学教职员一览表(1933年6月)

毕业或肄业学校	金陵大学	中央大学	南京高等师范学校	金陵女子大学	南京之外的大、专校	中学	留学	不详	总计
人数	30	4	2	1	9	2	1	9	58

资料来源：《私立金陵大学一览·附中教职员一览》，1933年6月，第404—409页。

由表4.6可见,金陵中学的教职员半数以上是来自南京本地培养的高等学校毕业生,共计37人,占64%。在两名具有中学学历的教职员中,其中一名毕业于南京钟英中学。当然,金陵中学附属于金陵大学,其资金、师资要相对雄厚一些,金陵大学的毕业生任教于该校的数量占绝对多数也顺理成章。

东南大学的学生毕业后的去向也可以反映出在人才方面教育对社会的回报。1923年夏,东南大学大学部毕业5人,3人出国留学,1人留本校附中任教员;1924年夏毕业3人,1人出国留学,2人留本校任教员、助教;1925年夏毕业24人,其中有7人留本校任助教、教员或者技术员,占毕业人数的近30%;1926年夏毕业36人,其中12人留本校任助教等职,2人在科学社生物研究所(该所在南京)做研究员,1人在南京第一农校任教员,共计15人在南京工作,占总毕业人数的41%。①

总体上来看,高级人才的培养与吸收主要集中在高等学校与科研机构,这主要有两方面的原因:首先,南京有几所国内外著名的大学,比如在早期的两江师范学堂基础上创建的南京高等师范学校、在南京高等师范学校基础上创建的东南大学、在东南大学等学校基础上建立的国立中央大学都是当时国内规模较大的、一流的综合性大学。又如在汇文书院基础上创办的金陵大学是当时国内一流的教会大学,该校于1934年11月获得美国纽约州大学院区颁赠的毕业学位永久认可公文。此后,无须介绍手续,金陵大学即可以授予国际认可之证书或学位。② 另外还有金陵女子大学(后来改为金陵女子文理学院)等。这些大学及其附属科研机构不仅为国家培养了各方面

---

① 参见《东南大学大学部毕业生一览》,《南大百年实录》编辑组编:《南大百年实录》(上卷),南京大学出版社2002年版,第213—215页。

② 《金陵大学校刊》第139号,1934年11月19日。

的优秀人才,而且也荟萃了国内外各领域的一流人才。如在教育学方面有:陈鹤琴、陶行知、郭秉文、福开森、包文、陈裕光、吴贻芳、罗家伦等;在地理和气象学方面有:竺可桢、胡焕庸、张其昀、王庸、向达等;在生物学方面有:秉志、钱崇澍、胡先骕、陈桢、王家楫、王应睐等;在天文学方面有:高鲁、余青松、张钰哲等;在社会学方面有:柯象峰、王际昌、孙本文等;在农学方面有:郭仁风、乔启明、卜凯、过探先、罗德民、沈宗翰等;在文学方面有:刘国均、商承祚、陈登原、徐益堂、吕叔湘、陈恭禄、胡小石等。尚未列入的各学科知名人士还有很多,不胜枚举。下面是1923年国立东南大学教职员学历状况统计表:

表4.7　国立东南大学教职员学历一览表(1923年1月)

学历	留学	大学	高师	专校	中学	不详	外籍	总计
人数	62	19	37	49	16	34	3	220

资料来源:《南大百年实录》编辑组编:《南大百年实录》(上卷),南京大学出版社2002年版,第149—164页。

由上表可见,东南大学教职员学历在专门学校以上的有167人,占总数的75.9%。其中曾在国外留学者达62人,占28.18%。

金陵大学由于其特殊的教会背景,它的教职员中外籍教员(主要是美籍教员)占了相当的比例。如1918年,金陵大学112名教职员中,外籍教员为31人;1924—1942年间,在金陵大学工作的外籍教员有60人。①

其次,由于南京国民政府成立后,发展科技成为"国家政策",于是中央政府积极在首都所在地创办科研院所。这也是南京科研机构创办的特点,即科研机构主要由政府创办。较早建立的是中央研究

① 参见张宪文主编:《金陵大学史》,南京大学出版社2002年版,第410页。

院。1927年5月,中央政治会议议决成立中央研究院筹备处,推定蔡元培等为筹备委员,11月制定《中华民国大学院中央研究院组织条例》,改为国立中央研究院,1928年4月成立。中央研究院是直属于国民政府的全国最高研究机构,是当时全国规模最大、科研力量最为雄厚的研究机构。它的主要工作有两项:一是进行科学研究;二是指导、联络、奖励学术之研究。研究院先后设立物理、化学、工程、地质、天文、气象、历史语言、社会科学等研究所。除了物理、化学、工程三所设在上海以外,其他各所均设在南京。据统计,1934年,研究院研究暨办事人员共计380人,其中专任研究员62人,兼任研究员13人。①

当然,在其他部门和行业中,受新式教育的人员也越来越多。如政府机构中任职的官员大多接受过新式教育。②

但是,在较为显著的人才效应背后,南京还存在着严重的不足。主要表现为,高等院校数量少,培养的毕业生数量也十分有限。据1936年统计,全国有公私立大学、独立学院和专科学校110所,其中南京只有5所。由于南京为特别市没有省立院校的设立,但与其他城市如上海、北京相比,高等院校在数量上也很少。如上海有大学10所(国立大学3所、私立大学7所),北京有8所(国立大学4所、私立大学3所、省立大学1所),而南京只有2所(国立大学1所、私立大学1所);独立学院上海有11所,北京有5所,南京只有1所;专科学校上海有6所,北京有3所,南京有2所。在全国主要城市中,南京的高等院校数量不但远逊于上海、北京,也比不上广州和天津。广州有大学5所、独立院校3所,天津有大学1所、独立院校5所、专科学校1所。③ 虽然大学的多少并不能完全代表教育水平的高低,

① 参见《申报年鉴》(1935年),"学术",第4页。

② 参见本书第三章第二节"现代性市政机构的设置"中有关内容。

③ 参见中国第二历史档案馆编:《中华民国档案资料汇编》,第5辑第1编,"教育",江苏古籍出版社1994年版,第729页。

近代南京先后出现了几所闻名于国内外的高等学校，培养了许多高级优秀人才，但总体来说大学数量相对不多，毕业生数量也相对有限，反映了南京高等教育发展的不足。下面以民国时期南京的几所著名高校毕业生情况来看：

南京高等师范学校是南京较早有影响力的学校，是早期著名的全国四大高等师范学校之一，为南京培养了一批优秀的师资人才。比如1923年，国立东南大学的220名教职员中就有高等师范毕业的学生37人，而其中34人毕业于南京高等师范学校。但就是这样一个学校，在1915—1923年的8年里，也只有毕业学生779人。① 金陵女子大学在1919—1937年的近20年里，只有毕业学生450人。② 而以培养优秀人才闻名中外的金陵大学在近40年（1896—1934年）的时间里，也只培养了1,351名毕业生。③

相对于前几所学校而言，国立中央大学培养的毕业生数量似乎乐观一些。自1927—1937年它共培养学生22,181人，见下表：

表4.8　国立中央大学历年学生人数统计表（1927—1933年）

年度	1927	1928		1929		1930		1931		1932		1933	
	下	上	下	上	下	上	下	上	下	上	下	上	下
人数	1,421	1,961	1,769	1,921	1,606	1,818	1,663	2,146	2,514	1,537	1,405	1,244	1,176

资料来源：《南大百年实录》编辑组编：《南大百年实录》（上卷），南京大学出版社2002年版，第314页。

① 参见南京市地方志编纂委员会编：《南京教育志》，方志出版社1998年版，第1138页。

② 参见孙海英：《金陵百屋房——金陵女子大学》，河北教育出版社2004年版，第96页。

③ 参见南京大学高教研究所编写组编：《金陵大学史料集》，南京大学出版社1989年版，第212页。

从表4.8可见,国立中央大学毕业生数量远远多于前面的几所学校,但是如果考虑到它是在合并了9所高等院校的基础之上创建起来的全国规模最大的综合性大学,这个数字也就不算多了。

二、"墙内开花墙外香"——农业科技的推广

由于高级人才的培养与吸纳使得南京的科研事业较为发达。除数学等相对薄弱外,其他学科门类比较齐全,农学、生物学、天文气象学、地质学等学科,一直在全国处于领先地位。特别是农业研究极为发达,是当时全国唯一的农业研究中心,而这一成果的取得与南京的高校对农业科研的重视分不开。胡适曾说:"民国三年(1914年)以后的中国农业教学和研究中心是在南京,南京的中心先在金陵大学的农林科,后来加上南京高等师范的农科。这就是后来金大农学院和东南大学(中央大学)农学院。"①金陵大学的农林科创办于1914年,南京高等师范学校的农科成立于1918年,它们与中央农业实验所共同形成了民国时期中国农学的中心。

金陵大学自1914年农科成立以后,一直比较重视农业科学研究,在此任职的农学家先后有过探先、谢家声、戴芳澜、俞大绂、沈宗瀚等。1927年以前该院取得的主要科研成就有吴伟夫与钱天鹤合作改良的无毒蚕种、郭仁风育成的百万华棉、芮思娄培育的小麦26号、罗得民的水土冲刷及保持理论等。② 卜凯的《中国农家经济》、《中国土地利用》等著作,获得国内外好评。当然最重要的科研成就在农作物的改良、培育及其病虫害的防治研究方面。抗战前金陵大学农学院在南京地区有260余公顷的农林实验场,在外地又设有4

---

① 沈宗瀚:《沈宗瀚自述·中年自述》,传记文学出版社1984年版,《胡序》,第2页。

② 参见沈宗瀚:《中国近代农业学术发展概述》,沈宗瀚等编著:《中华农业史——论集》,台湾商务印书馆1979年版,第279页。

个分场,10 多个合作农场,这些农林场多数有 10 多年的工作积累。农学院的农事改进工作都在这些农林场完成,华中华北几乎每省都有金陵大学农学院的农事改进工作。另外还有植物病虫害的防治、森林学、园艺学、蚕桑学、植物学、水土保持等方面的研究也取得了一定成果。

中央大学农学院到 1935 年左右已成就卓著。在广泛研究中外农作物品种的性质、品性和遗传机制的基础上,培育了不少良种品系。此外还进行棉花、水稻的栽培技术,如肥料配施、株距行距及其水稻、小麦、玉米、大豆的病虫害研究与防治等。林业方面对森林病虫害的防治、各种林木的生长测定、树木种子发芽与生长等方面进行研究。并调查全国森林资源状况,采集林木标本。畜牧兽医方面对猪、牛、羊、鸡等进行研究,培育良种,研究病害防治方法。农业化学方面研究微生物在农产品上的作用、土壤与肥料关系及食物营养成分等。与金陵大学农学院相比更具特色的是进行农具改良,制造的改良农具有六寸单柄洋犁、六寸双柄洋犁、五齿中耕器、棉花条播机、小麦条播机等。

中央农业实验所更是集中了一大批农学家,包括金陵大学和中央大学农学院的教授和学生,广泛进行农业科学的良种培育、病虫害防治等,并积极进行全国农情调查。

由于中国当时面临的粮食危机和农村经济凋敝状况,科学家们便首先重视增加粮食产量问题。这样,农学研究就主要集中在农作物改良上。沈宗瀚①认为:“改进中国农业的程序,首先应该增加农

① 沈宗瀚:(1895—1980),浙江余姚人,作物遗传学家、农业行政管理学家。1914 年进入北京农业专门学校学习。1923 年自费赴美国留学,后转入康奈尔大学攻读作物育种,1927 年获博士学位。1927 年秋归国,任教金陵大学农学院。曾先后任金陵大学农学院农艺系主任、兼任中央农业实验所总技师与全国稻麦改进所麦作组主任、中央农业实验所副所长等职务。

业生产,而增加生产以改良品种入手最易。农民栽培改良品种,无须多用资金、肥料及劳工,而得产量的增加,在经济上言,为纯收益。农民得到这样实惠后,自易接受其他新法。政府与社会亦可由此而重视农业改良。"①因此,金陵大学农学院和中央大学农学院的农业研究成果也集中在改良和培育优良农作物品种上。其中,金大农学院培育的作物共有36个新品种,包括8大类主要农作物。其中棉花良种有:金大脱字棉、金大爱字棉、金大百万华棉、金大爱字棉949号、4号斯字棉、德字棉531号等;小麦优良品种有:金大26号、金大2,905号、金大宿县61号、铭贤169号、定县72号等;大麦有:金大开封313号、金大99号裸麦、金大南宿州1,963号、金大南宿州718号等;此外有大豆:金大332号;水稻:金大1,386号;玉米:铭贤金皇后、定县51号、金大燕京206号;高粱:金大开封2,612号、金大南宿州2,624号、金大燕京129号、定县33号;粟:金大开封48号、金大开封43号、金大燕京811号等。中央大学农学院培育的品种在棉作方面有脱字棉、爱字棉7号、爱字棉12号、爱字棉17号、孝感长绒、江阴白籽棉等;水稻方面培育有帽子头、东莞白、江宁洋籼等,其中帽子头较普通品种增产20%;小麦方面有江东门、南宿州、南京赤壳、武进无芒等。

研究成果的取得只是第一步,如果不转化为现实的生产力,则不能收到预期的效果。中央大学农学院、金陵大学农学院在取得科研成果的同时也大力进行推广,推广的范围十分广泛,几乎遍及全国,甚至在国外也有一定的影响。

① 沈宗瀚:《沈宗瀚自述·中年自述》,传记文学出版社1984年版,第25页。

表 4.9　中央大学良种推广统计表(1934 年度)　　单位:市斤

类别		江苏	浙江	安徽	江西	湖北	湖南	山东	四川	甘肃	河北	广东	总计
棉花	脱字棉	9,553	1,322	29	23	1,013	65	25	139	30	50		12,249
	爱字棉	8,964	12	17,029	38	1,413		25	39	30			27,575
	孝感长绒	65	15	33	13	403		12				25	541
	江阴白籽	167	15	34	18	13		20	40				307
	合计	18,749	1,364	17,125	92	2,842	65	82	218	60	50	25	40,672
小麦	南京赤壳	19,738	936	15	16	25							20,730
	武进无芒	2,886	11	15		16							2,928
	江东门	32,359	157	15	20	170							32,721
	南宿州	170	12	39		25							246
	合计	55,153	1,116	84	36	236							56,625
水稻	帽子头	101	65	16	15		15						212
	江宁籼稻	582		17	20			12					631
	东莞白	12		16	20			12					60
	合计	695	65	49	55		15	24					903

资料来源:《国立中央大学农学院概况》,1935 年 5 月,第 34—36 页。

注:上表不包括中央大学各农场就地大量推广者。

由上表可见,中央大学的良种推广遍及全国 11 个省,远及甘肃、四川,主要是在江苏、浙江、安徽一带。

金陵大学的农业推广是金大闻名的一个主要原因,曾任南京大学校长的陈裕光在其回忆金陵大学的文章中讲道,金陵大学的农学院"重在联系中国农业实际,不尚空谈。其中对推广一项尤为重视,师生足迹遍及全国 10 多个省的农村,受到各地农民的欢迎。各学科的教学、研究也卓有成效。金大校誉鹊起,闻名国内外,农科是一主要因素”①。金陵大学自1920年聘请美国棉作专家郭仁风来主持棉花品种改良工作,并设立棉作推广部,1924年成立农业推广系,1933年改为农业推广部。在全国的许多省份,如江苏、安徽、山东、河北等省均有金陵大学的农业推广人员进行推广工作。1927年以前,主要是开展宣传,如通过演讲会、展览会、实地试验和短期教育等方式引起社会各界的重视。1927年后,主要进行实地指导阶段,曾在河北通县、保定、昌黎、沧县等处及山东济南、潍县、泰安、德州等处指导用碳酸铜粉拌种子防治小麦、高粱、小米的黑穗病;在江苏武进、无锡、南通、江宁等县推广金大26号小麦及蚕种,并指导小麦、元麦黑穗病的防治方法;在安徽安庆、和县、合肥、繁昌等处进行金大26号小麦和棉花、玉米良种的推广工作。后来鉴于推广的地区过于分散,1930年起,将分散式推广改为集中在若干区进行有重点地推广。其中,最为有名的是在安徽和县创办的乌江农业推广试验区。1923—1949年(抗战中曾停止)间,金陵大学在该试验区对农作物进行全方位的改良,影响相当大。② 金陵大学的优良品种以沈宗瀚培育的小麦金大2905号最为有名,是当时中国以纯系选种方法育成的最优越的第一个新品种,被誉为“抗战前的中国绿色革命”③。1933年夏天开始推广,“此品种在南京镇江芜湖及临淮关一带极受农民欢迎,至二十六年(1937年)已广为种植。战时在四川亦大量推广种植,尤堪惊喜

① 陈裕光:《回忆金陵大学》,南京大学校友会编:《金陵大学建校一百周年纪念册》,南京大学出版社1988年版,第16页。

② 参见张剑:《金陵大学农学院与中国农业近代化》,《史林》1998年第3期;《农业改良与农村社会变迁——抗战前金陵大学农学院安徽和县乌江农业推广实验区研究》,章开沅等主编:《基督教与中国文化丛刊》第3辑,湖北教育出版社2000年版;马鸣琴:《吴江实验区成立前后》,金陵大学校友会编:《金陵大学建校一百周年纪念册》,南京大学出版社1988年版。

③ 沈宗瀚:《金大二九〇五小麦之育成》,沈宗瀚等编著:《中华农业史——论集》,台湾商务印书馆1979年版,第305页。

者,民国三十五年(1946年)夏我们自四川回到南京,看到此麦种植面积远多于战前,此由农民战时自动推广,莫谓农民无知识,不懂好坏也。"[①]1959年,农业部种子管理局出版的《全国农作物优良品种》一书中,金大2905号在江苏、安徽、四川(成都平原)、陕西(汉中、安康专区)、湖北(襄阳区)等省仍为推广的优良品种。此外,金大4197号小麦也被列入其中。[②]

由此可见,当时南京的农业科技的推广主要在南京以外,即表现为"墙内开花墙外香"的特点。当然,也不能否认"近水楼台先得月",即这些农业科研成果集中在南京,南京农村也同样受惠于这些先进的科研成果。"自近年外商中国纱厂联合会等,委托金陵大学试验美棉,上海面粉公会,委托东南大学试种小麦,两种试验场皆在南京,一般农民见其获利优厚,竞起试种,现南京太平门外,大部分农田,皆改种美棉及小麦矣。"[③]1936年10月,南京市社会局农村改进会为谋求繁荣农村经济,推广改良品种,增加农业生产,特与金大农学院签订为期三年的合作推广金大2905号小麦良种合同。合同规定:金陵大学农学院负责供给改良种子,其数额于每年度下种季节由双方洽定,价格可高出市价十分之一,售于该会指导下的农户;种子发芽率至少应在85%—95%之间;负责随时指导种植技术及进行田间和室内检验,并指导管理储藏室等设施。农村改进会负责劝阻所属农户不得选用其他品种小麦种子;负责办理组织合作社、贷款收买种子、囤积仓库等;负责办理改良种子需求数量增加时的运销办法等。[④]

---

① 沈宗瀚:《金大二九〇五小麦之育成》,沈宗瀚等编著:《中华农业史——论集》,台湾商务印书馆1979年版,第309—310页。

② 参见沈宗瀚:《金大二九〇五小麦之育成》,沈宗瀚等编著:《中华农业史——论集》,台湾商务印书馆1979年版,第310页。

③ 《南京农民试种美棉及小麦》,《中外经济周刊》第104号,1925年3月21日,第41—42页。

④ 参见《金陵大学校刊》1936年10月26日。

三、教育发展中的结构失衡

南京的新式教育从清末兴起到20世纪30年代基本确立,走过了从无到有、从小到大、从不完备到完备、从不系统到系统的历程,可谓成效显著。但是,在发展的过程中,仍然存在着诸多方面的失衡。

首先,在学校教育体系中,中等教育明显薄弱。中等教育是衔接初等教育和高等教育的桥梁,不仅起着承上启下的作用,而且对于人才的培养有着很大影响。特别是在高等教育尚未普及前,中等教育主要承担着对社会所需人才的培养任务。而南京的教育,特别是在民国时期,政府将重点放在初等教育上,对中等教育的投入十分有限,造成教育发展的严重失衡。以教育经费的分配为例:

表4.10　南京市立教育经费比例表(1928—1935年)　单位:万元

年度	市年支出经费总数	教育经费		初等教育		中等教育	
		经费	所占比例(%)	经费	所占比例(%)	经费	所占比例(%)
1928	399.91	25.78	6.45	24.28	94.18	1.50	5.82
1929	304.67	31.77	10.43	28.50	89.71	3.27	10.29
1930	440.57	39.54	8.97	33.75	85.36	5.79	14.64
1931	569.30	46.79	8.22	39.84	84.15	6.95	14.85
1932	460.81	55.87	12.12	48.50	86.81	7.37	13.19
1933	523.81	63.19	12.06	55.36	87.61	7.83	12.39
1934	665.05	75.78	11.39	67.65	87.27	8.13	10.73
1935	829.61	120.37	14.51	105.65	87.77	14.72	12.23
合计	4,193.73	459.09	10.95	403.53	87.90	55.56	12.10

资料来源:南京市地方志编纂委员会编:《南京教育志》,方志出版社1998年版,第1577页。

政府投入教育的经费只占全部财政支出的10%左右,其中85%

以上投入在初等教育方面,投入中等教育的经费还不到15%,最少时还不到6%。在这种情况下,政府鼓励民间私人创办中等学校以弥补教育之不足。于是中等教育主要是私立学校来承担。历年来,私立教育经费大大高于市立经费,有的年份私立经费是市立的10倍以上。见下表:

表4.11　南京市立、私立中等学校教育经费统计表(1927—1936年)

单位:万元

经费数＼年度		1927	1928	1929	1930	1931	1932	1933	1934	1935	1936
经费	市立	1.50	1.50	3.27	5.79	6.95	7.37	7.83	8.13	14.72	17.88
	私立	9.88	20.96	30.50	45.68	44.52	52.24	56.62	79.66	80.93	87.51

资料来源:南京市政府秘书处编印:《十年来之南京》,1937年,第27页。

一方面,由于政府资金投入不够,私立学校费用又贵,只有家庭殷实的人家才能够供得起孩子去读中学,大部分家庭望而却步。以金陵中学为例,1933年金陵中学的收费情况是:

学费:每学期高初中学生42元;宿费:每学期寄宿生10元;膳费:每学期寄宿生32元,午膳生13元;杂费:每学期6元;体育费:每学期3元;制服费:每学期10元(旧生有制服者免缴);医药费:每学期1元;试验费:每学期初中植物1元、动物1元、物理2元、化学2元,高中生物学2元、物理3元、化学4元;手工费:每学期2元;损失储金1元;代学生自治会收会费5角、校刊1元、徽章5角(徽章费旧生免缴);校工小洋4角。①

如果是一个寄宿生,一学期的费用约达120元,一年则是240元左右,这是一笔不小的费用。1930年时,南京工业工人的月工资最

① 《私立金陵大学一览·附属中学概况》,1933年6月,第366页。

高才30元,最低为6.5元,普通为10.8元。① 1932年时,南京市政府暨所属各机关职员月薪普遍在20—60元之间。② 显然,普通家庭是无法承受如此高额的教育费用。

另一方面,中学毕业生的前途黯淡,也是中学入学率低的一个重要原因。由于当时南京的工商业不发达,就业的机会并不多,出现毕业生供给过剩的现象,甚至"最高级的毕业生即留学生也不例外,中学毕业生的就业问题当然更为严重"③。

由于这些原因,南京市的中等教育学校相对于初等教育数量较少。1936年,南京市只有中等学校28所,而小学校有231所,是中等学校的近10倍。学校数量有限,接受中等教育的学生人数当然也远远低于接受初等教育的人数(见表4.12)。

表4.12 南京市历年市立小学、市私立中等学校学生数统计表(1927—1936年)

项别 \ 年份		1927	1928	1929	1930	1931	1932	1933	1934	1935	1936
市立小学		7,326	9,564	11,097	12,388	13,503	18,116	24,320	25,547	62,908	70,365
中等学校	市立	142	146	327	395	448	539	589	625	1141	1509
	私立	1,566	2,707	4,489	4,722	5,552	6,162	6,856	7,268	7,755	9,707
	总计	1,708	2,853	4,816	5,117	6,900	6,701	7,445	7,893	8,896	11,216

资料来源:南京市政府秘书处编印:《十年来之南京》,1937年,第27、30页。

---

① 参见《工商部编:国内主要个城市工业工人人数及工时统计表》,中国第二历史档案馆编:《中华民国档案资料汇编》,第5辑第1编,"财政经济(五)",江苏古籍出版社1994年版,第758页。

② 参见《南京市政府暨所属各机关职员月薪统计表》,《南京市政府公报》第100期,1932年1月31日,附录。

③ [美]吉尔伯特·罗兹曼:《中国的现代化》,江苏人民出版社2003年版,第372页。

虽然如此,南京的中等学校教育的普及在全国还算是较好的。据《第一次中国教育年鉴》统计,1930年,全国每万人中受过中等教育的人数平均为11.07,南京为132.62,位居第二,第一位的是上海,为212.95。①

其次,教育发展的空间失衡,即教育大多集中在城市,城乡教育差距扩大。集中表现在城乡儿童入学比例失衡以及各区识字率方面存在的差异。

表4.13　南京市城区、乡区入学失学儿童比较表(1935年)

项别/区别	入学儿童		失学儿童		总计	
	人数	百分比	人数	百分比	人数	百分比
城区	43,027	61.05	27,455	38.95	70,482	100
乡区	7,680	36.30	13,476	63.70	21,159	100
总计	50,707	53.33	40,934	44.67	91,641	100

资料来源:南京市政府秘书处编印:《十年来之南京》,1937年,第33页。

从儿童入学率来看,城区的儿童入学率为61.05%,而乡区儿童的入学率只有36.30%。小学教育如此,遑论中等教育和高等教育了。

在识字率方面,城乡差距也十分明显。见下表:

表4.14　南京市识字与不识字人数比例表(1933年)

区　别	总计人数	识字(%)			不识字(%)		
		男	女	合计	男	女	合计
第一区	124,503	44.17	5.26	49.43	21.17	29.4	50.57

① 参见吴相湘、刘绍唐主编:《第一次中国教育年鉴》(1934年)第4册,传记文学出版社1971年影印版,第125页。

区　别	总计人数	识字(%)			不识字(%)		
		男	女	合计	男	女	合计
第二区	81,295	41.24	9.4	50.64	19.98	29.38	49.36
第三区	94,391	36.66	14.18	50.84	25.44	23.72	49.16
第四区	119,577	27.36	7.89	35.25	29.06	35.69	64.75
第五区	138,464	21.21	8.31	29.52	39.03	31.45	70.48
第六区	55,272	17.95	4.36	22.31	45.27	32.42	77.69
第七区	75,536	41.45	17.24	58.66	19.67	21.67	41.34
第八区	31,836	22.73	0.57	23.3	37.05	39.65	76.7
八卦洲	5,257	7.27	0.23	7.5	53.03	39.47	92.5
合计	726,131	32.23	8.83	41.06	28.90	30.04	58.94

资料来源:根据建设委员会经济调查所统计课编辑:《中国经济志(南京市)》,建设委员会经济调查所1934年,第27页。

由表4.14可见,在全市九个区中,识字者比例超过不识字较多的是第七区,为58.66%;两者比例接近的是第一、二、三区,分别为49.43:50.57、50.64:49.36、50.84:49.16;八卦洲的文盲率则高达92.50%。从男女性别来看,则女性文盲人数远远多于男性。男性的识字率占全体男性的52.72%,文盲率为47.28%。而女性的识字率仅占总人口的8.83%,而不识字率则为30.04%。如果仅以女性计算,只有22.72%的人识字,而77.28%的女性是文盲。

再次,教育发展的失衡还表现在校男女生比例方面。尽管,国家教育法规明确规定男女有平等的受教育机会,但囿于传统观念、习俗等因素,女子受教育,特别是中等以上教育的机会还是很少。据1936年统计,市立各小学中男生42,698人,占60.68%,女生27,667人,占39.32%。① 而接受中等教育的人口中,女生数量又少一些。

① 参见南京市政府秘书处编印:《十年来之南京》,1937年,第34页。

据1936年统计，南京市中等学校中男生8,801人，占68.10%，女生4,122人，占31.90%。[①] 不过，南京的这种男女生比例失衡在全国来说还不算严重。以1930年的统计为例，南京中等学校学生为6,585人，其中男生5,240人，占79.57%，女生1,345人，占20.43%。全国中等学校学生为514,609人，其中男生424,223人，占82.44%，女生90,386人，占17.56%。[②] 南京中等学校女生所占比例高于全国平均水平。这大概与南京是首都所在地有关。作为首都，达官要人汇聚此地，高级官员大多受过新式教育，思想较为开明，愿意把自家的女孩子送到新式学校接受教育。因此，南京有为数不少的专门招收女生的女子学校。1936年时，南京有江苏省立南京女子中学、国立革命军遗族女校、中华女子中学、汇文女子中学、金陵女子文理学院附属高中、明德女子初级中学和首都女子附属中学等7所女子中等学校和金陵女子文理学院1所高等女子学校。

要想比较全面地对教育的现代化功效进行评价并非易事。上述所列的三个方面，也只是部分而已。教育在其他方面对现代化的影响也很明显，比如随着新式教育的扩大，形成了新知识分子群体，该新群体对传统的价值取向、道德规范、思维方式、生活方式都形成了强烈冲击，对整个城市社会的价值观、社会心理、生活方式等也产生着潜移默化的作用，并且成为社会发展的主导力量。此外，一个值得探讨的问题是：南京较为发达的教育对城市工业化的贡献却微乎其微。对这个问题的解答，要从教育与工业化的关系来看。中国的新式教育体制从西方引进，引进的主要原因是中国政府意识到传统教育在钻研科学技术方面十分薄弱，希望能够像现代化后起之秀日本

---

① 参见南京市政府秘书处编印：《十年来之南京》，1937年，第26页。

② 参见吴相湘、刘绍唐主编：《第一次中国教育年鉴》（1934年）第4册，传记文学出版社1971年影印版，第107页。

那样,通过采用工业化国家的教育体制而促进工业化。这其实是不切实际的愿望。因为研究表明,“19世纪90年代时,日本的技术教育似乎是在小规模、半传统的产业中发展起来,而不是工业发展的前提条件;至于英国,国家对科技教育的支持只是在工业化进程的高潮已经完成之后才出现的。中国的教育家们希望教育会导致工业化,可能本来就是因果倒置。”①当然这不是否认教育在积累和传播现代化所需要的科学技术知识和技能方面的作用,理想的情况是,“科学技术教育的规划应与经济当前的需要和预测的需求都能相适应,而不是或者落后于需要,或者培养出来的人才其水平是如此之高以至在当前的结构中无用武之地。”②南京的情况便是如此,一方面南京有著名的大学,有实力很强的科研队伍和成绩斐然的科研成果;另一方面,在经济领域的现代化,如工业、商业、金融等方面,并没有表现出明显的与其发达的科研相匹配的发展。这种不匹配的责任当然不在教育本身,而在于现代化的推动者们没有把教育与现代化的相互适应关系处理好。

---

① [美]吉尔伯特·罗兹曼:《中国的现代化》,江苏人民出版社2003年版,第378页。

② [美]吉尔伯特·罗兹曼:《中国的现代化》,江苏人民出版社2003年版,第378页。

第五章　社会结构和生活方式的变迁

城市现代化过程是一个影响极其广泛的社会变迁过程，它既包括城市政治、经济、教育的变迁，也包括城市社会结构和生活方式等诸方面的变迁。这种变迁一方面反映着城市现代化进程的特征，另一方面也推动或制约着城市现代化的进程。城市社会结构是指城市社会各要素之间稳定、持久的联系模式。它包括城市人口结构、经济结构和产业结构等。① 城市生活方式是指个人、社会群体和整个社会在一定的生活活动条件基础上，在一定的社会观念、价值观念指导下形成的各种比较稳定的生活活动形式的总和。② 它包括劳动生活方式、物质生活资料消费方式、精神生活方式以及闲暇生活方式等四个方面。在社会结构方面本章主要考察民国时期南京人口结构及与之相关的社会阶层和社会团体状况；在城市生活方式方面主要考察

---

① 参见向德平编著：《城市社会学》，武汉大学出版社 2002 年版，第 106—135 页。

② 参见青连斌：《城市生活方式》，江西人民出版社 1990 年版，第 5 页。

南京城市社会生活方式观念形态方面的变迁,而不对生活方式的具体指标进行量化分析。

第一节　人口结构与社会阶层的变动

城市存在的基本条件就是有一定数量的人口。人既是生产力诸因素中最活跃、最积极的因素,又是生产关系变革中最具决定性的因素,因此,研究城市社会结构首先要研究城市的人口结构。人口结构,是指按人口的不同标志,研究一定地区、一定时点的人口内部结构及其比例关系。① 人口结构按其性质可分为自然结构、地域结构和社会结构。人口的自然结构是按人口的自然特征将人口划分为各个组成部分而形成的人口结构,主要包括人口的性别结构和年龄结构,它是人口结构中最基本的部分。人口的地域结构指一定时点上人口空间分布状况,是按地域标志将人口划分为各个组成部分而形成的人口构成,包括人口的自然地理结构、人口的行政区域和城乡结构。人口的社会经济结构是按一定的社会经济标志将人口划分为各个组成部分而形成的人口构成,是人口社会属性的反映,主要包括人口的阶级结构、民族结构、文化结构、行业结构、职业结构、劳动力资源结构、婚姻家庭结构等。通过这些基本情况的分析,可以比较清楚地揭示出该地区人口群体的内在情况和发展规律。

民国南京的城市人口因为城市化进程的加快而急剧增加,人口结构也随之发生了一些根本性的变化,特别是在人口的自然构成和社会经济构成方面表现得尤为明显。

---

① 参见毛况生主编:《人口学原理》,中国财政经济出版社 1989 年版,第 70 页。

一、人口聚集:典型的移民城市

南京是一个典型的移民城市。从其古代历史上三次人口大变动看,其人口的增加主要是外来人口的涌入造成的。第一次是在六朝时期。东吴建都南京,吸引了大量人口到来:各地的行商大贾和拱卫京师的军户聚集南京,大江南北的世家豪族也定居南京。据《吴都赋》记载,当时住在城南长干里的大都是原籍会稽和吴郡的大姓。西晋、东晋之交,由于北方战乱不断,大量的北方人为避战乱,往往举族而南迁,“洛京倾覆,中州士女避乱江左者十六七。”①以后每当北方少数民族南侵时,北方汉民族就大批南下,像潮水一样涌入江南。东晋、南朝时大规模的人口迁徙就有7次,据谭其骧统计,当时江南有六分之一是北方人。② 第二次人口大变动发生在南宋时期,由于中原地区再次沦为异族统治,宋室南渡,同西晋末年一样,大批北方汉人追随宋室避乱江南,由于南京是六朝古都,南渡的北方人有相当部分定居南京。明朝定都南京以后,南京人口发生第三次大变动。明初,朱元璋为了遏制反明势力,巩固京畿地区的统治,将南京城原有居民迁至云南,同时,“取苏浙等处上户四万五千余家填实京师,壮丁发各监局充匠,余为编户。”③

进入近代以后,南京的人口又发生过两次大的变动。第一次是在太平天国运动期间,由于战争造成南京人口急剧减少。此后,由于外地人口的移入,又逐渐上升。第二次是1927年国民政府定都南京后,吸引了大量外来人口,使南京人口急剧增加。见表5.1:

---

① (唐)房玄龄等:《晋书》卷65,中华书局1974年版,第1746页。

② 参见谭其骧:《晋永嘉丧乱后之民族迁徙》,转引自郭黎安:《南京历史人口的变迁及其原因》,《南京社联学刊》1989年第5期。

③ (明)顾起元:《客座赘语》,凤凰出版社2005年版,第66页。

表 5.1　南京市历年人口统计表(1901—1936 年)

年份	人口	年份	人口
1901	225,000	1923	401,500
1910	230,000	1924	395,500
1911	267,000	1925	395,900
1912	269,000	1926	395,900
1913	269,000	1927	360,500
1914	377,120	1928	497,526
1915	368,800	1929	540,120
1916	378,200	1930	577,093
1917	377,549	1931	653,948
1918	376,291	1932	659,617
1919	392,100	1933	726,131
1920	392,100	1934	795,955
1921	380,200	1935	1,013,320
1922	380,900	1936	1,006,968

资料来源:王树槐:《中国现代化的区域研究——江苏省,1860—1916》,"中央研究院"近代史研究所 1984 年,第 495 页;叶楚伧、柳诒徵主编:《首都志》,正中书局 1935 年版,第 500—501 页;秦孝仪主编:《革命文献》第 93 辑,"中国国民党中央委员会"党史委员会 1980 年,第 226 页;南京市社会局编印:《南京社会》,1937 年 2 月,"人事管理",第 29 页。

根据上表统计,可以看出南京的人口在 35 年间增加了 4 倍多。其发展大致分成三个阶段:(一)从 1901—1912 年,11 年里城市人口增长近 4 万多人,增长速度十分缓慢。但也有学者认为出现这个统计结果是因为 1912 年的城市人口统计很不完全,同时又缺少 1913 年的人口统计数相佐证,认为很可能是海关将 1912 年的人口低估了①。另据

① 参见张仲礼等主编:《长江沿江城市与中国近代化》,上海人民出版社 2002 年版,第 386 页。

现代学者辑录的资料,1910 年南京的城市人口已经有 35 万人,①这就与 1914 年的统计数比较接近了。(二)从 1912—1927 年,城市人口平缓增长,平均年增长率在 1.6% 左右,中间有个别年份因人口的迁移而出现城市人口总数略有下降的现象。(三)1927—1936 年,城市人口进入增长较快阶段。10 年里,南京城市人口净增长 64 万多人。至抗争爆发前夕,南京的城市居民已经超过了 100 万人。人口密度每平方公里超过 2,100 人,年递增率为 14.2%,而此时其他省市人口平均年增长仅为 7.3%。②

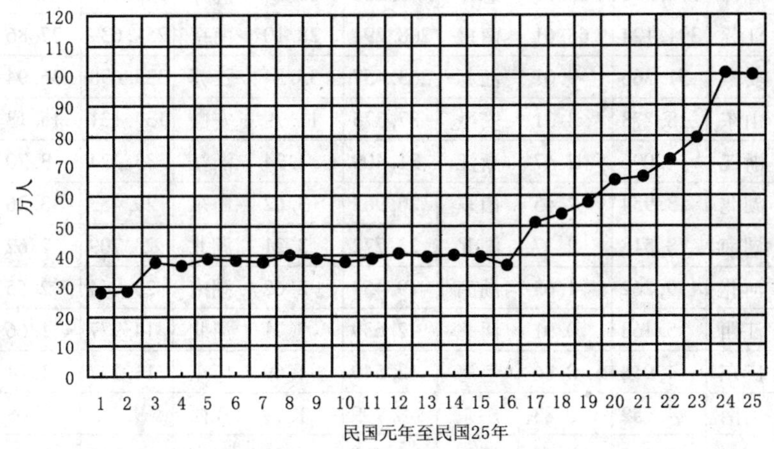

图 5.1 南京市历年人口曲线图(1912—1936 年)

上述的统计,尚看不出南京本籍居民和外籍移民的增减状况。下面通过人口籍贯的统计来看。由表 5.2 可见,南京市的在籍人口的籍贯几乎涵盖了全国所有省市,这种状况使其人口构成形成了明显的"客籍多于土著"的局面。由于在 1930 年的统计中,没有将南

① 参见姜涛:《中国近代人口史》,浙江人民出版社 1993 年版,第 341 页。

② 参见姜涛:《中国近代人口史》,浙江人民出版社 1993 年版,第 101 页。

京与江苏分开,无法考察籍贯为南京的人所占的百分比,但从1934年和1936年的统计来看,南京本籍居民所占比例呈略微下降的状况,分别为28.10%和27.6%,其余72%左右是非南京籍人,并且基本上表现出移民人数多寡与路途远近成正比的状况。

表5.2 南京市人口籍贯统计表

1930年			1934年			1936年		
籍贯	人口数	百分比*	籍贯	人口数	百分比	籍贯	人口数	百分比*
总计	570,072	100.00	总计	741,226	100.00	总计	945,544	100.00
江苏	391,124	68.61	南京	208,291	28.10	南京	251,639	27.86
安徽	51,366	9.01	江苏	263,457	35.54	江苏	333,698	36.94
山东	18,878	3.31	安徽	87,375	11.79	安徽	137,131	15.18
浙江	14,096	2.47	浙江	31,409	4.24	浙江	33,424	3.70
湖北	13,954	2.45	山东	26,962	3.62	山东	29,483	3.26
湖南	13,518	2.37	湖北	23,772	3.21	湖北	23,709	2.62
河北	9,262	1.63	湖南	19,454	2.62	湖南	23,064	2.55
江西	5,168	0.91	河北	12,639	1.71	河北	14,977	1.66
广东	4,918	0.86	上海	12,540	1.69	广东	11,227	1.24
河南	4,752	0.83	广东	8,799	1.19	江西	9,752	1.08
福建	2,613	0.46	河南	8,517	1.15	河南	7,710	0.85
四川	1,096	0.19	江西	8,472	1.14	福建	5,523	0.61
广西	813	0.14	北平	6,847	0.93	上海	4,003	0.44
贵州	726	0.13	福建	4,640	0.63	四川	3,492	0.39
云南	639	0.11	四川	2,813	0.38	北平	2,807	0.31
山西	632	0.11	广西	1,599	0.22	天津	2,755	0.30
陕西	437	0.08	山西	1,221	0.16	辽宁	1,563	0.17
辽宁	106	0.02	陕西	1,021	0.14	山西	1,474	0.16
吉林	44	0.01	云南	1,015	0.14	贵州	1,310	0.15
甘肃	42	0.01	贵州	993	0.13	陕西	1,234	0.14

1930 年			1934 年			1936 年		
籍贯	人口数	百分比*	籍贯	人口数	百分比	籍贯	人口数	百分比*
黑龙江	35	0.01	青岛	586	0.08	云南	1,207	0.13
宁夏	15		辽宁	604	0.08	广西	832	0.09
蒙古	14		甘肃	104	0.02	吉林	373	0.04
热河	11		吉林	123	0.02	甘肃	193	0.02
绥远	10		西康	63	0.01	青海	137	0.02
西康	7		蒙古	41	0.01	热河	124	0.01
察哈尔	6		西藏	67	0.01	西康	117	0.01
新疆	5		热河	34		绥远	87	0.01
青海	5		绥远	30		察哈尔	76	0.01
西藏	1		青海	28		黑龙江	67	0.01
未详	35,774	6.28	广东省特别区	21		蒙古	60	0.01
			黑龙江	19		新疆	55	0.01
			察哈尔	17		青岛	38	0.004
			宁夏	11		西藏	25	0.003
			威海卫行政区	2		宁夏	9	0.001
			未详	7,740	1.04	西京	7	0.001
						哈尔滨	1	
						未详	42,131	4.18

资料来源:首都警察厅编印:《首都户口统计》,1930 年;叶楚伧、柳诒徵主编:《首都志》,正中书局 1935 年版,第 503 页;首都警察厅编印:《南京市户口统计报告》,1937 年,第 12、32 页。

* 原资料处 1930 年、1936 年的百分数为小数点后三位,为统一起见作者将其四舍五入为小数点后二位。

以 1936 年为例,位居前六位的分别是江苏、安徽、浙江、山东、湖北、湖南,所占比例分别为 36.94%、15.18%、3.70%、3.26%、2.62%

和2.55%,合计占总数的61.63%。其中又以江苏和安徽占绝对多数,这两省就占总数的52.12%,若加上南京,则三省市的人口数占南京总人口数的近80%。由此可见,虽然民国时期南京的人口籍贯范围较广,但是人口的增长还是以吸收周边地区的江苏和安徽人口为主。

二、人口自然结构的分析

人口的自然结构包括年龄结构和性别结构。

城市人口的年龄结构指各年龄组人口在全部人口群体中的结构比例,从中可以看出该城市的人口自然增长趋势,以及在今后较长时间段里的劳动力供给情况。一般来讲,对年龄构成的分组以幼年(儿童少年)、青年、壮年和老年这四组为主要比较参数,在人口学中又常常将青年、壮年合称为劳动人口组。

英国人口学家宋德波提出了三分法人口发展准则来测定人口变迁的趋势。他认为:如果一个地区的儿童少年组人口(0—14岁)、青壮年组人口(15—49岁)和老年组人口(50岁以上)的比例为40:50:10,那么这种年龄构成所显示的该地区人口将属于前进型的自然增长,如果为33:50:17,属于稳定型自然增长,如果为20:50:30,则属于倒退型自然增长。① 按照这个理论,下面来看抗战前南京的人口年龄结构。

表5.3　南京市人口年龄构成统计表(1930、1936年)　　单位:人

年龄组	1930年男性	1930年女性	1930年总数	1930年%	1936年%
1—5岁	29,644	27,320	56,964	9.99	9.33
6—12岁	32,132	28,329	60,461	10.6	8.08

① 参见邹依仁:《旧上海人口变迁研究》,上海人民出版社1980年版,第55页。

年龄组	1930 年男性	1930 年女性	1930 年总数	1930 年%	1936 年%
13—20 岁	53, 284	30, 072	83, 356	14. 62	16. 25*
21—30 岁	72, 622	43, 036	115, 658	20. 11	20. 8
31—40 岁	58, 339	34, 703	93, 072	16. 35	20. 24
41—50 岁	39, 028	25, 956	64, 984	11. 4	13. 05
51—61 岁	21, 203	17, 845	39, 048	6. 85	7. 23
61—70 岁	7, 567	9, 514	17, 081	3	—
71 岁以上	1, 643	3, 098	4, 741	0. 83	3. 98**
不详	33, 505	2, 274	35, 779	6. 28	1. 04
合计	348, 927	221, 145	570, 072	100	100

资料来源：首都警察厅编印：《首都户口统计》，1930 年；国民政府主计处统计局编：《中国人口总量之统计分析》，正中书局 1948 年版，第 243 页。

*　原统计数为 11—20 岁组。

**　包括 61 岁以上所有老者。

由表 5. 3 可以看出，南京市居民中 20—40 岁的青壮年人口所占比例最高，在 38%—41% 之间。如果将 20 岁以下人口归入儿童少年组，20 岁以上归入成年组，那么南京成年人口与儿童少年的比例为 65∶35，如果再将儿童少年组中 16—20 岁人口也列入成年组，那么南京人口中成人所占比重就在 70% 左右了。按照宋波德的理论，南京的人口结构介于稳定型和前进型自然增长之间。对于这一理论，王树槐以 1970 年的印度和瑞士为例，指出：若就现代化而言，则愈现代化的国家，愈趋向退减型。若以图示之，增进型呈金字塔形状，而退减型则为柱形形状。① 南京的人口年龄结构恰恰呈一个金字塔形状（见图 5. 2）。

这种状况，一方面表明南京社会的现代化程度还很低，另一方面

① 参见王树槐：《中国现代化的区域研究——江苏省，1860—1916》，（台北）"中央研究院"近代史研究所 1984 年，第 460 页。

表明南京城市人口是以青壮年为主,劳动力资源十分丰富,这对城市经济发展比较有利。在中国其他大城市,特别是在沿海沿江大城市中,情况与南京差不多。如上海华界在连续 7 年(1930—1936 年)的统计中,青壮年组人口均占到全部人口比重的 38% 左右,武汉三镇也在 37% 上下。如果将 20 岁以下人口归入儿童少年组,20 岁以上人口归入成年组,那么上海华界成年人口与儿童少年的比例大致为 60:40,武汉三镇为 62:38;如果再将儿童少年组中 16—20 岁人口也列入成年组,那么这两座城市人口中成人所占的比重就完全可能提高到与南京相同的 70% 上下。①

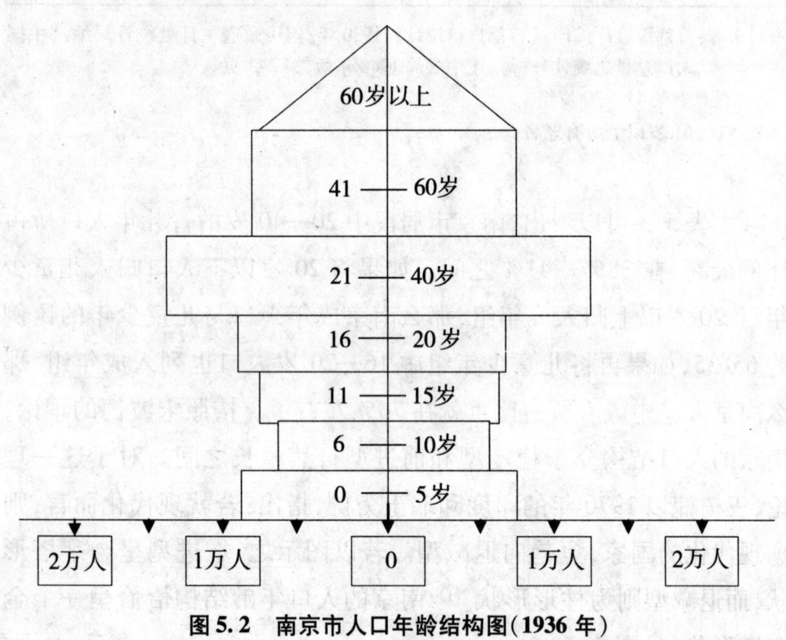

图 5.2　南京市人口年龄结构图(1936 年)

① 参见张仲礼等主编:《长江沿江城市与中国近代化》,上海人民出版社 2002 年版,第 411 页。

城市人口结构中的性别结构是指城市居民中男性对女性的数量比例，这种性别比通常是以女性为基数来统计的。正常情况下，一个地区出生人口的性别比是相对平衡的，一般以105∶100为中心上下小幅度波动。由于女性的平均生存年龄略高于男性，从而保障整体人口结构中的性别比基本平衡，有利于人口的稳定发展。旧中国在重男轻女封建意识支配下，各地或多或少地存在着溺死女婴的丑恶现象，使我国1949年前各地人口的性别比例一般具有男子比较多、女子比较少的趋向，城市人口中的性别比又普遍高于农村地区。城市人口中出现高性别比主要因为城市是政治、经济、文化中心，前往谋生者众多，乡下民俗也多是男子外出打工，到城市读书的学生十之八九也是男生，即便外出经商、做官者也多不带眷属。过高的性别比对城市居民的婚姻状况、家庭结构和生育问题等产生不利影响，甚至导致社会病态现象的滋长蔓延，造成严重的社会问题。

表5.4　南京市人口总数及性别比统计表(1929—1934年)

年份	人口总数	男性人数	女性人数	性别比
1929	540,120	326,842	213,278	153.20%
1930	561,443	344,305	217,138	158.60%
1932	659,617	402,542	257,075	156.60%
1933	726,131	443,903	282,228	157.30%
1934	777,230	475,621	301,609	157.40%
平均	652,908	398,643	254,266	156.60%

资料来源：立法院统计处编：《统计月报》第2卷第3期、第11期；国民政府主计处统计局：《统计月报》第15期。

上表中反映了南京市在1929—1934年5年中人口和男女性别比的变化。在这5年中，南京市的人口从54万余人上升到77万余人，净增23万余人，呈迅速增长的态势。男性数量增长大于女性。5

年中,男性增加了约14.9万人,女性则只增加了8.3万多人。

一般来说,在工商业比较发达的城市,人口性别比要高一些。如上海、天津、汉口等城市,工商业比较发达,男性比例较高。南京虽非工商业大城市,但为全国政治中心,大量军政人口以及附近农村的男性劳动力涌入,使城市人口的性别比大大高于一般的工商业城市。

表5.5 民国期间南京等八大城市人口和出生性别比 (单位:%)

市别	1933年出生性别比	1936年人口性别比	市别	1933年出生性别比	1936年人口性别比
南京	118.6	150.29	北平	108.6	160.18
上海	118.8	132.95	天津	140	141.47
杭州	122.2	147.29	青岛	112.5	145.9
广州	112.6	127.41	汉口	127.2	133.14

资料来源:杨子慧主编:《中国历代人口统计资料研究》,改革出版社1996年版,第1355页。

表5.5中的1933年八大城市出生性别比,反映了城市老居民户的生育状况,所以出生性别比普遍偏低。而从1936年八大城市人口性别比统计来看,只有广州稍低一些,其余城市均超过130%,其中北平最高,为160.18%,南京位居第二,为150.29%。

三、人口社会经济结构的变化

人口的社会经济结构,是社会经济长期发展的产物,受社会经济制度和有关方面条件的制约,同时,它也反映出一个地区社会经济的发展状况。下面通过分析民国时期南京的婚姻结构、职业结构、文化结构,来考察其社会经济发展状况。

婚姻状况是构成城市居民家庭生活的一项重要内容,其优劣程度与社会稳定、城市文明进步有密切关系。如果婚姻状况合理，则社会向良性发展，否则会引起早婚、买卖婚姻、嫖娼等社会问题的滋生蔓延，客观上也造成性犯罪和拐卖妇女儿童等犯罪率的上升，对城市发展产生很大阻碍。

民国时期，我国《民法》规定的结婚年龄为“男满十八岁女满十六岁”，由于传统的早婚习俗，实际的婚姻年龄要早些。如1936年统计，南京在11岁至15岁年龄组内，有已婚及鳏寡人数1,106人。[①]鉴于此，南京市1936年统计婚姻状况时是自11岁起算，见下表：

表5.6　南京市11岁以上人口婚姻状况百分比(1936年)

婚姻状况	人口数			百分比		
	共计	男	女	共计	男	女
总计	630,861	360,627	270,234	100.00	100.00	100.00
未婚	185,429	129,576	55,853	29.39	35.93	20.67
已婚	414,765	221,492	193,273	65.75	61.42	71.52
鳏寡	30,523	9,461	21,062	4.84	2.62	7.79
离异	144	98	46	0.02	0.03	0.02

资料来源：首都警察厅编印：《南京市户口统计报告》，1937年，第48页。

从上表可见，除年龄及婚姻状况未详者不计外，1936年南京市11岁以上人口共计630,861人，其中未婚者185,429人，占29.39%；已婚者414,765人，占65.75%；鳏寡30,523人，占2.62%；离异144人，仅占0.03%。因此，已婚者的比率较未婚者高出许多，如果以男女两性相比较，则女性方面尤为显著，男性为61.42%，而女性为71.52%。而“鳏寡所占比率与他地无甚悬殊，离异比率特低，此在新兴之大都市，尤属于仅见也”。[②]

① 参见首都警察厅编印：《南京户口统计报告》，1937年，第47页。
② 首都警察厅编印：《南京户口统计报告》，1937年，第48页。

当时,欧美各国都以15岁以上为可婚年龄,我国各地也基本采用这一年龄来统计可婚人口的婚姻状况,即以16岁为最低年限。见下表:

表5.7　南京市可婚人口婚姻状况百分比(1936年)

婚姻状况		总计	未婚	已婚	鳏寡	离异
人口数	共计	551,761	107,705	413,395	30,517	144
	男	315,921	85,107	221,256	9,460	98
	女	235,810	22,598	192,139	21,057	46
	相差	+80,840	+62,509	+29,117	-11,597	+52
男女合计百分比	共计	100	100	100	100	100
	男	57.26	79.02	53.52	30.99	68.06
	女	42.74	20.98	46.48	69.01	31.94
	相差	+14.52	+58.04	+7.03	-38.02	+36.12
男女分计百分比	共计	100	19.52	74.92	5.53	0.03
	男	100	26.94	74.04	2.99	0.03
	女	100	5.98	81.47	8.93	0.02
	相差		+20.96	-11.43	-5.94	+0.01

资料来源:首都警察厅编印:《南京市户口统计报告》,1937年,第48页。

由上表可知,南京市可婚人口共计551,761人(未详者不计),其中男占57.26%、女占42.74%,相差14.52%。在男女合计之百分比中,未婚男性占79.02%、女性仅占20.98%,相差58.04%,表示男性的婚姻状况比女性差,即"女嫁易而男婚难"。虽然已婚男性53.52%、女性46.48%,但是因性别比例特高,所以在男女分别统计时,仍显出已婚男性低于已婚女性的状况。

城市人口的职业结构是指全部就业人口中从事各类职业的人口结构。一定时期的人口职业构成受当时的社会政治、经济、文化等因素的制约，尤其受到经济发展水平和生产力水平的制约，同时，也是反映社会现代化程度的主要指标。如忻平指出的，“前资本主义的职业造就了传统人，现代人则因现代职业而不断丰富和完善自己的现代人格与现代属性。”①“士农工商”是建立在以农为本的中国封建经济结构之上的基本职业结构，延续了近2000年。所谓“凡民有四，一曰士，二曰农，三曰工，四曰商。论民之行，以士为尊，农工商为卑。论民之业，以农为本，以工商为末”。这种职业结构既反映了封建经济结构下的农本思想，又有极浓厚的封建身份等级制度色彩。在传统的封建城市中，手工业和商业都是依附于农业的副业生产和流通手段，即使已经在城市经济中占了相当地位，城市居民中以农业为生的仍不在少数。

城市现代化的本质之一就在于促进农业人口向非农业人口转化，并推动传统手工业和商业向资本主义嬗变。西方资本主义经济侵入中国后，古老的“士农工商”基本职业结构受到冲击，新的职业由此首先在城市租界里产生，继而出现在整个城市的经济生活之中，如工程师、技师、技术工人、会计师、银行职员、新式学校教师、医生、护士、律师、作家、编辑、记者、警察等。各种新型职业渐次出现，而且日益专门化和社会化。与此同时，传统职业日趋萎缩。据1929—1933年全国36,400户农家迁徙人口的职业百分率调查，从事农业者仅占6.7%，非农业者占62.7%强，农业兼非农业者占28.6%。② 民国时期南京市的职业状况也反映出职业结构的这种新变化。

① 忻平：《从上海发现历史——现代化进程中的上海人及其社会生活》，上海人民出版社1996年版，第81页。

② 参见乔启明：《中国农村社会经济学》，商务印书馆1945年版，第142页。

表 5.8　南京市职业统计表(1930 年)

性别 类别	男	女	合计	百分比
党务	1,087	78	1,165	0.21
农林界	5,561	1,557	7,118	1.26
畜牧	87	4	91	0.02
渔业	702	57	759	0.13
工界	57,828	8,087	65,915	11.72
商界	52,120	1,349	53,469	9.50
学界	6,665	1,198	7,863	1.40
军界	20,960	16	20,976	3.73
警界	5,801	24	5,825	1.04
政界	10,969	98	11,067	1.97
新闻界	437	6	443	0.08
法界	1,091	48	1,139	0.20
医师	1,065	139	1,204	0.21
工程师	109	2	111	0.02
小贩	16,309	1,566	17,875	3.18
苦力	22,681	1,029	23,710	4.21
伶界	508	327	835	0.15
用人	28,916	12,953	41,869	7.44
稳婆	—	58	58	0.01
其他	2,917	5,357	8,274	1.47
无业	106,179	186,697	292,876	52.05
合计	341,992	220,650	562,642	100

资料来源:首都警察厅编印:《首都户口统计》,1930 年。

在表 5.8 中将南京的职业划分出 16 个职业类别,其中占前五位的是工界、商界、佣工、苦力和军界,所占百分比依次为 11.72%、

9.50%、7.44%、4.21%和3.73%。

1933年6月行政院公布了职业分类，将业别和职别分开，将业别分为农业、矿业、工业、商业、交通运输业、公务、自由职业、人事服务及无业九大类，与世界各国的大分类大致相同。业别人口，指各类中所容纳的人数。职别人口，指实际担任各类该职务的人数。这种分类比表5.8的分类更加精细。表5.9便是按照这一分类进行统计的。

表5.9　南京市职业分类统计表（1934年6月）

类别		男	女	合计	百分比
农业		10,961	5,124	16,085	2.17
矿业		181	2	183	0.03
工业	工厂工业	12,357	3,808	16,165	2.18
	小工业	24,768	4,007	28,775	3.88
	手工业	28,033	16,657	44,692	6.03
	合计	65,158	24,474	89,632	12.09
商业	贩卖	39,019	6,020	45,039	6.08
	经理介绍	2,065	109	2,174	0.29
	金融保险	1,769	27	1,796	0.24
	旅馆饭店	6,481	1,040	7,521	1.01
	理发	5,043	313	5,356	0.72
	其他	23,173	6,364	29,537	3.99
	合计	77,550	13,873	91,423	12.33
交通运输	通信	2,539	29	2,568	0.35
	运输	8,782	38	8,820	1.19
	拉人力车	28,508	144	28,652	3.86
	合计	39,829	211	40,040	5.4

类别	性别	男	女	合计	百分比
公务	党	1,691	135	1,826	0.25
	政	16,714	513	17,227	2.32
	军	28,491	82	28,573	3.86
	警	4,793	45	4,838	0.65
	合计	51,689	775	52,464	7.08
自由职业	教育学术	3,660	1,186	4,846	0.65
	文艺	707	81	788	0.11
	医	1,128	214	1,342	0.18
	律师	128	—	128	0.02
	工程师	175	—	175	0.02
	新闻	667	12	679	0.09
	宗教事业	1,288	394	1,681	0.23
	其他	3,751	1,955	5,706	0.77
	合计	11,504	3,841	15,345	2.07
人事服务	家庭管理	6,175	105,593	111,768	15.08
	侍从佣役	28,320	22,825	51,045	6.89
	合计	34,495	128,218	122,813	21.97
未详		7,324	416	7,740	1.14
总计		298,691	177,034	475,725	67.18
无业	失业	9,118	3,249	12,367	1.67
	学生	39,474	12,142	49,616	6.69
	老弱残废	87,531	71,903	159,434	21.51
	其他	21,249	22,835	44,084	5.95
	合计	155,372	110,129	265,501	35.82
	人口总计	454,063	287,163	741,226	100

资料来源:叶楚伧、柳诒徵主编:《首都志》,正中书局1935年版,第502页。

据表5.9的统计,在全市职业人口中,从事人事服务的有12万余人,占城市人口总数的21.97%,在各种职业人口中所占的比例最高;其次是从事商业行业的有9万余人,占12.33%;两者合计达21万余人,占职业人口总数的34.40%。在政府党政军警各机关任公务人员的有5万余人,占7.08%,工业人数虽有9万人,但若除去手工业和小工业,则工厂工业的人数只有不到2万人,只占总职业人口的2.18%。这种职业结构从1936年的统计中看,基本没有多大改变。

表5.10　南京市职业统计表(1936年)

业别	人数			百分比		
	共计	男	女	共计	男	女
总计	916,775	545,488	371,287	100.00	100.00	100.00
农业	39,328	32,068	7,260	4.29	5.88	1.96
矿业	217	215	2	0.02	0.04	—
工业	57,862	55,136	2,726	6.31	10.10	0.73
商业	163,092	157,418	5,674	17.79	28.86	1.53
交通运输	28,529	28,210	319	3.11	5.17	0.09
公务	80,215	78,942	1,273	5.75	14.47	0.34
自由职业	20,255	16,591	3,664	2.21	3.04	0.99
人事服务	203,651	15,065	193,586	22.76	2.76	52.14
无业	318,626	161,843	155,783	34.76	29.67	42.22

资料来源:首都警察厅编印:《南京户口统计报告》,1937年,第52页。

由表5.10可见,在全市职业人口中,从事人事服务的有20万余人,占职业人口总数的22.76%,在各种职业人口中所占比例最高;其次是从事商业行业的有16万余人,占17.79%;两者合计达36万余人,占职业人口总数的40.55%;从事工业的人数为5万余人,占6.31%;在政府党政军警各机关任公务人员的有8万余人,占5.75%。这种职业结构在近代新兴大城市中比较特殊,主要表现在从事第二产业的人数偏少。以上海为例,据统计,1934年、1936年上海华界人口职业构成中,居第一位的是工业,分别为21.79%和21.49%;居第二位的是家庭服务,分别为20.36%和22.39%;居第三位的是商业,分别为9.15%和8.86%;而从事公务的分别为0.68%和0.63%。[①] 这进一步说明南京不是一座工商业城市,而是一座政治性和消费性城市。

文化结构是衡量人口素质的主要指标。中国传统社会的文化教育结构的基本状况是:受教育者数量十分有限;所谓的知识分子大多为半耕半读的封建文人;受高等教育者凤毛麟角;妇女则基本被剥夺了受教育的权利。这种状况在清末以后得到了显著改善。随着新式教育的出现,南京较快地完成了教育体制的新旧转换,各种形式的教育机构相继建立,客观上提高了南京人口的素质。据1933年统计,南京市识字人口总数为298,165人,占全市人口的41%;不识字者则占59%。[②] 就当时中国的状况来说,这样的比例应该是不低了。另据1936年统计,南京市识字人口为327,317人,占统计人口的46.64%,不识字者则占53.36%,受教育程度比1933年有所提高。见表5.11:

这种相对较高的文化结构是南京城市现代化的一大特色,它对推动南京人口文化素质的提高,以及向周边地区提供较高素质的人口,都起到了很大作用。

---

① 参见邹依仁:《旧上海人口变迁的研究》,上海人民出版社1980年版,第160页。

② 参见建设委员会经济调查所统计课编辑:《中国经济志(南京市)》,建设委员会经济调查所1934年,第26页。

表 5.11　南京市人口教育程度百分比(1936 年)

项别	人口数			人口数之百分比			男女百分比		
	共计	男	女	共计	男	女	共计	男	女
总计	701,802	427,739	274,063	100.00	100.00	100.00	100.00	100.00	100.00
大学	23,567	21,403	2,164	3.36	5.00	0.79	100.00	90.82	9.18
中学	54,680	40,896	13,784	7.79	9.56	5.03	100.00	74.79	25.21
小学	95,620	65,106	30,514	13.62	15.22	11.13	100.00	68.09	31.91
识字	153,450	130,367	23,083	21.87	30.48	8.42	100.00	84.96	15.04
不识	374,485	169,967	204,518	53.36	39.74	74.63	100.00	45.39	54.61

资料来源:首都警察厅编印:《南京户口统计》,1937 年,第 56 页。

四、社会阶层的变动

由于社会分化的不断进行,社会存在是有差别的、不平等的。在现代城市社会中,由职业、财产、社会地位、教育程度等因素形成新的社会阶层。

新式官僚阶层　民国以后,特别是 1927 年后,南京成为全国的政治中心,于是机关林立,大小官吏云集。同时,南京作为市一级地方政权,又有自己的行政组织系统。中央、地方两套党政系统同时存在,官僚队伍之庞大,全国无一城市可与之相比。

表 5.12　南京特别市市政府高级职员学历统计表(1930 年)

姓名	职务	年龄	学历
刘纪文	市长	40	日本志成学校及法政大学
陈自康	参事	35	福建协和大学科学士、美国工程大学工程学士
黎度公	参事	36	美国康奈尔大学土木工程科毕业,土木工程师

姓名	职务	年龄	学历
薛庆麟	参事	37	南洋路矿学校土木工程学士
倪锡纯	参事	48	美国耶鲁大学土木工程科学士
钱浤	秘书长	35	广东法政大学毕业
金国宝	局长	36	哥伦比亚大学硕士
杨宗炯	土地局局长	41	国立北京大学法科毕业
陈和甫	工务局局长	32	上海震旦大学土木工程师法规专门学校,电机工程师
顾树森	教育局局长	43	英国伦敦大学毕业
邓刚	社会局局长	39	保定陆军军官学校骑兵科毕业
胡定安	卫生局局长	33	德国柏林大学医科毕业医学博士
陈公哲	浦口管理处主任	40	留美预科学校出身
梁维四	旗民生计处主任	33	法国巴黎大学卒业
刘兆锡	铁路管理处主任	30	德国柏林大学机械科毕业
郭厚庵	公园管理处主任	40	法国凡尔赛园艺专门学校选科毕业
刘秉刚	市金库库长	35	两广优级师范毕业
金肇祖	自来水管理处专员	34	工程师出身
陈耀寰	图书馆筹备员	38	广东陆军学校毕业、日本民治大学肄业
蔡承新	市民银行行长	31	美国哥伦比亚大学银行科硕士

资料来源:南京特别市政府秘书处编印:《南京特别市政府职员录》,1930 年 1 月。南京市档案馆藏,案卷号:1001—1—1726。

从职业类别的统计中,若将公务类归为这一阶层的话,则所占比例相当高,1930 年为 6.99%、1934 年为 7.08%、1936 年为 5.75%。而同期的上海华界公务类所占的比例分别为 0.70%、0.68%、0.63%。① 同时,伴随着民国以后中央政府政体的改革和社会经济

① 参见邹依仁:《旧上海人口变迁的研究》,上海人民出版社 1980 年版,第 160 页。

的发展，官僚阶层也显现出与传统的封建官僚阶层不同的某些新特征来。其中最为显著的是政府高级官员中，受过新式高等、中等教育的技术官僚占了相当的比例。从表5.13可见，南京市政府的高级领导班子基本上由具有高学历和专门学识者组成，其中绝大部分还有海外留学经历。此前此后历届政府班子构成也基本如此。① 这样的新式官僚队伍与传统的通过科举考试进仕的官僚相比，其现代性显而易见。

新型知识分子群体　所谓知识分子，是现代社会中一个与古代的"儒"与"士"既有相承之处又完全不同的具有一定独立人格的社会中间阶层。广义而言，是指那些具备了各种新型科学文化知识并借此服务于现代社会的脑力劳动者。既包括服务于科层制中者，也包括那些游离于科层制外的自由职业者，诸如教授、演员、作家、记者、编辑以及所谓的"六大师"：律师、工程师、医师、会计师、教师、建筑师等。② 民国时期，南京的知识分子群体是一个新型社会阶层，他们基本是20世纪新教育体制的产物，他们所掌握的文化知识结构、思想意识、价值观念等方面，都与旧式的封建知识分子有天壤之别。这个群体所从事的职业，若按当时的分类，主要集中在自由职业类，如教育、科研、文艺、新闻、律师等职务。据1930年统计，从事自由职业者人数为10,760人，占全市职业人数的1.91%；1934年为11,504人，占2.07%；1936年统计为20,255人，占2.21%。可见，随着时间的推移，这个群体逐渐壮大。

城市新兴商人阶层　开埠通商以后，随着进出口贸易的扩大以及城市商业的繁荣，商业从业人数不断增加，从而形成了新的商业群体。在1930年的职业统计中，南京从事商业的人数为53,469人，占

① 参见第三章第二节"现代性市政机构的设置"中有关内容。

② 参见曾钊新等：《社会学教程》，吉林教育出版社1987年版，第147页。

全市职业人口的9.5%;1934年统计,南京从事商业的人数为91,423人,占全市职业人口的12.33%;1936年统计,南京从事商业的人数为163,092人,占全市职业人口的17.79%。他们除了继续经营一些传统行业外,还从事一些新式的商业行业,如对外贸易、金融保险、职业介绍、饭店旅馆等。商会是他们的主要组织,其对政府的经济活动有一定的影响力。

新兴产业工人群体　随着南京现代工业的起步,工人阶级队伍也开始形成。以职业统计来看,1930年从事工业的人数为65,915人,占全市职业人口的11.72%;1934年从事工业的人数为65,158人,占全市职业人口的12.09%;1936年从事工业的人数为57,862人,占全市职业人口的6.31%。从这种职业的统计来看,南京的工人人数不算太少。但是,这些人数并不全是新式产业工人。因为在工业职业统计中,将手工业、非机器工业的小工厂等均计算在内。如果仅以工厂工人人数计算,则人数相对较少,如1934年职业统计中,工厂工业中的职业人口只有16,165人,占2.18%。而1933年工商部统计,南京工厂工人只有2,035人。① 1936年工商部统计,南京工业工人人数为17,877人。② 由此可知,南京虽有新兴产业工人群体出现,但力量十分薄弱。这从另一方面反映了南京现代工业化程度较低。

第二节　社会团体的兴起与发展

在清末民初,随着城市的发展,近代市民群体逐渐活跃起来。市

① 参见中国第二历史档案馆编:《中华民国史档案资料汇编》第5辑第1编,"财政经济(5)",江苏古籍出版社1994年版,第216页。

② 参见中国第二历史档案馆编:《中华民国史档案资料汇编》第5辑第1编,"财政经济(5)",江苏古籍出版社1994年版,第757页。

民组织了各种各样的政治、经济、文化、公益等方面的新式社团,其内容和范围之广是传统的社团如会馆、公所等无法比拟的。这些新式社会团体的出现,成为中国政治、经济、社会生活中的一股新生力量,是中国社会由传统向现代转型的重要标志。作为中华民国临时政府所在地和国民政府的首都,南京得政治近代化风气之先,近代社团在南京也得到了空前发展,不但出现了各种性质的社团,而且社团几乎遍及各行各业。

一、民国南京社团的兴起

1. 社团的定义及分类

社团,是社会团体的简称。迄今为止,对于社团尚没有一个得到普遍认同的确切定义。以国内研究为例,历史学者朱英认为,社团是由一部分有着共同目的、共同关系、共同地位和共同行为的人组织的团体。作为近代意义的社团,首先必须有该团体内部成员一致认同的明确宗旨或目标,其所从事的活动应该具有一定的社会性。其次,要有全体成员共同认定和遵守的付诸文字的规章。再次,加入该团体的人必须符合其所拟订的成员资格规定,并且履行一套组织程序,而不是通过血缘、朋友或地缘关系联结。再其次,社团内部成员的关系是一种正式的角色关系,在互动之前即已经确定,它不取决于成员的个性特征,而由成员所处的职位决定,具有非个性化和抽象化的特征。最后,社团内部一般设有不同层级的办事机构,分工明确,职权分明,相互协调这个社团的活动,使之达成一体化并发挥整体功能。① 社会学者王莹等认为,社团就是具有某些共同特征的人相聚而成的互益组织,具有非营利和民间化

---

① 参见朱英:《辛亥革命时期新式商人社团研究》,中国人民大学出版社 1991 年版,第 1—5 页。

两种基本的组织特征。① 管理学者王名等认为要给社团下一个准确的定义,的确是一件相当困难的工作,他们将学者们对社团下的各种定义归纳为共同特征说、互益说、公益说、特殊目的说、剩余说和法律定义说。②

应当承认,不同的社团定义都有其事实根由及合理性。社团定义的多样性源自于社团本身的复杂性与研究者的不同视角。历史学者关心社团组织形态演变,社会学者重视社团结构映射的社会结构与阶层变动,法律学者强调社团的合法性,管理学者关注社团的能力建设。本书主要从历史学和政治学的角度来考察民国时期的南京社团,即主要考察民国时期南京社团的演变、社团与政府间的关系等。

2. 民国南京社团概况

如何对社团进行分类,方法不尽一致,有将社团分为会员互益型、运作型、会员公益型③;有将其分为政治、经济、文学、教育、宗教、体育、戏剧、音乐、美术、学术等十大类④;也有将社团分为政治类、文教卫体类、学术类、工商行业类、社会公益类、宗教类⑤。而台湾学者张玉法按照国民政府颁布的法规规定,将民国时期的市民组织称为人民团体,将其分为职业团体、社会团体、政治团体三大类,每一大类

---

① 参见王莹、折晓叶、孙炳耀:《社会中间层——改革与中国的社团组织》,中国发展出版社1993年版,第25页。

② 参见王名、刘国翰、何建宇:《中国社团改革——从政府选择到社会选择》,社会科学文献出版社2001年版,第15—17页。

③ 参见王名、刘国翰、何建宇:《中国社团改革——从政府选择到社会选择》,社会科学文献出版社2001年版,第17页。

④ 参见章绍嗣主编:《中国现代社团辞典》,湖北人民出版社1994年版,序言第1页。

⑤ 参见王进、杨江华主编:《中国党派社团辞典》,中共党史资料出版社1989年版。

再各分成细类。① 本书根据民国时期南京社团的实际状况将团体分为职业团体、文化学术团体、慈善公益团体、学生团体及其他五类进行介绍和分析。

职业团体　职业团体主要包括商会、工商同业公会、工会、农会等。

南京市商会,始于清光绪30年(1904年),当时称江宁总商会。1904年年初,清政府颁布了《商会简明章程》,谕令各省"劝办商会"。江宁商务总会于1904年11月成立,参加商号达3,230家,以苏锡岱为"总理"。由此,南京周围的六合、江浦、句容、高淳等县以及南京下关也陆续成立了分会。② 1912年,江宁商务总会改称南京总商会,正副会长和业董们都由选举产生。选举程序是先由各业选出业董,由业董选会董,然后再由会董选举正副会长和公断处长。第一任会长是苏岳宗,副会长是张斌,公断处长是甘镕。在南京总商会时期,同时下关也有个所谓下关商会。因为《商会法》上有"凡商埠得成立商会"的规定,下关原是商埠,所以在下关的商民叶楚良等就发起组织了下关商会,与城内的总商会不相往来,各自为政。国民政府定都南京后,总商会仍然存在。南京市党部另外指导商民组织成立了商民协会,下设区分会,规定每区有30业以上者,得设立分会。这时的区分会,有东西南北及下关五处,由各分会推举代表1至5人,再由代表产生协会的执监委员。全市的商店大都加入了协会,它所经办的事业有军事招待所、三民主义训练班等。1928年4月,国民政府要求各地对人民团体进行重新整理,南京市将商民协会改为商民协会整理委员会,由市党部指派钱冲、李永懋、冉锡章、杨定武、

① 参见张玉法、李荣泰主编:《中华民国人民团体调查录》,(台北)"国史馆"编印1999年版,凡例。

② 参见江苏省商业厅、中国第二历史档案馆编:《中华民国商业档案资料汇编》第1卷,中国商业出版社1991年版,第80—85页。

曹葛仙、李应南等为整理委员,从事整理,筹备改组。这次整理改组的商民协会与前者的组织略有不同,协会之下,另组商人总会、店员总会和摊贩总会,并分设东南、西北及下关三处分会。1929年2月,商人总会组织成立,同年4月店员总会成立,摊贩总会未组织成立。1929年8月,国民政府颁布了《商会法》。1930年7月又颁布了《商会法施行细则》。此后,南京市党部命令停止商民协会整理委员会的活动,同时撤销南京总商会及下关商会,由前商民协会及总商会的负责人,共同筹备成立南京市商会。1931年4月间召集第一次同业公会代表大会,选举商会执监委员,正式成立了南京市商会。但是1932年7月间,南京市绸缎业等28业突然宣告脱离商会。经过一年多仍未解决,南京市党部、政府于1933年下令将全体执监委员解职,重组改组委员会,从事改组。并由市党部指派曹葛仙、吴震修、穆华轩、冉锡章、杜哲庵、黄月轩等为改组委员。但是几个负责的委员,如杜哲庵因身兼两职,吴震修不常到会,曹葛仙因环境困难,亦不常到会,以致负责无人,会务废弛。① 一直到1936年8月,在南京市政府和市党部的直接组织指导之下,召开商会会员大会,选举产生新一届市商会执监委员。

工商同业公会,是由行会改组而成的一种社会团体,行会是封建社会沿袭下来的城市中的同业组织。民初,北洋政府农商部制定了《商会法》,并相应制定了《工商同业公会法》。1917年4月公布了《工商同业公会规则》,但由于连年军阀混战,政令不一,加上同业内行帮势力的抵制,几乎成为一纸空文。南京政府成立后,于1929年8月颁布了新的《工商同业公会法》,1930年7月颁布《工商同业公会法施行细则》,规定:"凡在同一区域内经营各种正当之工业或商业者均得依本法设立同业公会。"工商同业公会的宗旨是"维持增进

---

① 参见《南京市商会沿革》,《中央日报》1936年7月16日。

同业之公共利益及矫正营业之弊害。”工商同业公会的设立“同业公司、行号7家以上之发起”，并“造具该同业公司、行号及其营业主或经理人姓名表册，连同章程分别呈请特别市政府或由主管官署转呈省政府核准设立。”同时，要求工商同业团体的改组，规定：“本法实施前原有之工商各业同业团体，不问其用公所、行会、会馆或其他名称其宗旨合于本法第二条所规定者，均视为依本法而设立之同业公会，并应于本法施行后一年内依照本法改组。”①于是，全国各地工商同业团体先后改组为同业公会。南京工商业同业团体也在较短的时间组建或改组，到1932年4月召开第一次同业公会代表大会时，合法成立的同业公会(包括城内下关、浦口、上新河各处)共计88业。“所有各业已经登记合格之店号，得为工会会员者，计6,877家，综合各店号使用店员人数为20,476人。”②后来，由于缎业工会等28业宣布脱离商会事件，市党部市政府决定重新改组商会，由此市同业公会也再次改组。据1935年统计，南京市有78业同业公会，完成改组的有33业。

工会，是代表劳方利益的工人团体，在南京的社会组织发展中占有重要位置。南京的第一个现代工会是津浦铁路浦镇车辆厂(现铁道部浦镇车辆厂)机匠王荷波1921年3月组织的浦镇机厂中华工会。1925年“五卅”惨案后，下关英商和记洋行工人成立“和记工会”(筹备处)，并坚持罢工42天支援上海工人的斗争。北伐军攻占南京后的第二天，南京市总工会成立，该工会由共产党组织领导。同时，在下关还成立由国民党组织领导的“南京劳工总会”。1927年4月，下关劳工总会捣毁了南京市总工会。南京市党部改组委员会派左景烈等为南京市总工会筹备委员，接收劳工总会，正式筹备南京市

① 《工商同业公会法》,《中华民国档案资料汇编》,第5辑第1编,“财政经济(8)”,江苏古籍出版社1994年版,第689、690—691页。

② 成岐:《南京市商会过去之概述与现在之组织》,南京市社会局编印:《南京社会特刊》第2册,1931年4月,第142页。

总工会,先后成立下级工会190多个,会员总数达10万人以上。1927年7月,在金陵大学大礼堂举行第一次全市工人代表大会,选举产生南京市总工会。同年10月国民政府颁布《工会法》,1928年7月颁布《工会组织暂行条例》,规定:"凡年在16岁以上,同一产业或职业之体力脑力男女劳动者,集合同一业务之人数,在45人以上者,得组织工会。"工会之组织"以各厂工会或区会为工会单位,以小组为组织基本"。组织工会,"须由同一业务45人以上之连署,提出立案请求书,并附具章程及职员履历、会员名册各二份,经当地党部认可后,向地方官署立案。"①1932年8月,国民党中央又颁布《修正人民团体组织方案》。1933年1月,南京特别市党部执行委员会遵照中央法令参酌南京市工人团体情况,制定了《南京市民众团体整理办法大纲》,1935年2月又制定《南京市工人团体改选或改组暂行办法》,对南京市原有工人团体改组或重新组织,并派遣工人团体改组指导员指导各业工会进行改组。据工商部1930年调查统计,南京市工会总数53个,会员人数29,155人。② 1931年南京市所有改组成立及合并组织的工会共计41个,会员总数为16,410人。③ 据国民党中央民众训练部1932年调查,南京市工会总数为48个,会员人数为18,292人;1933年调查统计,南京市工会总数为46个,其中职业工会43个,产业工会3个,会员总数为17,802人。④ 从上述4年的统计来看,南京市工会在50个上下浮动,会员总数除1930年外均

---

① 《工会组织暂行条例》,中国第二历史档案馆编:《中华民国档案资料汇编》第5辑第1编,"政治(3)",江苏古籍出版社1994年版,第89、92页。

② 参见《工人团体组织概况》,中国第二历史档案馆编:《中华民国档案资料汇编》第5辑第1编,"政治(3)",江苏古籍出版社1994年版,第115、117页。

③ 参见冯甲斌:《南京市工人团体过去的回顾及改组后概况》,南京市社会局编印:《南京社会特刊》第2册,1931年4月,第133—135页。

④ 参见《工人团体组织概况》,中国第二历史档案馆编:《中华民国档案资料汇编》第5辑第1编,"政治(3)",江苏古籍出版社1994年版,第118、123、125页。

不足2万人。与上海等其他城市相比,其产业工会所占比例很小。

表5.13 主要城市工会数量和会员数量统计表(1933年)

地名	工会					会员				
	工会总数	产业工会	百分比	职业工会	百分比	会员总数	产业工会会员	百分比	职业工会会员	百分比
上海	67	46	47.42	51	52.58	120,048	91,827	76.42	28,221	23.58
南京	46	3	6.52	43	93.48	17,802	3,053	17.15	14,749	82.85
青岛	17	12	70.58	5	29.42	22,845	21,484	94.04	1,361	5.96
天津	31	18	58.06	13	41.94	24,345	19,586	80.04	4,759	19.96
北京	22	10	45.45	12	54.55					

资料来源:中国第二历史档案馆编:《中华民国档案资料汇编》第5辑第1编,"政治(3)",江苏古籍出版社1994年版,第123—125页。

由表5.13可见,其他城市中产业工会占工会总数的45%以上,产业工会会员人数占总工会会员人数的76%以上,而南京前者只占6.52%,后者只占17.15%。其工会主要是职业工会,分别占92.26%、82.83%,远远高于其他城市。

农会在中国是一个成立比较早的社会团体。1907年,清政府批准在直隶保定府设立农务总会,并要求各省一律仿效。1909年,江宁农务总会成立,由清末状元张謇主持,在城内丁家桥办公。民国成立后,北京政府对原有的农会进行改组。1912年9月24日,农林部颁布《农会暂行规程》及其施行细则,对农会的主旨、会员资格、组织成立、会章、职员、经费、业务等作了规定。1913—1914年,六合、江浦、溧水、高淳等县的县农会相继建立。① 1923年5月19日,北京政

① 参见南京市地方志编纂委员会编:《南京社团志》,方志出版社2001年版,第74页。

府农工商部公布《修正农会规程》及其施行细则。这些法令颁布后,各地重新设立农会。① 1927 年 8 月 6 日,南京特别区农会成立,隶属于江苏省农民协会,共建立 19 个基层组织,有会员 5,000 余人。1931 年 3 月,被南京市民训会接收。同年 3 月 6 日,国民党南京市执委会决定委派闵国颖、王国平等 7 人担任指导员,负责筹备重新组织南京市农会事宜。6 月 22 日,市社会局批准市农会于 24、25 日两天举行全市第一次农民代表大会,选举成立市农会理监事会。1932 年 9 月,南京市设市农会 1 个,区农会 28 个,共有会员 5,339 人,没有设乡农会。②

文化学术团体　由于南京有着悠久的建城历史和优越的地理位置,因而成为人文荟萃之地。自古以来,文人骚客一起吟诗作对、填词作文、弹拉歌唱、切磋书画技艺的群体就屡见不鲜。明清时期,随着社会的发展,知识分子以文会友、切磋技艺的群体,逐步发展成为有计划、有组织、有政治纲领的社会团体。明清两代在南京就有 30 多个诗文书画社。明末的“复社”和民初的“南社”就是文坛涉足政坛的社会政治团体。③ 随着 1919 年“五四”新文化运动的蓬勃发展,南京的文化类团体如雨后春笋般地发展起来。据统计,1912—1928 年间,南京的文化类团体达 19 个。④ 南京成为首都之后,各地的教育、艺术工作者纷纷来到南京,寻找发展事业的机会,这些人就成为南京文化类团体的中坚力量。据 1934 年统

---

① 参见江苏省地方志编纂委员会编:《江苏省志·社团志·农民团体篇》,方志出版社 2000 年版,第 16 页。

② 参见江苏省地方志编纂委员会编:《江苏省志·社团志·农民团体篇》,方志出版社 2000 年版,第 25 页。

③ 参见南京市地方志编纂委员会编:《南京社团志》,方志出版社 2001 年版,第 1 页。

④ 参见张玉法、李荣泰主编:《中华民国人民团体调查录》,(台北)“国史馆”编印 1999 年版,第 62 页。

计,南京市的学术团体为48个。① 1935年1月统计,当时全国有备案和尚未备案的学术团体154个,其中南京最多,有46个,其次为上海35个。②

由于文化类社团与意识形态的宣传结合较为紧密,国民政府对文化团体的控制也较为严格。国民政府先后颁布了《文化团体组织大纲》(1930年1月)、《文化团体组织大纲施行细则》(1931年2月)、《修正文化团体组织原则》(1932年10月)等。这些法规将文化团体纳入政府管理范围,规定"凡具有增进学术教育或改良风俗习惯等性质之团体,皆属文化团体。""文化团体举行会员大会或代表大会,须呈请当地高级党部核准,并呈报主管官署备案。""文化团体举行会员大会或代表大会时,须呈请当地高级党部派员指导,主管官署派员监督。""文化团体,须每半年将会务状况呈报当地高级党部及主管官署一次。"③1931年5月又规定:学术团体,于每年度终结后,将"前年度所办重要事项;前年度收支金额及项目;前年度新加社员之姓名、年龄、籍贯及学历"④呈报主管官署查核,并由主管官署转交教育部备案。从表5.14来看,国民党中央直接指导监督的人民团体主要是学术团体,而且绝大部分设在南京。

① 参见建设委员会经济调查所统计课编辑:《中国经济志(南京市)》,建设委员会经济调查所1934年,第62—63页。

② 参见教育部高等教育司编:《全国各学术机关团体一览表》,1935年,第1页。

③ 中国第二历史档案馆编:《中华民国档案资料汇编》第5辑第1编,"文化(2)",江苏古籍出版社1994年版,第727、728页。

④ 中国第二历史档案馆编:《中华民国档案资料汇编》第5辑第1编,"文化(2)",江苏古籍出版社1994年版,第729页。

表5.14 国民党中央直接指导监督之人民团体一览表(1936年6月)

名称	地址	名称	地址
中国教育电影协会	南京	中国社会教育社	江苏
全国市政协会	南京	中华钱币革命协进会	南京
中华全国铁路协会	南京	开发西北协会	南京
中国法治励行社	南京	中国劳动问题研究社	南京
中国经济研究会	南京	东方文化研究社	南京
中国地政学会	南京	中国物理学会	北平
导淮促进会	南京	中国社会事业促进会	南京
中国社会科学学社	南京	中华教育学会	南京
中华乡村教育社	南京	中华学术互助社	安徽
中国社会问题研究会	南京	中德编译学社	南京
中国地方自治协会	南京	中国地方组织学会	南京
国际学会	上海	中国文化建设协会	南京
中国美术会	南京	中国边务学会	南京
西北问题研究会	南京	苏俄评论社	南京
西南夷族文化促进会	南京	中美文化协会	南京
中波文化协会	南京	中华儒学研究会	安徽
中国佛教会	南京	热河省难民救济会	南京
美洲华侨文化协进会	南京	中华回教公会	南京
北平政治学会	北平	中华民国医药学会	上海
中国农学社	南京	中华全国体育协进会	上海
湖北经济学会	武昌	中国乡村建设研究会	南京
中国殖边社	上海	中国度量衡学会	南京
侨务协进会	上海	湖南管理各省湘有公产委员会	长沙
中华民国拒毒会	上海	中华民国救国会	上海
上海租界纳税华人会	上海	香港华商总会	香港
东北协会	上海	中国国民外交后援会	南京
万国道德总会	北平	中国社会科学会	上海

名称	地址	名称	地址
边事研究会	南京	中国会计学社	南京
中国新闻研究会	南京	中华理教总会	南京
中意文化协会	南京	中印学会	南京
中德文化协会	南京	中国农工问题研究会	南京
中国普及教育助成会	上海	中华工程协进会	南京
中国卫生检查学会	南京	中苏文化协会	南京
中国水利工程学会	南京	绥远妇女励进会	绥远
济南道院	山东	中华学术研究会	南京
中华民国法学会	南京	中国地理学会	南京
中国心理卫生协会	南京	中国博物馆协会	南京
中国文化协会绥远分会	绥远	中国军事交通学会	南京
中央国术体育研究会	南京	中国畜牧学会	南京
中国民族学会	南京	中国考政学会	南京

资料来源:《各省市人民团体比较图》,1936 年 6 月,中国第二历史档案馆藏,全宗号:十二(2),案卷号:2634。

公益慈善团体　慈善团体在明末清初首先兴起于江南,发展到清末已是善会风行,善堂林立。清代善会,名色繁多,或由地方官绅创办,或由民间集资合办,或由同业捐办,均为民间慈善事业的组成部分。① 国民政府建都南京后,规定赈灾、救济为地方公务,各级地方政府均应举办救济事业,同时鼓励慈善团体机构以及私人从事救济活动。从 1928 年起,国民政府颁布了《监督慈善团体法》(1929 年 6 月)、《监督慈善团体法施行细则》(1930 年 7 月)、《各地慈善团体立案办法》(1932 年 9 月),这样就将慈善团体纳入了法律管理范围之内。

① 参见蔡勤禹:《国家社会与弱势群体——民国时期的社会救济(1927—1949)》,天津人民出版社 2003 年版,第 202 页。

在南京,民间的慈善活动非常活跃,参与慈善活动的有地方绅士、外国传教士、工商业者和退役军官等。救济的内容涉及各个方面,见表5.15:

表5.15 南京市慈善团体一览表(1936年)

名称	成立时间	经办事业	财产估数(元)	主持人	地址
佛教慈幼院	1926年	收养孤儿教养兼施	约54,000	王一亭	下关二汊河
慈善会	1923年	施材惜字施赈施药施茶掩埋	约9,500	濮叔和	绫庄巷
省心继善堂	清同治10年	恤嫠施材施药惜字掩埋	约27,414	龙韵秋	南门外窑湾
私立义仓	清光绪32年	积谷	约34,300	黄月轩	中华门外见子桥义仓巷
广丰备仓	清光绪32年	积谷	约35,140	甘仲琴	螺丝转湾
代葬局	清光绪29年	代葬掩埋		艾善浚	保泰街
崇善堂	清嘉庆2年	施材恤嫠保婴	约131,130	甘仲婴	金沙井
同善堂	清光绪2年	掩埋婴孩施药施材	约22,000	黄月轩	中华门外雨花路
普善堂	清光绪17年	保婴义学施材	约39,449	周梓园	中华门外雨花路
众志复善堂	1918年	施材施药施米施诊	约8,100	冉锡章	瞻园路
广善堂	清光绪4年	施药施材掩埋施茶	约22,500	周仲涛	韩家巷
积善堂	清道光年间	施材施茶冬恤助葬	约6,050	曹受农	保泰街
广利慈善会	1919年	贷济冬赈夏药		蒋汝正	绫庄巷
兴善堂	1919年	保婴恤嫠义学	约22,600	朱茂如	箍桶巷
合善堂	1926年	施材施诊恤嫠惜字	约5,000	朱永明	小板巷

名称	成立时间	经办事业	财产估数（元）	主持人	地址
义兴善堂	清光绪 3 年	施材赠药掩埋义学	约 13,300	张开寿	东花园
下关乐善堂	1920 年	施医施药施材恤嫠掩埋惜字		刘荩侯	兴中门外大街
施吉寄所	清光绪 20 年	停柩	约 900	陶国铨	兴中门外大街
济善堂	清光绪 2 年	赊材	约 5,600	王益秋	四圣堂
荫惜善堂	1920 年	恤嫠	约 149,243	杨家骧	科巷
佛教居士林	1930 年	慈善	约 800	王震	石观音
崇道善堂	1930 年	戒烟		涂伴道	抄库街
四明公所	清光绪 28 年	停柩	约 31,500	周骏彦	兴中门外大街
宗贤救济会	1933 年	施医义学	田地 1,892 亩 现金 4,148 元 6 角	何民	璇子巷
南京孤儿院	1934 年	教养孤儿	约 211,276	陈经畬	和平门安怀路
明德慈善堂	1936 年 2 月	施医施药施材	约 6,000	张元估	大王府巷冶山道院
仁育堂	清光绪 20 年	施医施药恤嫠留养贫苦病人	约 35,100	黄月轩	卢妃巷

资料来源：南京市社会局编印：《南京社会调查统计资料专刊》，1935 年 11 月，第 82—83 页。南京市社会局编印：《南京社会》1937 年 2 月，第 5—8 页。

由表 5.15 可见，传统慈善事业的主要内容有施医、施材、惜字、恤嫠、掩埋等。而到了近代，慈善机构的职能有了明显变化，出现了戒烟、教养孤儿、慈善文化、义学等新内容，这说明近代慈善事业职能的范围已经扩展到社会公益事业，慈善机构也逐渐演变为近代意义上的社会公益机构。同时私立慈善团体也比较活跃。在表 5.15 中所列的佛教慈幼院、慈善会、崇善堂、广利慈善会、下关乐善堂、宗贤救济会、南京孤儿院、明德慈善堂、仁育堂等均为私立慈善团体。

在这些私立慈善机构中,私立南京孤儿院较为突出。它由南京旅汉(汉口)的商界巨头陈经畬与其同学杨叔平出资兴建。① 该院也接受各方人士、其他慈善机关的捐赠,唯独不接受国民政府的任何资助。该院于 1932 年 6 月筹建,两年后院舍基本竣工,1934 年 8 月成立后由院董会经管。该院董会的第一任董事长是金陵名绅仇来之,院长是陈经畬,院务主任是杨叔平(1935 年后,杨叔平改任院长,蔡达人任院务主任)。该院的院训是"健、勤、诚、朴"四字,先后培养了 300 名孤儿。②

除了慈善团体外,还有其他民间公益团体,如救火会等。南京市的救火会,原名水龙局,在清嘉道年间,有 80 余处之多,纯属民办,主要由地方热心绅商举办。太平天国运动后,尚存 36 局。清末,由于购置了新式器械(俗称洋龙),因此更名为洋龙局。1930 年后,鉴于洋龙局虽多,却因缺乏机械设备而实力薄弱,组织也比较散漫的状况,首都警察厅对其进行整顿,组织了首都各区救火会联合会,作为各救火会的总执行机关。截至 1936 年 7 月,在联合会之下有 12 个单位。其中,东区和中区各有三支救火队,西区和北区各有两支,南区和下关各一支。联合会开设有消防训练班,抽调各会救火队员,授以消防学识与防空技能。③

学生团体　自"五四运动"后,学生运动风起云涌,几乎遍及全国。作为学生运动的主要组织形式——学生会,也在"五四运动"期间产生。当时主要是各校学生自发组织学生会,或者几个学校联合起来组织学生联合会。南京最早的青年组织——学生联合会就成立于 1919 年 5 月 30 日,参加成立大会的有南京市 20 所学校的学生代

① 参见《南京孤儿院概况》,《中央日报》1935 年 1 月 18 日。

② 参见蔡虎因:《记私立南京孤儿院》,《南京史志》1989 年第 4 期。

③ 参见《首都救火会概况》,《中央日报》1936 年 7 月 23 日。

表,会场设在金陵大学,大会选举金陵大学的黄曝寰为会长。① 当时北京政府没有具体的关于青年学生组织的法律规定。

国民政府定都南京以后,颁布了《学生联合会组织条例》(1928年10月16日)、《学生自治会组织大纲》(1930年1月23日)、《学生团体组织原则》(1930年1月23日)等,将学生运动纳入国家政权的管理之下,规定:"凡现在初级中学及同等学校以上之各种学校之学生,不分性别得组织学生会、学生联合会。学生联合会之基本组织为学生会,学生会之基本组织为小组(班或级)。"②学生团体的组织原则是"以在学校以内组织为限,本三民主义之精神,作成学生在学校以内之自治生活,并促进其智育、德育、体育、群育之发展。"③组织县市以上的学生联合会,"由其下级学生联合会或学生会连署提出,立案请求书,并附具章程、职员履历及各该上级学生联合会或学生会负责职员之履历及会员名册各二份,呈由当地党部认可后向当地官署请求立案。"④各级学生会成立之后,"由当地党部随时指导,当地政府随时监督。如发现有反三民主义之言论行动或违反组织条例时,得由当地党部会同政府停止该会职权,并视其情节轻重,得改组或解散之。"⑤在《学生团体组织大纲》中,对学生会和学生联合会的组织系统作了具体的规定。国民党第三次全国代表大会又以决议的形式

① 参见南京市地方志编纂委员会编:《南京社团志》,方志出版社2001年版,第165页。

② 中国第二历史档案馆编:《中华民国史档案资料汇编》第5辑第1编,"政治(4)",江苏古籍出版社1994年版,第1页。

③ 中国第二历史档案馆编:《中华民国史档案资料汇编》第5辑第1编,"政治(4)",江苏古籍出版社1994年版,第7页。

④ 中国第二历史档案馆编:《中华民国史档案资料汇编》第5辑第1编,"政治(4)",江苏古籍出版社1994年版,第3页。

⑤ 中国第二历史档案馆编:《中华民国史档案资料汇编》,第5辑第1编,"政治(4)",江苏古籍出版社1994年版,第4页。

对学生团体组织的根本精神作了规定:“今后应极力作成学校以内之自治生活,实行男女普遍的体育训练,提高科学与文艺之集会结社与出版,奖励实用科学的研究与发明。”简言之,就是限制学生参加政治,认为“在学生期间不必直接参加政治”①。这样把学生团体的活动范围缩小为以校内为限。关于经费问题,县市以上学生联合会的经费,由其下级学生联合会或学生会分担。各学校学生会的经费,主要是“会员入会费,每人至多不得过五角;月捐,每人至多不得过1角;特别捐,须经过代表大会或全体大会之议决;学校补助金”②。

1931年“九一八”事件后,国民党的不抵抗政策引起公愤。9月24日,“首都各界抗日救国会”成立,强烈要求国民政府积极抗日。南京各中等以上学校纷纷成立抗日救国会,并且成立首都中等学校抗日救国会,12月制定了《南京市各学校抗日救国会组织大纲》和《首都各校抗日救国会章程》。

这一时期学生会的活动十分活跃,大大超出了政府当局规定的“以校内为限”的规定。据统计,1931年9月22日至12月17日间,南京各学校的自治会或反日救国会等组织召集活动就达到32次,主要内容是要求政府对日作战、一致对外、抵制日货、唤醒民众等。③

这32次活动只是南京各校学生会的活动情况,不包括南京各学校以教职员、学生的名义的集会和请愿活动,也不包括全国其他地区的学校团体在南京的活动。因为南京是国民政府的首都所在地,全国其他地方学校曾派代表团来南京向国民党中央和国民政府请愿,

---

① 中国第二历史档案馆编:《中华民国史档案资料汇编》第5辑第1编,“政治(4)”,江苏古籍出版社1994年版,第14页。

② 中国第二历史档案馆编:《中华民国史档案资料汇编》第5辑第1编,“政治(4)”,江苏古籍出版社1994年版,第4页。

③ 参见中国第二历史档案馆编:《中华民国史档案资料汇编》第5辑第1编,“政治(4)”,江苏古籍出版社1994年版,第150—243页。

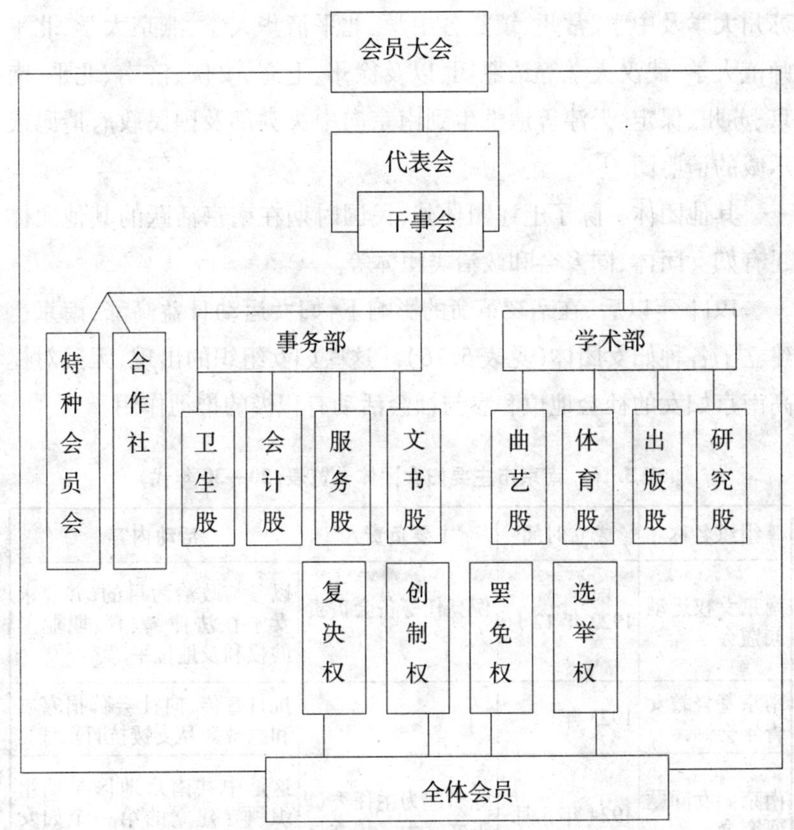

图 5.3　专门以上学校学生自治会组织系统图

要求积极抗日收复东北失地。如仅在 1931 年 11 月，国民党中央训练部杨立坦负责招待的到南京的学生请愿团就有 6 个。① 而这仅仅是一个人接待处理的学生请愿团。实际上，当时到南京的全国各地学生请愿团远远不止这几个。另据《全国青年学生抗日救国运动情况简明统计表》记载，1931 年 11—12 月间还有上海各大学、各中学、

① 参见中国第二历史档案馆编：《中华民国史档案资料汇编》第 5 辑第 1 编，“政治(4)”，江苏古籍出版社 1994 年版，第 309—316 页。

苏州大学及中学、常州、镇江各中学、北平清华大学、燕京大学、北平师范大学、武汉大学等请愿团,以及徐州、上海、安庆、济南、北平、南京、苏州、保定、天津等地学生到南京向中央党部及国民政府请愿或示威的请愿团。①

其他团体　除了上述团体外,民国时期在南京活跃的其他团体还有妇女团体、同乡会和政治类团体等。

1911 年以后,在辛亥革命的影响下,妇女运动日益高涨,南京也建立了各种妇女团体(见表 5.16)。这些妇女组织的出现,无疑对提高南京妇女的社会地位和参与社会活动有积极的推动作用。

表 5.16　南京市主要妇女团体一览表(20—30 年代)

组织名称	成立时间	主要负责人	活动内容
南京女权运动同盟会	1922 年 12 月	倪亮任筹备会负责人	以参与政治为目的,并要求女子在法律、教育、职业上的权利及地位平等。
南京基督教女青年会	1923 年		抗日宣传、向社会募捐寒衣和急救药品支援抗日前线。
南京妇女问题研究会	1924 年 5 月	陈君起为主任委员 王文宣为宣传委员	这是中共南京地区早期组织领导建立的第一个妇女团体。
南京各界妇女联合会	1925 年		以谋求妇女解放、妇女利益为宗旨。
南京特别市妇女协会	1927 年 3 月	唐国桢任指导员	创办了妇女收容所和缝纫所,还有两所妇女补习学校,出版《妇女月刊》。活动仅限于一部分上层妇女。

① 参见中国第二历史档案馆编:《中华民国史档案资料汇编》第 5 辑第 1 编,"政治(4)",江苏古籍出版社 1994 年版,第 171—243 页。

组织名称	成立时间	主要负责人	活动内容
南京妇女救济会	1932 年		开办一些妇女补习学校,调解婚姻纠纷,调停妇女受压迫事件。
新生活运动总会妇女指导委员会	1936 年 3 月	宋美龄任指导长 沈慧莲为委员会负责人	组织劳动服务团,组织新生活俱乐部、妇女俭约社,设立儿童科学馆,调查各阶层妇女生活状况,举办看护训练班、难民收容所和平民工厂等。
首都女子学术研究会	1936 年 4 月	李德全、张默君等发起	把团结广大妇女投入抗日救亡工作放在首位。

资料来源:南京市地方志编纂委员会编:《南京社团志》,方志出版社 2001 年版,第 163—165 页。

众多的旅京同乡会是南京建都后的一大特色。据《中华民国人民团体调查录》统计,1912—1928 年,南京有联谊类团体 16 个。1928—1949 年,有 20 个。① 实际上远不止这些,据 1935 年 11 月《南京社会调查统计资料专刊》记载,南京有同乡会 73 个。

虽然这些同乡会成立于国民政府定都南京后,但许多是在以前会馆的基础上建立起来的。如湖南旅京同乡会,就是在湖南会馆的基础上成立的,会址仍然在以前会馆的所在地钓鱼台。浙江旅京同乡会是在浙江会馆的基础上成立的,地址也仍然在以前会馆的所在地四象桥。同乡会的宗旨为"联络乡谊举办同乡公益事宜"②、"以

① 参见张玉法、李荣泰主编:《中华民国人民团体调查录》(1912—1995 年),(台北)"国史馆"编印 1999 年版,第 88—89、295—296 页。

② 《湖南旅京同乡会章程》,南京市社会局编印:《湖南旅京同乡会概览》,1934 年 4 月,第 47 页。

固结同乡团体发挥自治精神为宗旨”①。经费为“本会经费均由本会财产收入及会员会费项下开支”。②

同乡会与会馆不完全相同。会馆都有专属于自己的建筑物，换句话说，有自己的建筑物是产生会馆的基本前提。“这栋建筑物是由团体成员所拥有的共同产业，而且必须在创建与维修的过程中，都能够得到成员较多的关注与捐款经营，才能得以维持与壮大。”③

旅京同乡会组织只是同乡联谊的团体，绝大部分会员为南京建都后到首都工作的机关工作人员和教育文化界人士，大多没有固定活动地点，且受到市党部和市政府的严密控制。如《湖南旅京同乡会整理委员会大纲》第二条就规定：本会由南京市党部会同市社会局委派委员若干人组织之。④

另外还有政治类团体⑤。据张玉法统计，1912—1928 年南京有政治类团体 15 个，上海有 86 个，北京有 215 个(其中政党类团体 124 个)。1928—1937 年南京的政治类团体有 8 个，上海有 32 个，北京有 15 个。⑥ 从这些统计中可见，同期南京的政治类社团数量大大

---

① 《宁波旅京同乡会章程》，南京市社会局编印：《宁波旅京同乡会成立纪念刊》，1930 年，第 62 页。

② 南京市社会局编：《湖南旅京同乡会概览》，1934 年 4 月，第 49 页。

③ 王日根：《乡土之链——明清会馆与社会变迁》，天津人民出版社 1996 年版，第 138 页。

④ 参见《湖南旅京同乡会整理委员会大纲》，南京市档案馆藏，案卷号：1001—5—48。

⑤ 这里所谓的政治类团体，不包括上述所提及的团体，因为按照张玉法的分类，工、商、农会等属于职业团体，学生团体、公益团体、妇女团体、同乡会等属于社会类团体，政治团体是指有政党性质或者内容主要与政治有关的团体，包括一般政治类、军事类、国防类等，参见张玉法、李荣泰主编：《中华民国人民团体调查录(1912—1995)》，(台北)“国史馆”编印 1999 年版。

⑥ 参见张玉法、李荣泰主编：《中华民国人民团体调查录》(1912—1995 年)一书统计，(台北)“国史馆”编印 1999 年版。

少于上海和北京。这可能主要是因为在前一阶段，北京是首都，当时的中国正处在政党政治最活跃的时期，因此北京的政党类团体十分活跃。而在后一阶段南京虽为首都，但中国政党政治的活跃期已经过去，相对于北京政府，南京国民政府对社团的政治控制又比较严格，因此，南京虽然为国家的政治中心，政治类团体反而比上海、北京等地要少。

3. *南京社团兴起的原因分析*

首先，国家的政治、经济、社会生活发生了巨大变化，为社团的产生提供了肥沃的土壤。封建帝制结束，中华民国诞生，民主与专制、科学与愚昧的斗争，西方文化如潮水般地涌入，特别是资本主义经济得到了长足的发展，使社会结构不断分化，新阶层相继形成，新的教育制度又造就了一大批新型的知识分子群体，他们在城市社会中相当活跃，成为积极批判社会现象的主力军，是市民群体中最引人注目的部分。还有一些刚刚走出以宗族、血缘关系为纽带的城市新移民，他们需要结成新的共同利益的载体。这样，随着国家政治生活、社会生活、社会阶层的多样化，市民群体组织也日趋广泛和多样。与清末仅限于商会、慈善、救济等团体不同，民国以后，新式的政治团体、工商团体、文化团体、妇女团体等新型社会团体纷纷出现。

据张玉法的初步统计，自武昌首义爆发至1913年年底，新成立的公开党会共682个，其中政治类312个，联谊类79个，实业类72个，公益类53个，学术类52个，教育类28个，慈善类20个，军事类18个，宗教类15个，国防类14个，进德类9个，其他10个。① 而且张玉法的统计中还不包括"各党会之支部"、"海外华人所组织之党

① 参见张玉法：《民国初年的政党》，（台北）"中央研究院"近代史研究所1985年版，第33页。

会"、"含有地方性质者"、"临时性的集会"以及"机关团体以内的组织"。[①] 在1915年前后,由于"新文化运动"兴起和"五四运动"的洗礼,各种学习和宣传新思潮的社团如雨后春笋般大量涌现。仅"五四运动"后一年中出现的进步社团,就有三四百个之多。[②]

其次,民国政府的一系列鼓励各业结社政策的颁布,使社团的兴起达到高峰。辛亥革命后,南京临时政府颁布了《临时约法》等一系列进步的法令、措施,规定人民享有结社、集会、言论自由的民主权利,激发了各界民众自由结社的热情。各界人士纷纷结成政党社团,颁布纲领,发表宣言,对中国的政治、经济、教育、法律、文化以至习俗提出自己的主张,于是"集会结社,犹如疯狂,而政党之名,如草怒生"。[③] 袁世凯执政时,为保持"开明"、"民主"的姿态,也颁布了许多法规,如《商会法》、《教育会规程》等,其内容基本上都是鼓励结社的。以后历届北洋政府,也都沿用这些办法,从法律上承认民众建立社团的合法权利。到了南京国民政府时期,颁布了大量关于组织人民团体的法律、法规和章程。如《工会法》(1927年)、《工会组织暂行条例》(1928年)、《特种工会组织条例》(1928年)、《商会法》(1929年)、《工商同业公会法》(1929年)、《商会法施行细则》(1930年)、《工商同业公会法施行细则》(1930年)、《文化团体组织大纲》(1930年)、《文化团体组织大纲施行细则》(1931年)、《学生联合会组织条例》(1928年)、《学生自治会组织大纲》(1930年)、《学生团体组织原则》(1930年)等,这些法律、法规、章程无疑促进了民国社

---

① 张玉法:《民国初年的政党》,(台北)"中央研究院"近代史研究所1985年版,第462—463页。

② 参见李新、陈铁健主编:《伟大的开端》,上海人民出版社1991年版,第180页。

③ 善哉:《民国一年来之政党》,转引自王云骏:《民国南京城市社会管理》,江苏古籍出版社2001年版,第140页。

团的繁荣。

再次,国民党政府用行政手段,强迫民众以职业关系组织起来。近代城市中随着城市化发展和人口增长,传统社会结构相继分化,血缘、地缘联系逐渐淡化,而职业逐渐成为人们互相联系的主渠道。这种以业缘关系为纽带的市民组织,应该是在城市经济发展达到一定程度时自然而然发展起来的。但是,国民政府出于控制社会各阶层的需要,违反这一自然规律,由国民党以政治的手段来组织民众团体,①提出,"中国民众团体还是在幼稚时期,不独要党来领导并且要党来组织。党当然成了民众团体的核心。"②在这样的思想指导下,国民党将组织人民团体纳入训政时期的党务工作范围,制定了《国民党中央民众训练计划大纲》,对民众组织的原则和组织系统作了明确的规定,民众组织原则为:"1. 利益不同的民众,应使其分别组织;2. 民众组织,应采取民主集中制;3. 民众组织,应采取产业别主义,但因为特殊情形,亦得设职业组织。"民众组织的系统为:"1. 纵的方面,由下而上,各成系统;2. 横的方面,逐层联络,相互同盟。"③对农会、工会、商会、妇女团体的组织原则及系统都作了规定。

在 1932 年 8 月颁布的《修正民众团体组织方案》中,以法规的形式对民众团体组织程序又作了规定:"1. 凡欲组织团体者,须由具有各该团体规定所规定之资格者,依照法定之发起人数连署,推举代表,具备理由书,先向当地高级党部申请许可。2. 接受申请之党部,应即派员前往视察,视为合法时,应即核发许可证,并派员指导,如认

---

① 按照《修正民众团体组织方案》,这里的民众团体包括农会、渔会、工会、商会、工商同业公会、学生会、妇女会、文化团体、宗教团体、公益团体、自由职业团体,及其他经中央核准之民众团体。

② 中国第二历史档案馆编:《中华民国档案资料汇编》第 5 辑第 1 编,"政治(3)",江苏古籍出版社 1994 年,第 4 页。

③ 中国第二历史档案馆编:《中华民国档案资料汇编》第 5 辑第 1 编,"政治(3)",江苏古籍出版社 1994 年版,第 16—17 页。

为不合，当据法驳斥。3. 许可证内载明将来组织之团体，必须遵守：甲，不得有违反三民主义之言论及行为；乙，接受中国国民党之指导；丙，遵守国家法律，服从政府命令；丁，团体会员，以法律所许可之人为限；戊，有反革命行为被告发有据，或受剥夺公民权之处分，不得为会员；已，除例会外，各项会议，须得当地高级党部及主管官署之许可，方可召集；庚，违反上列规定者，应受法律所规定之处分。”“凡民众团体，应在党部指导，政府监督之下组织之，除有特别法令规定者，应从特别法令之规定外，一切以公益为目的之社团财团，并须依民法第四十八条，呈请主管官署备案，其一切组织方法章程内容，均须具备民法所规定之条件。”“本方案实行前，已有组织之民众团体，其组织内容与本方案不合者，当地高级党部，应令其改组，或由政府解散。”①同时还强迫各业在规定期限内成立公会、农会和工会组织，违者先行罚款，如罚款无效，则由社会局令业主停业，强迫工人辞职。国民政府下令从1928年起对全国所有的社团进行改组。1931年5月南京市政府发出命令，各业商店均应依法加入本业同业公会。未加入者，限若干日加入。逾期不办理者给予警告，警告后5日内仍不加入者，由主管官署（即社会局）依《行政执行法》罚办，罚办后仍不加入，则勒令其停业。②

二、合作与抗争——社团参政的方式

南京各类社团的出现是近代以来社会经济、政治文化的产物，也是南京社会由传统向现代转型的标志，又是政府支持和倡导的结果。那么社团与政府间的关系如何？作为新型的社会组织，社团如何参

① 《修正民众团体组织方案》，《南京市政府公报》第116期，1932年9月30日，第15—16页。

② 参见《市政会议记录》，南京市档案馆藏，案卷号：1001—1—189。

与政治来实现自身的价值?

考察这一时期南京社团与政府的关系发现,双方以合作为主。表现为:一方面社团协助政府推行政治经济政策,并向政府提供发展工商业、市政建设的有关建议,帮助政府整顿市场和维持社会秩序等;另一方面,政府需要社团这样的中介组织来控制社会,为此,在一定程度上对社团给予政策和物质上的扶持。正是由于双方的这种关系,民国时期南京市政府与社会的矛盾并不十分尖锐。下面以商会和慈善团体为例。

南京市商会是各业公会的上级组织,负有维护商界利益、核定物价、维护市场、调查本市商情等义务,并与政府财政征收处共同组织营业税评议会,帮助政府征税,因而,在南京社会经济生活中扮演着十分重要的角色。如1931年长江发生特大水灾,南京的米粮主要靠外地供应,为防止米荒,南京市米业公会于同年12月向行政院提出在南京成立米市,并且自愿呈缴费用以补助米市建设费,“至于管理处所需经费,各米商均深知政府处此财政支拙之际,筹措维艰,情愿就各粮行经售米数项下,每包承缴银元一角五分为管理查验两处专款。”这样为政府解难的好事情,自然被政府“照准”了。① 缎业是南京的传统产业,但是到了民国时期却一落千丈。1932年12月,为恢复南京缎业,南京市缎业同业公会主席黄月轩呈实业部恳求排除妨害缎业发展的障碍,实业部令南京市社会局转发缎业改良研究委员会切实研究斟酌办理。② 南京市商会为改善商业不发达、市面不景气的状况积极筹划成立繁荣市场委员会,并且提出具体的计划。

慈善团体主要从事社会救济。在上文的介绍中可以看到,南京

---

① 《南京市米市业愿意筹费成立米市案》,1931年12月,中国第二历史档案馆藏,全宗号:四二二(4),案卷号:286。

② 参见《南京缎业请排除障碍恢复缎业》,1932年,中国第二历史档案馆藏,全宗号:四二二(4),案卷号:597。

市的慈善团体分布在全市各地,主要进行施药、施材、抚养孤儿、代葬掩埋等救济慈善事业,成为政府救济事业的主要补充甚至是组成部分,是民国南京救济事业不可缺少的一个部分。

另外,劳资仲裁委员会的成立是社团与政府合作的典型实例。为了调节劳资纠纷,由南京市社会局会同工会、商会成立劳动仲裁委员会。劳动仲裁委员会成立后,在调解劳资纠纷中发挥了重要作用,因此,南京的劳资关系相对缓和,1932—1936 年间,南京市共发生劳资纠纷 119 件,平均每年不足 24 件,其中只有 3 件发生罢工事件。①

同时,南京市政府也给予社会团体一定的政策和物质上的扶持。比如 1937 年 7 月 15 日,南京市各界组织"首都各界抗敌后援会",呈请国民政府拨款 500 元为该会经常办公费,结果是"中央党部拨助 500 元,行政院拨助 300 元,国民政府委员会文官处各拨助 150 元,参军主计两处各拨 100 元"。10 月份,因为工作繁忙,工作人员不够,首都各界抗敌后援会函请国民政府文官处"就留京候派人员中选派干练人员来会担任工作",文官处便"派本处书记官杨定武、方仲豪二员,前来协助"。后来天气渐寒冷,前方将士及伤兵难民急需棉被和棉衣等御寒衣物。鉴于南京市各机关工作人员的眷属多已离京,可能有许多衣物没有带走,首都各界抗敌后援会致函国民政府文官处"请转知所属尽量捐输,并由各机关庶务处代为收集送会"。文官处的答复是"募得衣服十六件,现金一百零二元"。②

虽然社团基本上采取与政府合作的形式活动。但是,社团毕竟是作为一种具有现代性的市民群体出现和存在的,尽管在中国不像在西方那样纯粹是民间组织,但它还是具有一定的独立性,对政府的

① 参见南京市社会局编印:《南京社会》,1937 年 6 月,"农工商业",第 66 页。

② 《首都各界抗敌后援会活动》,1937 年 7 月,中国第二历史档案馆藏,全宗号:一,案卷号:801。

要求也并非百依百顺,常常为了维护自身利益,甚至是民族利益方面与政府抗争。虽然这种对抗很有限,但也显示了一定的力量,表明了市民独立参与社会管理和参与国家政治的愿望。

1928 年 12 月 13 日,南京发生对日外交团体游行运动中捣毁外交部长王正廷住宅事件,南京市卫戍司令部逮捕了全国反日会常务委员夏天,引起全国各民众团体的反对,一致要求释放夏天。① 最后,国民政府迫于压力释放了夏天。

1934 年 11 月,市商会各委员集体辞职一案是影响较大的社团向政府表示自己意愿的行为。市商会虽然在许多方面充当了政府合作者的角色,但它同时也是一个利益群体,也有实现自己利益的强烈愿望。当政府行为严重影响到商会本身利益时,它也会作出对抗姿态,以维护自身利益。1934 年 11 月,因为一部分同业公会对南京市政府所征收的营业税延不缴纳,市政府为整理税收起见,请警察协助直接向各商户催收。而以前的营业税都由各同业公会代收,同时市政府准备调查各商户账簿以作为征收根据,这引起了商民的不满。于是各同业公会借市商会召集联席会议议决,请求市商会转呈市政府体恤商艰,准予缓纳营业税,并且反对处罚滞纳税。结果这项消息传出,市社会局当即训令市商会:"同业公会主席联席会议之名词,与法无据,应予纠正,以后不得援用,各业如有关系问题交换意见之必要,可用谈话会之名义。"市商会各委员认为,各同业公会主席联席会议举行不止一次,都没有被主管机关指责训斥过,而这次因讨论营业税问题,事先呈明,社会局还派员莅临指导,况且各业联席会议之议决案,商会正在审慎考察中,尚未分别执行,却突然遭受严厉谴责,感到无所适从,认为"上无以负均部使命之重,下无以慰商民期望之

① 参见《南京反日运动捣毁外交部长住宅》,1928 年 12 月,中国第二历史档案馆藏,全宗号:一(2),案卷号:802。

股”。11 月 15 日,市商会向市党部提出总辞职。而市财政局不因为市商会委员的辞职而改变,坚持通过直接征税来整理税收。后来经过市党部第二次慰留,市商会委员于 12 月 22 日复职。[1] 此次事件在当时南京反响强烈,许多新闻媒体都进行了报道。虽然最后以政府的胜利而结束,但商会在市民中还是展示了其相对独立的形象。

此外,由于日本侵略步伐逐渐加剧,在 20 世纪 20—30 年代,南京的许多社团,特别是学生团体,组织了各种宣传抗日的集会、罢工、示威等活动,有些方面超出了政府法令的规定,充分展示了自己的立场、态度。

总之,社团与政府对抗的事件,毕竟还是占极少数。南京地处国民党控制中心,不论是社会团体还是市民个人,他们与市政府的对抗或者不一致是很有限的。就文化团体而言,南京的文化团体数目要比上海多,但是却没有出现像上海那样有广泛影响的左翼作家联盟,有相当多的团体是在中央的直接指导之下建立起来的。如政治团体,南京为全国的政治中心,而政治团体却比北京、上海等地要少得多,说明当时南京的政治控制要比全国其他地方严密。因此南京的各社会团体参与政治和社会管理主要限制在维护自身利益方面,特别是在维护经济利益方面,而维护社团的经济利益在当时似乎已经成为一种共识。于是在现有的社团活动材料中,社团为争取经济利益的事例屡见不鲜。如南京市起卸业职业工会呈请实业部,速设法救济因为铁路轮渡开通而失业的煤炭港车站全体劳工。南京市钱业工会等呈请行政院,救济因为首都轮渡通车以来受巨大影响的南京市工商各业。[2] 南京市旅业公会、浴业公会、百货业公会、抗日会、民

---

① 参见《南京日报》1934 年 11 月 16 日—12 月 23 日的相关内容。

② 参见《关于各地工人失业情况文件》(1930—1933),中国第二历史档案馆藏,全宗号:四二二(6),案卷号:237。

众教育馆等团体从自身利益出发,多次要求市商会出面向市政府力争,降低电灯费价格、房租价格,“减轻负担而恤商艰。”①1936 年 3 月,南京市筵席酒菜业对于南京市财政局“加征营业税千分之十,并同时征筵席捐”不服,要求减免,被南京市政府驳回。筵席酒菜业又向国民政府财政部提起诉讼,请求“撤销原决定及原处分”。结果仍然被财政部驳回。②

1933 年 12 月初,国民政府公布了《京市住宅租金办法》,由于租金过高,南京房客协会坚决反对房租新标准。为房租问题,房客协会发表三次宣言,并召开记者座谈会,表示“本会受全市房客之委托。非达到推翻目的不止”③。1934 年 1 月 9 日,房客协会向行政院请愿:要求:1. 修改京市住宅租金办法,使市房(即商店)亦列入其间,享受同等之待遇。2. 修改京市住宅租金办法,使租金标准尽量减低。3. 明令市府设立房租评价委员会,以消弭一切东客间之纠纷。4. 在京市住宅租金办法未修改完妥以前,明令市府暂缓执行京市住宅租金办法④。最后以“市党部既经允予请求中央转饬行政院另行修正该项办法”。⑤ 暂缓了房客协会的大请愿活动。社团对经济利益的追求,也不仅仅局限在小团体的利益方面,常常能够站在全市经济发展的角度提出自己的意见。可以说,这时的社团在社会生活中的作用逐渐重要起来,成为参与社会管理的一个独立力量。

以禁娼问题为例,1933 年,针对南京市政府的禁娼令,南京市绸缎业等联合请愿,要求开娼禁救济商业。请愿中称:“京市绸缎业等

---

① 《新民报》1933 年 12 月 17 日。

② 参见《筵席酒菜业不服财政局苛征营业税兼征宴席捐之处分》,1936 年 3—12 月,南京市档案馆藏,案卷号:1001—1—964。

③ 《市房客协会昨招待记者》,《中央日报》1934 年 1 月 22 日。

④ 参见《市房客协会昨向行政院请愿》,《中央日报》1934 年 1 月 10 日。

⑤ 《修改房租金办法问题》,《中央日报》1934 年 1 月 24 日。

同业公会,受'九一八'等影响,营业一落千丈。且自禁娼之后,绸缎业及酒席业尤为损失。故要求开放娼禁,救济商业。"经市政府令社会局迭次邀集各机关举行联系会议,解决禁娼问题。结果以"为振兴市面,并以禁娼后私娼反形增加,有碍观瞻,遂共同拟具办法,寓开于禁"。但有关开娼禁的建议,却引起社会的强烈反响,特别是妇女团体的强烈反对,她们坚持"开娼禁不仅不能救商业,且有纵淫之嫌疑"①。虽然又有缎业、酒业等同业公会联合再请开放娼禁,开娼禁的意见也曾经一度在政府内占上风,但是面对反对的声浪,最后行政院没有批准南京市开放娼禁。

此外,社团自发组织,是社团参政最为积极的一种方式。随着政治经济和社会生活的不断进步,市民自发要求组织起来,表达自己的意愿,这是社会进步的表现,也是现代化的方向,也使社团存在具有了真正的现代意义。现代社会要求人们寻找自己的利益共同体,自己承担管理自己的责任,同时现代社会也提供了人们自觉参与国家政治生活的机会。在南京,这样的事例也不少见。比如房客协会的成立,就是房客为了维护自身利益而自发建立的。1933 年 12 月,南京市政府颁布了《京市住宅租金办法》规定了房租新标准,准备 1934 年元旦起实行。南京市房客协会发表宣言,请暂缓执行房租新办法,为了壮大力量,商民发起组织"全市房客协会","以谋求解决之方,而促进主客间之感情",联名呈请市党部颁发许可证。② 又如 1931 年 9 月 24 日,成立的"首都各界抗日救国会"、"首都各校抗日救国会"等,尽管最后要得到政府有关部门的批准,但是其成立仍然具有自发组织的性质。

---

① 《新民报》1933 年 12 月 18 日。

② 参见《商民发起全市房客协会解决房屋租金纠纷呈请市党部颁许可证》,《中央日报》1933 年 12 月 31 日。

三、难以克服的局限性和弱点

作为现代化进程中的产物，严格意义上的社会团体的产生，应该是市民群体自发的、自主的自治性团体，是介于政府与个人的中间组织，相对于政府具有一定的独立性。但是从近代中国社团的发展来看，从其产生的方式来看，与国家政权推行的改革政策密切相关，市民群体所形成的组织力量有相当部分是在国家政权推动下出现的。国民政府在1928年提出对社会团体进行全面整顿，就是希望改组后的社团，不再是独立表达民众意见的组织，而成为他们控制社会的工具。改组后的社团完全在南京市党部和市社会局控制之下，社会局不仅要检查所有社团的活动计划和章程、成员名单，而且要检查财务报告、会议详细记录等，并且对社团负责人的人选进行考察。因此社团总是小心翼翼地寻求利益平衡点和共同点，以期得到官方的认可和保护，他们不能也不愿与国家政权处于抗衡状态。比如在城市市民群体中扮演主要角色的商会，多半带有半官方机构色彩，其成员大多有"准官僚"的社会地位。可见，作为近代市民社会中坚组织的商会这类社会团体，往往从一开始便包含着民间和官方的双重因素。而这种双重性，就决定了它的局限性，即它不能够完全独立地存在，从而它所代表的群体也不能够形成完全独立的阶层。由于这些局限性，也就使得近代以来南京的社团发育不够完全，也就不能够在推进城市现代化进程中发挥作用。

第三节　社会生活方式的变迁

新式教育的出现、报纸广播等大众传媒的兴起以及西方现代生活方式、价值观念的流行与传播，使城市居民在语言、行为、思想上越来越远离传统的约束，人们的日常生活、礼仪习俗、家庭婚姻观念等都发生了很大转变。

一、大众传媒的兴起

在现代社会里,大众传媒作为社会传播信息和文明的主要渠道,对人类社会生活无疑起着重要的冲击和引导作用。“人的社会活动本质上就是一种信息的传递、吸收与反馈的过程。社会互动在这个意义上可以称之为信息传播与互馈的过程”。① 这种信息的传播有效地缩短了社会的时空距离与心理距离,加快了社会生活的现代化进程。

近代以来,南京由于其特殊的政治地位,逐渐成为全国教育文化中心,作为近代大众传播的主要媒介——报纸、杂志、书籍在南京得到迅速发展,这从南京印刷业的异军突起中得到充分反映。② 1934年统计,南京有印刷厂30家,其中27家是创建于1927年以后。

表5.17 南京市在国民党中央宣传部登记备案之报纸一览表(1930年2月—1933年12月)

名称	负责人	刊期	地址	名称	负责人	刊期	地址
中央日报	程沧波	日刊	新街口	石头报	叶定	三日刊	朱雀路
中央夜报	程沧波	夜报	新街口	大京报	鲁夫	三日刊	小油巷3号
新京日报	石信嘉	日刊	二郎庙	呐喊报	宗有干	三日刊	评事街23号
新民报	陈铭德	日刊	估衣廊73号	呱呱报	汪振立	三日刊	建康路221号
民生报	成舍我	日刊	汉西门石桥街公字40号	菁报	黄树	三日刊	中华路许家巷14号
中国日报	任觉伍	日刊	明瓦廊22号	小钢报	宋继勋	三日刊	大中桥八宝前街60号
华报	许念慈	日刊	慧圆里7号	南京晨钟报	郭济时	三日刊	朝天宫内

① 忻平:《从上海发现历史——现代化进程中的上海人及其社会生活》,上海人民出版社1996年版,第219页。

② 参见本书第二章第一节“现代工业主体初步形成”相关内容。

名称	负责人	刊期	地址	名称	负责人	刊期	地址
救国日报	龚德伯	日刊	太平路磨盘街4号	戏报	戴戡武	三日刊	邀贵井9号
三民导报	胡大刚	日刊	中正路280号	社会报	汪逸民	周刊	下关兴中门外
新中华报	于纬文	日刊	贡院西街77号	星光报	龚伯德 尹宏谋	日刊	太平路吉祥街8号
朝报	王公弢	日刊	新街口	燕子周报	吕松山	周刊	燕子矶
大风日报	叶开鑫	日刊	三条巷23号	新艺报	陈汉	周刊	走马巷3号
中国晚报	周作民	日刊	明瓦廊55号	工商报	郭子章	三日刊	东牌楼17号
青白报	唐思远	日刊	平江府街3号	京城报	卢寿镕	三日刊	军师巷游岭2号
远东报	许超	日刊	平江府街13号	国光报	章船雍	三日刊	糯米巷13号
边事日报	克治平	日刊	绒庄街62号	社会晨报	左南冥	日刊	贡院戊辰印刷所
宁报	严必康	日刊	旧王府41号	南京晓报	祝敏之	日刊	尼马巷踹布坊38号
党军日报	李蔚秋	日刊	黄埔路中央陆军官学校	民风报	黄明	三日刊	安仁里42号
南京晚报	张友鹤	日刊	益仁巷陶德里7号	南京人报	黄近青	日刊	建康路2145号
人民晚报	周方刚	日刊	中正街25号	新中国报	张慧创	日刊	长乐路68号
新南京晚报	凌逵	日刊	花牌楼42号	中华京报	裘伍咸	三日刊	建康路
南京晨报	袁国珍	日刊	长乐路198号	南京华侨报	张不飞	三日刊	石鼓路29号
南京早报	张友鸾	日刊	建康路215号	京潮报	李韵秋	三日刊	西花露岗117号
侠蝶报	纪晋开	日刊	程阁老巷7号				

资料来源:中国第二历史档案馆编:《中华民国史档案资料汇编》第5辑第1编,“文化(1)”,江苏古籍出版社1994年版,第127—128页。

从表5.17可见,仅仅南京市登记备案的报纸就有47家之多,另外,还有大量没有登记的报纸,以及当时全国其他各地的大报刊,如《申报》、《大公报》等在南京也都有较大发行量。南京还有大量的通讯社和杂志社。据1934年统计,“曾经登记之新闻纸,计178家,注销103家,现有日报社29家,通讯社48家,杂志社36家。各省市日报分销处14家,中西派报社2家。”①据1935年11月统计,南京市有通讯社26家、杂志218种,其中教育文化类杂志有53种。② 1937年统计,南京市“现存之杂志社156家,新闻通讯社37家,报馆23家”③。另外,图书的发行量在南京也十分可观,不但有大型图书馆,如江苏省立图书馆、中央大学图书馆等,还有许多新旧书店、书摊,“自朱雀路过白下路而北,旧名花牌楼,今日太平路,乃战前新书业荟萃之区。”④民国时期,从大行宫、太平南路延至夫子庙,一直是南京书业的聚集区,大小书店鳞次栉比,衡宇相望,竟达四五十家之多,全国各著名出版社多在此设有分社或门市部。如1923年后,中华书局在杨公井建店,它从创办直至解放时,前后出版图书高达14,300余种。特别是1935年正式出版的《中华大字典》,在南京甚为畅销,这是当时最完备的一部字典,比《康熙字典》还多收1,000余字。⑤南京的旧书肆多集中在夫子庙泮宫内外和状元境、贡院西街一带。从民国以来,这些旧书肆绝大多数是小本生意,虽以出售线装书为主,但也往往古今中外、三教九流无所不包。

---

① 建设委员会经济调查所统计课编辑:《中国经济志(南京市)》,建设委员会经济调查所1934年,第57页。

② 参见南京市社会局编印:《南京社会调查统计资料专刊》,1935年11月,第86—87页。

③ 南京市社会局编印:《南京社会》,1937年2月,“人事管理”,第11页。

④ 纪庸:《白门买书记》,薛冰编:《金陵旧事》,百花文艺出版社2001年版,第169页。

⑤ 参见俞允尧:《秦淮古今大观》,江苏科技出版社1990年版,第76页。

大众传媒的出现,带来了大量的信息。时事新闻、社会热点、经济动态、家庭生活、学术争鸣、诗歌散文以及各种产品、影视广告等,应有尽有,内容之新颖、范围之广泛是前所未有的。尽管大众传媒的接受者在社会上并不占多数,甚至只是在少数受教育者中间传播,但这些信息的传播以及其他各方面因素的影响,形成合力作用,使得近代南京市民文化、生活方式产生了比较明显的变化。

二、社会生活方式变迁之一:衣食住行乐

衣、食、住、行、乐是人类最基本的日常生活方式,是社会生活中最活跃的事项。它们的变迁虽然直接与社会物质生活条件有关,但有时候,时代风尚对社会方式的影响,往往比物质条件的影响更大。近代以来,随着开埠通商、社会经济的不断发展以及西方生活方式的影响,南京人传统的衣食住行等生活方式受到冲击,人们开始逐步向近代较为文明、科学、健康、便利、实用的生活方式转变。

1. 衣食住行的变化

衣　服装是人类文明的标志,它除了满足人们物质生活需要外,还反映着人们价值观、审美观的变化。清末民初,我国服装式样开始出现大的改观。主要表现在三个方面:一是传统等级观念被淡化,不文明的服饰习惯被摒弃。民国以后,从服装的式样和色彩上已经看不出官民等级的分别,清朝时期的官爵命服以及顶戴花翎、朝珠蟒袍等均被束之高阁。男子留辫、女子缠足等陋习也被摒弃。二是服装面料、式样的多样化。在面料上,国产棉布仍然为普通大众所常用,但在高级衣料方面,传统的绸缎却逐渐被国外进口的价廉物美的机器纺织衣料,如华达呢、哔叽呢、法兰绒等取代。在服装式样上,男装有长袍、马褂、短衫、袄、裤、西服、中山装;女装有衫、袄、裙、裤、西式裙装、旗袍等。城市里还有更为时髦的打扮,如1912年的《申报》刊登一篇题为《时髦派》的短文:

现在我们居然是个共和国国民了,各种东西都要改良改良,顶要紧的是身上的装饰。现今先说女界上所不可少的东西。尖头高底上等皮鞋一双,紫貂手筒一个,金刚钻或宝石金扣针二三只,白绒绳或皮围巾一条,金丝边新式眼镜一付,弯形牙梳一只,丝巾一方。再说男子不可少的东西,西装、大衣、西帽、革履、手杖,外加花球一个。夹鼻眼镜一付。①

不过这时南京在服饰方面似乎有创新不足、模仿有余之嫌,“妇女衣服,好时髦者,每追踪于上海式样,亦不问其式样大半出于妓女之新花色也。男子衣服,或有模仿北京官僚,自称阔老者;或有步尘俳优,务趋时髦者。至老学究之骨董衣服,新学派之西服革履,则各是其是,非局外人所能加以评论矣。”②

食　在日常生活中,饮食大概是最少受西方影响的。西餐引入中国只是增添了一些点缀而已,普通百姓也仅仅出于新奇或时尚偶尔一吃。作为领导社会风尚的上流社会,在饮食方面仍主要以中国的几大南北菜系为主。当然,洋烟、洋酒、西式糕点等是显示身价的时尚消费品。由于南京地处南北交汇之所,又为全国政治中心,政府高层要员来自东西南北,这样带来了各种饮食习惯,极大地丰富了南京的饮食内容。在记录民国时期流行于南京的家常菜的《白门食谱》中,就有特产蔬菜 27 种,常见菜谱 34 种。③ 南京的小吃也很丰富,各色风味小吃不下数十种。无论是菜系还是口味都没有明显的南北之分,各种菜系在南京都有市场。一般老百姓的日常饮食没有明显地域色彩,风味混杂。许多到过南京的人对南京的小吃念念不

① 《申报》1912 年 1 月 6 日。

② 《南京采风记》,褚民主编:《中国文化精华全集 · 风俗地理卷》,中国国际广播出版社 1992 年版,第 253 页。

③ 参见张通之:《白门食谱》,薛冰编:《金陵旧事》,百花文艺出版社 2001 年版,第 130—144 页。

忘。20 世纪 30 年代时，朱自清就曾在其文章中提道："南京茶馆里的干丝很为人称道，……我倒是觉得芝麻烧饼好，一种长圆的，刚出炉，即香，且酥，又白，大概各茶馆都有。咸板鸭才是南京的名产，要热吃，也是香的好；肉要肥要厚，才有咬嚼。但南京人都说盐水鸭更好，大约取其嫩、其鲜。"①

住　住宅不再局限于传统的木式结构，而开始对西式建筑产生兴趣，出现了西式或半西式的住宅，建洋楼、住洋房成为一种时尚。其中，最有代表性的是山西路一带的新式建筑。在这些新式建筑中，花园、游泳池、沙发、西式家具等设施一应俱全。由于受经济条件的限制，住的变化程度相对于"衣"、"食"、"行"来说要小些。因为穿几件时尚的新衣，品几次西式饮食，坐几趟新式交通工具，对于普通百姓来说并不困难，但要建造一座像样的住宅，却不是一件容易的事情，更不必说全盘西化的洋房、别墅。因此，这些新式建筑仅为达官要人、富商巨子或社会名流们所拥有，为数极少。广大中下层百姓的住宅仍十分简陋，甚至有 1/4 强的下层百姓以草屋芦棚为居。

行　在衣食住行中变化最大的当属"行"。"行"的基本特征是新式交通工具越来越受到人们的欢迎。如果说，在"衣"、"食"、"住"的变迁中还较多地保留着传统形式的话，那么在"行"的问题上，只要经济条件许可，人们对现代科学技术的产物总是来者不拒。民初，传统的以人力和畜力为动力的交通工具仍然是人们出行的主要代步工具，西式马车、黄包车开始流行，小汽车、摩托车、自行车、公共汽车尚不普及。1927 年后，随着南京成为首都以及现代化交通道路的建设日臻完善，南京人的出行工具发生了较大的变化，公共汽

① 朱自清：《南京》，蔡玉洗主编：《南京情调》，江苏文艺出版社 2000 年版，第 12 页。

车、出租车(包括出租汽车、出租马车)、自行车数量急剧增加。1936年,南京有汽车2,119辆,自行车9,279辆,数量最多的是人力车,有11,180辆,①传统的轿子已被淘汰。1937年抗战爆发前夕,全市的公共汽车达300余辆。

2. 消闲娱乐方式的多样化

南京自古为消费城市,市民多喜欢娱乐。民国以前南京人多遨游山水,公共娱乐场所很少,自国民政府定都南京,公共娱乐事业迅猛发展。"南京自定都以来,……供人消遣之娱乐事业,乃如雨后春笋日侵繁荣"。② 而且消费娱乐项目也更加趋于多样化,并且呈现土洋结合的状态。

看戏看电影　戏剧是中国独一无二的公共娱乐,南京戏剧曲艺品种很多,不仅有传统的京剧、评剧、清唱、大鼓、道情、评弹、说书、南京白局、杂耍等南北曲种,而且以言论表情吸引观众的新式白话剧也开始兴起。电影业到了民国也相当发达,公共娱乐场所主要集中在夫子庙、新街口一带。在新街口周围有很多电影院,像新都大戏院、中华大戏院、世界大戏院,京戏院有中央大舞台等。夫子庙一带,电影院有首都大戏院、大光明大戏院,京戏院有南京大戏院。1931年有电影院14所,上半年公映的影片达489部。③ 另外,还有许多特色地方戏,如苏、沪的滩黄,京、津的梅花大鼓,山东的梨花大鼓,其他如相声、越剧、平话,这些皆附设在各大茶社里。

逛公园游名胜　南京的游玩区很多。梁实秋就曾经感慨:"南

---

① 参见南京市政府秘书处统计室编印:《南京市政府行政统计报告》(1935年度),1937年4月,第224页。

② 《南京之娱乐场所》,《社会杂志》第2卷第5、6期合刊,1931年12月15日,"社会珍闻",第1页。

③ 参见《京市民众电影热》,《社会杂志》第2卷第1、2期合刊,1931年8月15日,"补白",第11页。

京的名胜真多”①,许多到过南京的文人、名人,如朱自清、郭沫若、俞平伯、张恨水、孙犁、周瘦鹃、陈白尘、储安平、巴金、田汉、黄炎培等都留下过游记类散文。归纳起来,民国时期南京可供游玩的名胜古迹主要有:中山陵、灵谷寺、明孝陵、牛首山、栖霞山、燕子矶、鸡鸣寺、莫愁湖、玄武湖、雨花台、清凉山等等。南京人有喜欢出游的习惯,有“春栖霞,秋牛首”、“清明节登雨花台”的传统习俗。而每逢旧历新年的出游更是热闹非凡,《南京的新年》一文对此有精彩的描述:

(新年这天)南京的士女们,一骨碌爬起来,多半赶早吃饭,大家扶老携幼的、熙熙攘攘的向总理墓进发。渐渐的热闹了,在上午十点钟左右,你若依着陵墓前的石栏,向下一望,在青葱起伏的林野间,沿中山马路,只是曲曲折折的、络绎不绝的黄包车、马车、汽车,穿梭似的往来驰骋着。……说到游人,自然有不少的摩登士女,但你也可以发现有乡下大姑娘夹着在,有的穿得艳红艳绿的,有的鬓旁还缀着野花。

附近还有许多名胜——明孝陵、灵谷寺、谭墓……各有各的特色,新年这天都是一一要游览的。

五洲公园,在南京士女们的心目中,这是第二必须瞻望的处所,何况她凭依着古色苍苍的台城,还可增加一些游人的凭吊呢!……寒冷的北风虽然呼呼的吹打着,小小的湖面已晃动起各色的人影:有的坐茶亭子,有的荡小艇。点点的游艇拍着光秃秃的荷枝,雅逸的口琴声、呼彩声,从艇中飘荡过来,逗得茶社中的朋友神移了去。健腿的先生们、女士们尽是一群一群的绕着岛子转,半天的时光很快就消磨去了。②

---

① 梁实秋:《南游杂感》,薛冰编:《金陵旧事》,百花文艺出版社 2001 年版,第 20 页。

② 张文亚:《南京的新年》,《文化建设》第 2 卷第 4 期,1936 年 1 月 10 日,第 106 页。

泡茶楼澡堂　这可以说是南京的传统。“南京人喝茶,自有他的历史和特殊的习惯,中级以下之一部分商民,他们的早点大概都在茶馆里解决,他们清早起身,就约了二三个友朋,跑到附近的茶馆,在那里洗洗脸、喝喝茶、吃吃点心、谈谈天,然后再回去,做他们正当的职业。其闲散的态度,诚为外地人所不及。”①这样南京的茶社生意自然比较好。南京的茶馆,分清茶与茶点两种,清茶室完全卖茶不卖点心,茶点室则卖茶兼卖点心。全市大小茶馆“总数约在550家以上,夫子庙一带,则为茶馆会聚之地,其中尤以夫子庙文德桥旁边之得月台历史最悠久,开设迄今已有六十余载,茶馆资本较大者,首推新奇芳阁与六朝居,资本均在七八万元以上”②。南京人还有泡澡堂的习惯,据《南京采风记》记载,“宁人复有一习惯,无事喜往澡堂闲坐,……一般社会交际,商家贸易,往往约定时刻,以澡堂为谈话之地,否则即在茶寮。”③因此有“南京人最喜欢的两件事:早上皮包水,晚上水包皮”④的说法。

其他娱乐还有去弹子房、斗牌、斗草、跳舞、捧歌女、赌博等。

民国时期南京主要的消闲场地是秦淮河。南京的娱乐场所,“大率集中夫子庙、新街口一带”,⑤这一带集中了2家电影院、1家京剧院、6家清唱茶社、1家大鼓书场、1家游艺场。⑥ 秦淮河中的画舫游船,更是这一带独有的娱乐。贡院街前、背临秦淮河,经过政府修缮,建成秦淮小公园,“蔚然为市民休息之所”⑦。十里秦淮不仅是

---

① 《吃茶与早点是南京人的嗜好》,《南京日报》1935年3月20日。

② 《吃茶与早点是南京人的嗜好》,《南京日报》1935年3月20日。

③ 《南京采风记》,褚民主编:《中国文化精华全集·风俗地理卷》,中国国际广播出版社1992年版,第252页。

④ 《南京人最喜欢的两件事》,《南京人报》1947年6月5日。

⑤ 南京文献委员会编:《南京小志》,中华书局1949年版,第100页。

⑥ 南京市政府秘书处编:《新南京》,南京共和书局1935年版,第27页。

⑦ 南京市政府秘书处编:《新南京》,南京共和书局1935年版,第27页。

一般百姓喜爱的去处,而且也吸引着许多的文人墨客,或来此怀古凭吊,或来此消遣玩乐,"著名文人张大千、徐悲鸿、胡小石、于右任等都曾是秦淮风味小吃的常客"。① 田汉、阳翰笙也曾到秦淮捧过歌女②,政客官僚更是将秦淮河看做消遣交际的场所。

三、社会生活方式变迁之二:礼俗、婚姻家庭观念

和衣、食、住、行、乐等日常生活相比,礼俗、婚姻家庭观念的变化是较为深层次的。它们是一种较为稳定的行为规范,是在人们的宗教心理、道德心理和日常生活方式的长期影响下的产物。

1. 礼俗观念的变化

在社会生活的礼俗中最具代表性的是婚丧礼俗。婚丧礼俗属于人生礼俗,它是一种个人生命周期中出现的礼制仪式。中国封建社会的婚丧礼俗,虽与原始人类对生命的再生、繁衍等心理有关,但更多体现的是中国封建伦理观和传统小农社会的生活观、人生观。近代以来,随着西方生活方式、价值观念的影响,以及政府的大力倡导,南京传统的婚丧礼俗也发生了改变。主要表现在两方面:

一是传统的婚丧礼俗被部分抛弃或加以改良。旧式的婚丧礼俗十分烦琐、奢靡。清朝以前,南京一个完整的婚礼程序要经过"六礼":纳彩、问名、纳吉、纳征、请期、亲迎。而且各种礼节、规矩极多,极其烦琐。关于丧葬方面,南京人历来重视治丧,有俗语云"人死为大",因此,花费铺张、禁忌颇多,时间也较长,一场丧事往往要花费十几天时间。民国以后,政府公开倡导婚丧礼俗改革。1914 年年初,北洋政府教育部倡导统一婚丧礼仪:"自民国以来,所有婚丧礼

---

① 《何为秦淮吸引力》,《南京文化》1992 年第 5 期。

② 参见杨易心、田魂编:《南京特写》第 2 期,南京特写社编印,1937 年 6 月,第 12 页。

节,旧日之仪式即不适用,而仿行外国之仪式亦多有隔阂,而不能通。此事虽微于民俗,实有非常之关系。宜采取世界现行之通式,参照中国历来之风俗习惯,厘订民国婚姻通行礼节,颁行全国,以资遵用,而昭划一。"①南京是较早的对婚丧仪仗以法规的形式进行管理的城市。1930年南京市颁布《南京市婚丧仪仗暂行办法实施细则》对婚丧仪仗作了规定,其中规定在丧礼上绝对禁用"有封建色彩和迷信观念之仪仗",如开路大神,五兽(狮、犼、象、麒麟、独角兽),八骏:八仙、骑兽、八仙亭、二仙亭、十二花神亭、十八罗汉亭、西方接引佛、鸾驾龙凤杠,各式奠伞、金山、银山等。② 由此,南京婚嫁,随时代发展,由繁趋简。"已往往不依古制,逐渐形成自己特色","(丧礼)民国以来,仿效西俗,从简处之"。③ 原来要持续好多天的婚礼,现在"一日或半日即可毕",丧礼也"从简者多一日可毕"。④

二是一些西式礼俗被采用。新式婚丧礼俗中有许多内容直接来自"西式"或者参照西式礼节。如新人互赠戒指为订婚、结婚的信物;婚礼中请证婚人、主婚人、傧相;婚礼中奏乐、唱歌;新郎穿西服、新娘穿白色长裙、披婚纱;宣读婚书等。政府还提倡集团结婚,民国时期的集团结婚创始于当时中国最大的城市上海。1934年12月,上海市社会局拟定了《新生活集团结婚办法、仪式和参加须知草案》,其主要内容是:在极俭约的经济支配之下,举行极度庄严的结婚仪式。凡本市市民举行婚礼,都可以申请登记,经社会局核准后参加集团结婚。规定每年元旦、孔子诞辰、双十节、孙中山诞辰为集团

---

① 《申报》1914年1月13日。

② 参见中国第二历史档案馆编:《中华民国史档案资料汇编》第5辑第1编,"文化(1)",南京江苏古籍出版社1994年版,第439页。

③ 南京市地方志编纂委员会编:《南京简志》,江苏古籍出版社1986年版,第866—867页。

④ 南京文献委员会编:《南京小志》,中华书局1949年版,第93页。

结婚日期,每次征求50对,每对交纳费用20元。① 自上海发起集团结婚之后,各地纷纷仿效。南京也拟定了《南京市新生活集团结婚办法》,决定每年举行4次。截至抗战爆发前,南京市社会局在励志社礼堂曾经先后举办过七届新生活集团结婚仪式,共计272对新人参加婚礼。列表如下:

表5.18　南京市历届集团结婚统计表(1935—1937年)

届次	时间	参加结婚对数
1	1935年8月10日	33
2	1935年11月20日	32
3	1936年3月1日	38
4	1936年6月9日	42
5	1936年9月16日	39
6	1936年12月16日	44
7	1937年3月28日	44

资料来源:南京市社会局编印:《南京社会》,1937年2月,“人事管理”,第1页;《中央日报》1937年3月28日。

历届结婚典礼地点均在励志社礼堂举行,除由国民政府暨市政府乐队参加奏乐外,还由市长及社会局局长证婚,仪式隆重,结婚人均着规定礼服。以第七届为例,“新郎的礼服,是青袍黑马褂、白袜黑鞋;新娘的服饰,从头上披的头纱,直到足上穿的鞋,都是妃色的,犹如初放的芙蓉,美丽绝伦。”②市民观礼者,每次超过千余人。参加婚礼的新人从职业来分析,有党、政、警、教育、商、学、医、银行、新闻、工程、农业、工业等界,年龄男子自16岁至42岁,女子自16岁至36岁止。③

---

① 参见李凯鸿:《“集团结婚”的由来》,《民国春秋》1994年第3期。

② 《七届集团结婚》,《中央日报》1937年3月28日。

③ 参见南京市社会局编印:《南京社会》,1937年2月,“人事管理”,第2页。

丧葬方面,开始实行火葬。南京市政府为"整顿市容,注重卫生,及节约市民经济,便利死者家属营葬起见",于1937年在市郊大营盘、白骨山建成公墓,并在大营盘公墓内附设火葬场。丧礼时有人已仿效西俗,丧事从简,以黑纱缠臂为服,张挂挽联孝幛,开追悼会,行鞠躬礼,向遗体告别。①

2. 婚姻家庭观念的变化:一个民意测验的分析

随着大众传媒的兴起,在社会风尚发生变化的同时,社会心理以及社会观念也发生了一定变化。而在社会心理与社会观念的变化中,首当其冲的是关于婚姻家庭观念的变化。这里以陈鹤琴在1921年前后进行的学生婚姻家庭问题的调查研究为例,来考察民国时期南京的婚姻家庭观念的变迁。该项测验对象是大中学生,包括两个师范学校(绍兴浙江第五师范、杭州第一师范)、两个中学(徐州江苏第十中学、南京高师附中)、一个大学(南京金陵大学)和一个高师(南京高等师范),共得问卷631份。其中已婚者184(占29.15%),已订婚姻者181(占28.54%),未订婚姻者266(42.31%)。② 学校学生的观念虽然较一般普通百姓要新,但它毕竟也是反映社会心理的一面镜子。而且该测验涉及的学校一半在南京,具有一定的代表性。从这个调查中反映出来的婚姻家庭观念的变化主要有以下几个方面:

一是旧式的"父母之命,媒妁之言"的婚姻观念已经发生了一定的变化。虽然,人们没有完全主张婚姻个人自主,但个人自主的原则已基本确立。在该调查中,对已订婚者的调查表明,虽然有87.29%

① 参见南京市地方志编纂委员会编纂:《南京民俗志》,方志出版社2003年版,第157页。

② 陈鹤琴将该调查的问卷内容、结果及他本人的研究,整理后以《学生婚姻问题之研究》之名,连载于1921年2月25日、3月10日、3月25日出版的《东方杂志》第18卷第4—6号。以下关于该项调查的内容均出自于此。

的人是父母或叔伯兄姐代订的,但在回答“是否在心里愿意不愿意”的147人中,有61.38%的人不愿意;而对266位未订婚者的调查中,有63.52%的人提出愿意婚姻由自己定,21.34%的愿意双方同意,即自己和父母双方同意。对已婚者和未婚者关于婚姻改良的调查中,有265人提出了改良婚姻的意见,其中有77人次主张自由婚姻制,占29.06%,56人次主张双方同意制,占21.13%;主张离婚、退婚的人数不多,只有7人主张离婚自由,5人主张退婚自由。

二是在对婚姻对象的选择上,打破了传统“男女授受不亲”的道德观,更多地依靠自己,以交际、通信、同学、求婚、介绍相识等方式,加强相互了解,培养感情。在该调查中对“(婚姻)若是要你自己定,你将怎样着手?”的回答,作者列出了132个人的12种着手办法:

表5.19　陈鹤琴关于学生婚姻家庭问题调查统计表(一)

着手方法	人数	百分比
从交际上着手	48人	36.36%
托人介绍(相识)	23人	17.42%
详细调查平日察访	22人	16.66%
待自立后再想办法	16人	12.12%
道德良好使他人求婚	7人	5.3%
先商量于好的父兄	5人	3.79%
先认识好的家长	3人	2.27%
与女通信	3人	2.27%
打破家庭	2人	1.51%
男女同学	1人	0.95%
劝父母许自定	1人	0.95%
求上帝启示	1人	0.95%

资料来源:陈鹤琴:《学生婚姻问题之研究》,《东方杂志》第18卷第6号,1921年3月25日,第109页。

三是旧式的以贞操、名望、门户、财产为依据的婚姻选择标准,开始被以对方个人素质为依据的婚姻选择标准所代替。在“你想得一个怎样的女子为妻”的调查问题中,作者给未订婚者列出8个方面(品貌、年龄、学问、家势、性情、才识、身体、其他)供回答,调查结果中值得注意的几点是:1. 关于年龄方面,在211个回答问题者中有60.19%选择年龄相同的,39.81%选择年龄较小的,而无一人选择比自己年龄大的。这是对传统的“女大男小”婚姻习俗的反对。2. 注重女子教育背景重于品貌,在关于品貌的257个回答者中,有68.42%只要求平常、端正,9.34%不论相貌;而有219人愿娶有学问的女子为妻,其中59.82%的人希望女子有中学以上学历。此外,在对已婚者调查中发现,在149个对婚姻不满意者中,有57.71%的人是因为妻子“缺乏知识”。而已订婚者中,对所订婚事不满意的91人中,有43.95%是因为与之订婚的女子“不学无术”。可见,传统的“女子无才便是德”的婚姻家庭观念已遭到否定。3. 关于家势方面,中国传统讲求婚姻要“门当户对”,而在民国以后,这种观念开始被打破。在246个回答该问题者中有45.93%的人不问女子的家势如何,只有2.03%的人希望娶有声望人家的女子。

四是在心理上已逐步抛弃具有家长制色彩的大家庭制度,而希望在建立小家庭的同时,能保留大家庭制中原有的人道主义精神——养老。在调查中,对已订婚者和未订婚者的“结婚后,想仍和父母同住呢?还是另组家庭?如其要另组,为什么缘故?”在回答此问题的392人中,愿与父母同居的虽占71.68%,但是,他们的理由不是出于维护大家庭制度,而主要是出于侍奉父母和享受天伦之乐;而婚后愿另组家庭的28.32%中,主要原因是出于希望独立不倚赖父母和破除旧家庭制度。

五是在夫妻关系上,已经基本摆脱封建的男尊女卑、“夫为妻纲”的男权主义道德观,而代之以男女平等、互敬互爱、独立自主的夫妻道德观。调查中，对于绝大多数是父母包办婚姻的已婚者来说，不管他们婚后与妻子的爱情怎样，绝大多数人对妻子的态度是“平等尊敬”、“尊敬”、“尊重她的人格”（见表5.20）。

表5.20　陈鹤琴关于学生婚姻家庭问题调查统计表（二）

感情 / 态度	爱情浓厚	爱情平常	爱情淡薄	爱情毫无	合计
平等尊敬	28	29	8	2	67
平等	17	50	13	2	82
尊重她的人格	4	4	0	0	8
和平态度	3	6	2	1	12
指导态度	2	4	4	1	11
不平等不尊敬	2	6	4	5	17
冷淡态度	0	0	1	5	6
怜悯态度	0	1	0	0	1

资料来源：陈鹤琴：《学生婚姻问题之研究》，《东方杂志》第18卷第4号，1921年2月25日，第110—111页。

六是在对生养子女的态度上，传统的“不孝有三，无后为大”以及多生育男孩的观念有了一定程度的变化。在对已婚者的“假使你结婚多年，你的妻子还没有生育，你心里觉得怎样？那时你想不想娶妾？”的调查中，有147人回答了此问题，其中81.7%的人反对以妻子不能生育、为传宗接代而纳妾。有人认为“生育是关系两方面的问题，不生育并不全是女子的过处”。在人们心理上，子女的数目也不再是多多益善或任其自然。在未订婚的210人中，有87%希望要4个以下子女，其中47%希望要3个以下；15%希望要2个以下。

这个民意测验本身在命题上、范围上是否科学与准确，用今天的社会学眼光来看，也许值得进一步探讨。陈鹤琴自己也对该调查有不满意的地方,比如调查表格有缺陷,还有许多应该问的问题;调查所得的答案太少,不足以代表江浙两省的学生;该调查研究只是限于男生,对女学生的婚姻问题没有调查等。尽管如此,这个民意测验反映出人们关于家庭婚姻的心理或观念在20世纪20年代以后发生了相当大的变化,这是不能不承认的事实。

第六章 现代化进程中凸现的社会问题

城市社会问题是指在城市中存在的人与自然、人与社会以及人与人之间关系的严重失调或冲突现象,又称城市问题。[①] 城市问题是城市发展和变迁的必然产物,但是由于时间和空间的不同,不同时期、不同规模、不同类型的城市,它所出现的社会问题也不同。就民国时期的南京而言,当时的城市问题主要集中于庞大的弱势群体的存在、住房的紧张以及娼赌毒等社会丑恶现象的蔓延。

第一节 庞大的弱势群体的存在

西方国家人口城市化过程中,资本主义工商业发展及其分工的扩大,为移入城市的人口提供了大致相应的就业机会。而中国城市中由于民族资产阶级在新式工商业中的投资严重不足,无法为大量破产农民进入城市创造出更多的就业机会,从而形成新的城市过剩人口。这

① 参见向德平:《城市社会学》,武汉大学出版社 2002 年版,第 243 页。

使城市中的无业、失业等贫穷人口大量存在,在城市总人口中占有相当高的比重,这种现象在1927年后的南京表现得非常突出。

一、失业等贫困人口的增加

抗战前10年,南京人口数量急剧的机械式增长,从1927年的39万余人增加到1936年的100多万人,这些人口主要是由南京周边地区和省份流入的青壮年,多为适龄"就业人口",他们需要适当的就业机会。但是,正如前文所述,民国时期,南京的现代工业虽然取得了一定发展,但是工业化程度很低,吸纳劳动力的能力十分有限。据1930年统计,南京有28家工厂,工人人数为2,035人,显然与同期存在的庞大"就业人口"数量不匹配。尽管这一时期南京的商业、服务业较为发达,它们也分别吸纳了一定数量的适龄就业人口。但是,这些都无法解决同期急剧增加的就业人口的就业问题。这使得南京存在大量失业或无业人口,而大量失业或无业人口的存在也成为南京最大的社会问题。1928年,南京市有近49.8万人口,而失业与无业人员近达16万之多,占总人口的30%以上。① 1930年,南京有无业(含失业)人口292,876人,占全市人口的52.05%。② 据1934年6月统计,无业(含失业)人口为265,501人,占全市人口的35.82%。③ 1936年,有无业人口318,626人,占全市人口的34.76%。④

首都一般是谋生者比较集中的地方。由于南京的工商业不发达,来到南京谋生的有些文化背景的人较好的出路是进入行政界。但是,行政机关的容纳毕竟有限,所以要是某一机关招考什么书记录

---

① 参见陈松年:《统计后所发现的几个重要问题》,《南京社会》1928年11月,第31页。

② 参见首都警察厅编印:《首都户口统计》,1930年。

③ 参见叶楚伧、柳诒徵主编:《首都志》,正中书局1935年版,第502页。

④ 参见首都警察厅编印:《南京户口统计报告》,1937年,第52页。

事，竞相投报者数量与录用者相差惊人。以 1928 年春夏间南京各机关招考书录雇员为例：

表 6.1　国民政府首都各机关招考书记录事雇员调查表（1928 年）

招考之机关名称	投考人数	录取人数	备考
国民政府农矿部	380 人	20 人	除正取外另有备取 8 人
国民政府内政部	500 余人	20 余人	考书记录事
中央特种刑事法庭	400 余人	10 余人	考雇员
第四军新兵训练处	700 余人	8 人	考上中尉书记及一二等司书
总司令部警卫第二团	400 余人	7 人	考书记及司书

资料来源：张振之：《目前中国社会的病态》，民智书局 1929 年版，第 108 页。

上述各机关录取人数与投考人数的比例是 1∶45。对投考者的出身进行调查发现，大部分都受过中等教育，大学生较多，还有些是高等小学毕业的失业者，甚至还有几个留学生也投考，而竞争的竟是“书记录事雇员”。

在 1928 年 11 月间，国民政府首都有几个机关招考书记录事，应考的也非常多。例如财政部盐务署招考书记 10 名，而报名者达 500 多人，而实际录取了 4 名，①就等于是在 125 人中录取 1 人。这比起春夏间南京各机关平均 45 人中录取 1 人，竞争显得更加激烈。还有新成立的铁道部、卫生部也在 11 月间举行招考书记录事，以铁道部招考书记录事为例，报名者有 1,571 人，实际参加考试者约 1,000 名，录取者共 8 人，即每 125 人中取 1 人。② 而那些没有被录取的，大多留下来成为失业者或无业者。

上述这些仅是关于行政公务方面的就业情况。而商业、工业等

---

① 参见张振之：《目前中国社会的病态》，民智书局 1929 年版，第 109 页。

② 参见张振之：《目前中国社会的病态》，民智书局 1929 年版，第 111 页。

行业的就业情况也十分不景气。1930 年后，由于世界范围内资本主义经济危机的波及，国内工商业受其影响，商店歇闭、工厂停工的情况，时有所闻。南京市面之萧条也不例外，据 1935 年 7 月 24 日《南京日报》报道：

> 京市金融，近来尤为枯紧，市面萧条，已达极端。前有九新等商店之倒闭，近又有扬子面粉公司之收歇，兹承恩寺之福和、大兴绸布店，又以周转不灵，乃于昨日相继停业，福和等店，皆系去年新筹设，资本各约三万元，祇以市面枯竭，农村购买力薄弱，虽有货无法出售，因是坐吃山空，近以维持无力，乃早为收歇，以免愈挨愈深。此外尚有某某等商店，在京开设有年，近日来存款者，纷纷提取，银行钱店现金难予以周转，日内如筹措无法，难免没有倒闭之虞。①

商业状况如此，工业状况也相差无几，一直处于不景气状况，工人的就业很困难，常常遭受失业的威胁，据 1936 年 6 月《南京日报》报道：

> 本市各业劳工概数，依据工业团体调查统计，约在十万人左右，近年各界农业破产，工业亦连带遭受巨大打击，致失业工人日益增多，昨据工人福利会负责某委称，本市劳工为数虽伙，但近因各业俱陷于不景气，多数无工可做，迄至现时，有职业者尚不及三万人，均在风雨飘摇中为生活挣扎，此一大部分失业工友，无法救济，家庭及个人生计，悉陷绝境，殊堪注意。近据调查所得，失业占数最多者为缎机工人，次为上新河木业工人，此外下关和记商厂停工，津浦京沪两站实行联运，码头工人亦逐渐减少，值此社会经济枯竭之时，本市缺乏规模工厂设立，即剩存之

① 《京市面不景气　福和大兴又停业》，《南京日报》1935 年 7 月 24 日。

少数职工，前途暗淡，甚盼实业机关速筹救济云。①

在现代城市中，普通居民的收入来源主要是与其职业紧密相关的工资所得。因此，对他们而言，失业或无业便与贫困相伴。不仅如此，由于存在着职业收入的差距，一些居民即使有工作，也同样面临着贫困的威胁。特别是那些处于社会低层的劳动者，他们的工资收入十分微薄。20世纪20年代初，南京劳动界，"就是贫苦的工人，把他们计算起来，连男带女和小孩，总共有十五万以上。"他们的收入一般是一日几百文、几角，每月若有六七元则是相当高的收入了。"论到他们的'衣食住'三个字，若说讲究，自然是个笑话。略为好点的，或是寄人篱下，粗衣粝食，不饿不寒不露宿，也就要和妻子儿女一齐忙得个半死。下等的，就是'鹑衣百结'，恶蔬劣食，饱一餐饿一顿的，矮舍茅棚，怕不是他们所享受的家庭幸福！……若是有了疾病饥寒意外的事，也只好凭自己的命运了。"②20世纪30年代的状况比20年代也没有多少改善。以从事家庭服务的庸妇为例，1936年，她们每月的工资平均只有3.1元，最低者仅1元，最高者也不过8元。③

就是那些地位较高的公务类职业者的生活也并不十分宽裕，也多是捉襟见肘。1935年11月15日《中央日报》一篇题为《京官苦况》的短文便是一例：

白下（南京别称——作者著）自建都以来，生活程度，因之增高，宦游斯土者，莫不兴长安居大不易之叹！近又捐薪助赈，益陷窘乡，甚至有待米举火者。

偶阅宋稗类钞，章伯镇学士云："任京职有两般：日日望月初请料钱，觉日月长；到月终供房钱，觉日月短。"两般秋雨盦著

① 《本市一大隐忧七万余工人失业》，《南京日报》1936年6月1日。

② 莫如：《南京劳动状况》，《新青年》第7卷第6期，1920年5月，第1、16页。

③ 参见林鼎、徐国屏：《南京的庸妇》，《时事月报》第15卷第2期，1936年8月，第136页。

者梁晋竹亦云:“屡次入都,皆寓京官宅内,亲见诸公窘状。领俸米时,百计请讬;出房租日,多方贷质”。可见此风自古已然,特于今为甚耳。①

此外,由于战争、灾荒等原因,还有大量的灾民、难民流入南京。除部分被棚户区接纳外,多数难民几无栖身之处,常常“日夜暴露于马路之中,风雨无所遮掩,遇雨则男女老幼辗转于污泥之中,哀号悲鸣,惨不忍睹。”②至于民国时期南京到底有多少难民涌入,没有发现详细统计资料,但是,从零星的资料来看为数不少。如1931年长江发生大水灾,大量灾民涌入南京。行政院会同内政部赈务委员会、南京市政府组织成立首都水灾救济会,处理收容、遣散灾民事宜。自1931年9月5日救济会成立至1932年4月结束,共计遣散难民71,612人。③ 甚至河南西华、扶沟等县灾民也来南京。而“一二八事变后其转道来京为数尤其众”。④ 仅1933年1—2月,由首都警察厅遣送的难民就有16,146人。⑤ 由于1934年秋季南京邻近各县旱灾较重,灾民纷纷结伴到南京求乞者“络绎于道,人数竟在十万人以上”。⑥ 而且为了抢夺乞讨生计,难民与南京本地乞丐还发生聚众械斗事件。1936年3月20日,由下关遣送至芜湖、安庆、九江、蚌埠、宿州、徐州等地难民共计3,050人,次日,由泰昌轮局、招商局顺轮遣送至镇江、扬州、安庆等地的难民,共计508人。⑦ 1936年,全年共遣

① 白水:《京官苦况》,《中央日报》1935年11月15日。

② 《关于遣送难民之有关文稿》(1936年3月至1937年10月),南京市档案馆藏,案卷号:1001—1—756。

③ 参见南京市社会局:《首都水灾救济报告》,1932年,第51—63页。

④ 南京市社会局:《首都水灾救济报告》,1932年,第57页。

⑤ 参见《南京市政府公报》第123、124、125、126期,1933年1—2月。

⑥ 《难民与乞丐械斗》,《南京日报》1935年3月13日。

⑦ 参见《关于遣送难民之有关文稿》(1936年3月至1937年10月),南京市档案馆藏,案卷号:1001—1—756。

送难民 20,394 人。① 为缓解庞大流动人口的压力,南京市政府曾呈请国民政府行文各省限制灾民出境,并于 1934 年 2 月制定了《处置难民过境办法》,试图以此阻止难民来京,但收效不大。

二、人力车夫问题:弱势群体的个案分析

人力车,是一种用人力挽拉、供人乘坐的车辆,发明于日本,故称为东洋车(或简称为洋车),1886 年输入中国,最初发现于天津及北京,之后逐渐普及国内各都市。民国时期成为我国城镇的重要交通工具。拉人力车成为当时的一种主要职业,人力车夫问题就成为民国时期我国各都市社会生活的重要问题之一。曾为国民政府首都的南京,人力车夫问题也十分突出,是当时社会各界普遍关注的焦点。

1. 破产农民进城拉车

自从国民政府定都南京后,由于政府的迁入和外来人口的大量涌入,南京人口逐年增加,由于新式交通设备缺乏,人力车的需要与人口数量的增加几乎成正比,人力车夫的数量自然也随之增加(见表 6.2)。

表 6.2　南京市历年来人口与人力车关系比较表(1928—1936 年)

年份	1928	1929	1930	1931	1932	1933	1934	1935	1936
人口数	497,500	540,120	577,093	653,948	659,617	726,136	777,230	1,032,332	1,006,968
人力车数量	5,334	9,097	8,407	9,856	9,026	10,158	10,544	10,962	11,180

资料来源:南京市政府秘书处统计室编印:《南京市政府行政统计报告》(1935 年度),1937 年 4 月,第 224 页;南京市社会局编印:《南京社会》,1937 年 2 月,“人事管理”,第 29 页。

① 参见南京市社会局编印:《南京社会》,1937 年 2 月,“公益救济事业”,第 22 页。

由于人力车夫是一个流动性较强的群体,因此对其数量很难做出一个准确的统计,主要根据人力车的数量来推算人力车夫的数目。如,南京市1934年有人力车9,000余辆,普通出雇的人力车大都每两人合租一辆,分上下午两班,除去一部分的自备人力车外,南京以拉车为业者,估计在15,000人以上。① 由于四季的车辆数目不等,人力车夫的数量也有所变化,春冬约25,500余人,夏秋约12,000余人。②

拉车是一种劳动强度大、收入极少的职业,社会地位极其低下,属于城市苦力。因此,人力车夫中城市居民很少,大多数是从乡村来的破产农民。南京的人力车夫"多来自苏皖两省江北各县,本市土著甚少"③。据言心哲调查,在1,350人中诞生于江苏的有1,186人,占87.89%,其次为安徽、山东等地,在来自江苏的1,186人中,诞生于淮安者最多,有649人,其次为淮阴,有80人,南京只有27人。主要原因是"淮安人口颇密,居民多贫,加受民国二十年夏水灾之影响,人民倾家荡产,无以谋生,遂相率来京拉车"④。其他来者大多也是由于农村破产,生计困难,天灾水旱等。

从他们来南京之前所从事的职业和曾经从事的职业也可以看出农村的破产状况和农民生活的艰难。在言心哲调查的1,350人力车夫中,有769人是从事种田的,占56.96%。而被调查的所有人力车夫中曾经种过田的有1,128人,占83.55%。⑤ 由此,言心哲的结论是"此亦可见农村经济之衰落,农村破产程度之深刻。农民因生活

① 参见言心哲:《南京1350人力车夫生活的分析》,《中央日报》1934年5月28日。

② 参见《京市人力车近况》,《南京日报》1937年4月10日。

③ 《全市人力车夫概况》,《中央日报》1937年3月22日。

④ 言心哲:《南京1350人力车夫生活的分析》,《中央日报》1934年5月28日。

⑤ 参见言心哲:《南京1350人力车夫生活的分析(续)》,《中央日报》1934年6月25日。

困难,多相率迁往都市,都市人口增加之所以迅速,此盖一因也。"①

由于拉车是被视为"牛马的工作"的职业,那些投奔南京的破产农民并不是一开始就抱着拉车目的来的。但是由于南京工商业并不发达,很难以其他方式谋生,为了生活只有拉车这条路。在言心哲的调查中,人力车夫中只有42.51%的人是抱着拉车目的来南京的。②

拉车是一项苦力,对身体条件要求比较高,只有身强力壮者才能够胜任。为求生存,许多年幼和年老者也以拉车为业。在言心哲的调查中,年龄在20—39岁间的占70.32%,另外有8.07%的年龄在19岁以下,还有1.85%的年龄在55岁以上。③

2. 挣扎在城市社会的边缘

人力车分为营业车和包车(即自备车)两种,由于拉包车的车夫数量较少,而且收入状况要优于在大街上奔跑拉散客的人力车夫,在当时一般都不列入到关于人力车夫的统计和调查之中。当时社会所关注的人力车夫问题也主要是指拉散客的人力车夫,本书考察的也是这部分群体。

虽然一辆人力车的造价并不很贵,但对于贫苦的拉车者来说,基本上没有能力买车,主要是到出租车行租车,于是出租车子的行业生意兴隆。据1935年统计,当时营业的大小车行,有500家之多,"直接间接赖此生活人数,在三四万人以上。"④而到了1937年,人力车业行号大小不下2,000余家。⑤ 租车的手续也很简便,经过

① 言心哲:《南京1350人力车夫生活的分析(续)》,《中央日报》1934年6月25日。

② 参见言心哲:《南京1350人力车夫生活的分析(续)》,《中央日报》1934年6月11日。

③ 参见言心哲:《南京1350人力车夫生活的分析》,《中央日报》1934年5月28日。

④ 《京市人力车业概况》,《中央日报》1935年7月1日。

⑤ 参见《京市人力车近况》,《南京日报》1937年4月10日。

熟人介绍以后,就自己去找一个保人,由保人代写担保书,双方各执一份,手续办妥后,每天就可拉着一部车子。车子的租金分长期租用和零租两种,“长期租用,每月纳租金自十二元至十七八元不等,零租每日三角至五角”①,新车的租金较高一些。如果车夫有自己的车,便可以免去这项剥削。据言心哲调查,1,350 人力车夫中,自备车者 204 人,占总数的 15%。而且自备车多为旧车,这从其价格之便宜可知,人力车造价每辆约 80 元,②在 204 辆自备车中,购买价格在 60 元以下就有 118 辆,约占全数的 58%。其中还有 20 元以下的车 12 辆。③ 拥有自备车可以免交车租,但是他们还要上交各种捐税,“人力车辆之捐税,计分向财政局与工务局两处缴纳者,在财政局缴纳者,可分甲乙二等,甲等人力车每辆应纳:(一)票照捐每季十元,(二)捐证第一年一元,第二年起以后按年换证,材料票二角,(三)季牌费每季二角。乙等人力车每辆应纳:(一)票照捐每季八元,(二)(三)同甲等。在工务局缴纳者仅每年夏季验车时,缴纳行车执照费第一年八角,第二年以后换照费四角。”④

拉车是苦力活,大多数车夫都是两人合租一辆车,分班拉车,一般工作 7 到 10 个小时。但是也有全天拉车的,即每天拉车超过 12 小时以上。据言心哲调查,在 1,350 人力车夫中,每日工作 6 小时到 10 小时的有 914 人,占 67.5%;每日拉车 12 小时以上者 296 人,占 21.43%。⑤ 当然,如果每小时连续拉车,毫无休息,每日工作

---

① 《京市人力车业概况》,《中央日报》1935 年 7 月 1 日。

② 参见《京市人力车业概况》,《中央日报》1935 年 7 月 1 日。

③ 参见言心哲:《南京 1350 人力车夫生活的分析(续)》,《中央日报》1934 年 8 月 20 日。

④ 南京市社会局编印:《南京社会》,1937 年 2 月,“农工商业”,第 141 页。

⑤ 参见言心哲:《南京 1350 人力车夫生活的分析(续)》,《中央日报》1934 年 7 月 23 日。

8 小时,即使身强力壮之车夫,也恐怕难以胜任。因此上面所说的工作时间中包括休息时间、吃饭时间。但“其工作之苦,并不因休息机会之多而减少”①。

虽然南京特别市工务局在 1927 年 9 月规定了各种车辆价目,其中人力车的收费价目为“每日小洋十八角,以十二个钟点计算;半日小洋十角,以 6 个钟点计算;每点钟小洋二角五分;一里路铜元十二枚以后每里递加铜元九枚”②。但是实际上并没有真正实行,因为随着人力车的不断增加,车夫为了能够得到生意往往与顾客临时商定,“有时简直拉到了再说,随便听先生太太们给几个铜板,因为,价钱讲得太久,别人又拉走了。”③车夫的收入,很不固定,每天的收入也不同。可分为上下班,“拉上班者,在春冬两季,每班能得车资约六角左右,夏秋两季,每班能得车资约一元左右;拉下班者,春冬两季每班能得车资约八角左右,夏秋两季每班能得车资约一元二角左右。”④但这是不确定的,要受到车夫的体力和天气的影响。旧历新年期间生意较为兴旺,“每天可以有一二元的收入,清淡的时期,也有八九角钱一天”。⑤ 有的车夫拉一天车交了车租就所剩无几,甚至有时拉了一天车连车租也交不起。言心哲对 1,350 人力车夫每月的净收入进行调查,就有 11.78% 的人每月净收入在 5 元以下⑥可以证明这一点。

在南京拉车的人力车夫,分带眷属和不带眷属两种。不带眷属

---

① 言心哲:《南京 1350 人力车夫生活的分析(续)》,《中央日报》1934 年 7 月 23 日。

② 《南京市车辆管理事项》,中国第二历史档案馆藏,全宗号:一,案卷号:1609。

③ 刘坤阊:《调查南京人力车夫家庭印象记》,《中央日报》1935 年 7 月 22 日。

④ 南京市社会局编印:《南京社会》,1937 年 2 月,“农工商业”,第 141 页。

⑤ 《京市的人力车夫》,《中央日报》1934 年 7 月 9 日。

⑥ 参见言心哲:《南京 1350 人力车夫生活的分析(续)》,《中央日报》1934 年 8 月 20 日。

的，多数住在车行里，行主不取房租，供给茶水，有时也收取少量的租费，月租金约三四角。伙食则或由行主包做，每日三餐，取资二角，或由车夫于路途中随时杂食，于下班时自己煮食米面等物。而带眷属者，大多数租赁僻静的草房棚户居住，每月租金约四五角。但也有带眷属住在车行里的，不过伙食需要自备。属于前一类的约占 60%，属于后一类的约占 40%，家属人数往往超过人力车夫两倍，据 1935 年 4 月首都警察厅调查，全市车夫家属共有 31, 869 人，事实上可能超过这个数。① 即使那些没有带眷属的，绝大多数也有近亲属居住在农村，等着他们挣钱养活。

人力车夫大部分是家庭中的主要劳动力，他们拉车的收入是家庭的主要收入来源。据言心哲调查，在南京 1, 350 人力车夫中，家中他人没有收入者 747 家，占总数的 55. 33%，收入在 5 元以下者 222 家，二者占总数的 71. 74%。② 由此可见人力车夫的家庭，大部分靠人力车夫一人的收入生活，人力车夫的负担之重可以想见。“人力车夫实为劳工中之最苦生活，终日孳孳无间，奇寒溽署，栉风沐雨，所入无几，……往往举一日之所得不足完纳车租。”③为了养家糊口，除非有病，车夫几乎没有一天不拉车，每月休息的时间很少。据言心哲统计，在 1, 350 人力车夫中，有 53. 11% 的人一个月从来不歇工。④ 不但如此，有些人除了拉车还兼做其他事情，以增加收入，在 1, 350 人力车夫中，有 157 人兼做耕种、小贩、佣工、手工业、苦力

---

① 参见《京市人力车近况》，《南京日报》1937 年 4 月 10 日。

② 参见言心哲：《南京 1350 人力车夫生活的分析(续)》，《中央日报》1934 年 8 月 20 日。

③ 《国民党南京市党部呈请酌定人力车租价及乘车价标准》(1932 年 1 月)，第二历史档案馆藏，全宗号：二，案卷号：1252。

④ 参见言心哲：《南京 1350 人力车夫生活的分析(续)》，《中央日报》1934 年 8 月 6 日。

等其他工作。① 由于收入低微，人力车夫的收入主要用于衣食开支，其他方面的费用都很少。1,350 人力车夫家庭中，全家月收入最普通者在 5 元至 30 元之间，有 946 家，占 70.11%。而在开支中主要用于购买食品和燃料，1,350 人力车夫家庭中，食品费每月 5 元至 15 元者最多，有 949 人，占 70.29%。② 这样少的费用用于购买食品"每天大概都是买着几升米，拾点菜根，大多是喝粥的多"③。燃料费在 10 元以下者占 30.81%，10 元至 30 元之间占 44.96%，两项合计 75.77%。④ 其他费用，如房租、衣服、家具、教育、卫生等，则所占比例很少，比如房租一项，南京的人力车夫自有房屋者极少，大都是租房居住，因为，自从南京奠都以来，大量移民涌入，房屋缺乏、房租昂贵，房屋问题比国内任何城市都严重。⑤ 南京的人力车夫不得不客居于棚户或破败不堪的房屋中。据言心哲调查，1,350 人力车夫家的房租（包括地租），每月在 2 元以下者最多，有 924 家，占 68.41%，其中只有 88 家自有房屋，316 家没有房租（这部分人寄居车行或亲友家中，有的不付房租，有的房租与伙食并算），占 23.41%。就南京普通房租而言，中等房屋每间约 10 元，以每月二三元的房租，绝对不能租得较好的房屋，所以人力车夫大都"寄居棚户土屋，聊避风雨而已。"⑥而且"一家无论多少人，总是挤在一

---

① 参见言心哲：《南京 1350 人力车夫生活的分析（续）》，《中央日报》1934 年 8 月 20 日。

② 参见言心哲：《南京 1350 人力车夫生活的分析（续）》，《中央日报》1934 年 9 月 3 日。

③ 《京市的人力车夫》，《中央日报》1934 年 7 月 9 日。

④ 参见言心哲：《南京 1350 人力车夫生活的分析（续）》，《中央日报》1934 年 10 月 29 日。

⑤ 参见本章第二节。

⑥ 参见言心哲：《南京 1350 人力车夫生活的分析（续）》，《中央日报》1934 年 9 月 3 日。

间屋子:寝室、厨房、食堂、会客室、女人的厕所都在这一两方丈的茅棚芦棚里。一号门牌又是十余家几十家”。“脏、臭、乱、矮、小、杂、黑、湿,……都不足以形容。”①其他费用更是少得可怜。即便是这样,还有许多家庭入不敷出。在言心哲的统计中,1,350 家中就有 547 家欠有债务,约占总数的 40%,而且大多负债 10 元以上。②

人力车夫的物质生活如此艰难,就更谈不上精神生活了。中国传统社会向来安土重迁,而人力车夫们背井离乡来到南京,日常接近的除了车夫群体,便是妻子儿女,许多连妻子儿女也没有或者没有带来。“家族乡党的旧观念渐要没有了,新的社会民族国家的概念,一点也没有培植起来,变成了一个个孤单的生活挣扎者。随园的炮,不落到新街口,他们决不会了解什么帝国主义的压迫。中华有多大?民国是甚么?怎样叫复兴?都莫名其妙,复兴中华民族对于他们更是格格不入的洋话。”因此“除开妻室儿女的衣食而外,他们不知道其他的社会生活”③。由于收入低微,他们能够花费在教育、娱乐、旅行等方面的费用极少,娱乐方法中赌博较多。“车夫除工作外,多好赌博,牌九、麻雀、纸牌、押宝,均为所嗜,尤以单身住于车行者更甚。”④

3. 标本不治的救济与改良

人力车夫作为民国时期一个特殊的职业阶层,他们的工作之劳苦、生活之艰辛,很快引起社会各界的关注与同情。早在 1918 年胡适与沈尹默就在《新青年》第 4 卷第 1 号上发表了题目为《人力车

---

① 刘坤闿:《调查南京人力车夫家庭印象记》,《中央日报》1935 年 7 月 22 日。

② 参见言心哲:《南京 1350 人力车夫生活的分析(续)》,《中央日报》1934 年 11 月 26 日。

③ 刘坤闿:《调查南京人力车夫家庭印象记》,《中央日报》1935 年 8 月 5 日。

④ 《京市人力车近况》,《南京日报》1937 年 4 月 10 日。

夫》的白话诗,表达了对人力车夫的关注和同情①。南京的一些学者和社会工作者也对南京的人力车夫问题作过调查,并且提出了救济和改善的方法,人力车夫群体也为自己的生存做过抗争,南京市政府也曾经作过一些改进人力车夫状况的努力,但由于这些努力不能解决人力车夫的根本问题,因而收效甚微。

首先关注人力车夫的是一些学者和社会工作者,他们通过组织学生或亲自调查人力车夫的工作和生活状况,认识到南京的人力车夫"每日均在牛马生活中度活,其应待改善者,当不能再缓也"②。并且提出了改善的建议,比如刘坤阊提出的建议是:"1. 不加新车,维持现状。2. 再行提高公共汽车价格,维持黄包车生意。3. 取缔车行、减低剥削。4. 减低车捐,间接减低车夫负担。5. 创办车夫补习学校,强迫入学。6. 缓办电车,预筹补救办法。"③

有一个使这些关心人力车夫的人们也感到矛盾的地方,即站在人道和文明的立场上,大家认为拉车不是人的工作,是"不人道"的,而且机器代替人力是文明的进步,在所难免。但是,用公共汽车和电车代替人力车,使人力车夫失业而引发大量的社会问题,又使人们同情人力车夫而用提高公共汽车的票价和不开办电车等阻止文明进步的办法来救济人力车夫,虽然他们也认为这只是治标的办法,但是又

---

① 参见《新青年》第4卷第1号,1918年1月15日,沈尹默诗文:日光淡淡,白云悠悠,风吹薄冰,河水不流。出门去,雇人力车。街上行人,往来很多;车马纷纷,不知干些什么? 人力车上人,个个穿棉衣,个个袖手坐,还觉风吹来,身上冷不过。车夫单衣破,他还汗珠儿颗颗往下堕。

胡适诗文:"车子! 车子!"车来如飞。客看车夫,忽然心中酸悲。客问车夫,"你今年几岁? 拉车拉了多少时?"车夫答客,"今年十六岁,拉过三年车了,你老别多疑。"客告车夫,"你年纪太小,我不坐你车,我坐你车,我心惨凄。"车夫告客,"我今半日没有生意,我又寒又饥。你老的好心肠,饱不了我的饿肚皮。我年纪小拉车,警察还不管,你老又是谁?"客人默点头,说"拉到内务部西!"

② 《京市人力车近况》,《南京日报》1937年4月10日。

③ 刘坤阊:《调查南京人力车夫家庭印象记》,《中央日报》1935年8月5日。

不能眼见得人力车夫活活饿死,那么只有抱着"维持非少数人的生命,是维持人道的第一步"的观念。①

作为人力车夫,为了求生存,他们拼命地拉车,在争取顾客时与同行们争吵、打架、竞相压价。当公共汽车出现在南京市面上后,由于公共汽车车价低廉,人力车夫大受打击,大量失业。于是他们痛恨公共汽车,认为是公共汽车抢了他们的生意。早在20世纪20年代,当南京长途公共汽车准备营业时,南京的车业公所发起了反对运动,他们开会讨论决定"倘长途汽车,一旦上街行驶,即由公所派人前往。阻止开行,如不遵从,即将车辆扣留"。江苏省省长知道后,担心车业公所与汽车公司发生冲突,妨碍治安,由警察厅通知长途汽车公司,令其暂缓行驶,等取缔规则颁布之后,再行定期营业。一面又委派专员,向车业公所疏通,避免冲突。但是车业公所,因关系生计,坚持反对。提出如果政府允许长途汽车行驶,"则全城车辆,预备一律罢工,并从长途汽车开行之日起,一律不购捐票,以示抵制。"②尽管在人力车夫与长途汽车的冲突中,人力车夫往往表现出盛气凌人、誓不罢休的气势,而且社会上一般人也对人力车夫表示同情,认为"使一个公司发财,十几万人挨饿。都市失了和平这种新建设、新文明,无疑的,是有不如无,多不如少"③。但是,反对只能起到暂时的阻碍作用,到了20世纪30年代,江南汽车公司与兴华汽车公司的汽车还是往来行使于南京市面。除了用公然反对的态度求生存外,人力车夫还自己组织合作社。1935年4月,人力车夫陆在仑、王步林等,发起组织南京市黄包车夫信用兼营合作社。该社业务分信用、储蓄、消费三部。④ 但是因为范围不大,社员人数太少,成

① 参见刘坤闿:《调查南京人力车夫家庭印象记》,《中央日报》1935年8月5日。

② 《南京反对长途汽车讯》,《申报》1924年3月29日。

③ 刘坤闿:《调查南京人力车夫家庭印象记》,《中央日报》1935年8月5日。

④ 参见南京市社会局编印:《南京社会》,1937年2月,"农工商业",第142页。

绩并不显著。

鉴于人力车夫问题已经成为当时社会生活中一个为大众十分关注的问题，南京市政府也不可能视而不见。1932 年 1 月，由于车租较高，人力车夫受车主的剥削较重，另外，车价不清楚，乘客与车夫往往因为价格问题发生冲突。南京市党部呈请中央执行委员会通令各省市政府酌量各地情形，规定人力车最高车租并应由各该地政府酌定车价标准。① 1934 年 8 月，南京市社会局曾发起组织南京市人力车夫合作社。计划由市政府与上海银行订约，借款一万元，计划购买人力车百辆专供社员租用，社员除得租用合作社车辆外，并可享受社内娱乐卫生教育等设施及一切规定利益。只是后来银行方面未将借款拨到，这一计划没有实现。南京定为首都后，首都建设委员会曾经提议在南京创办无轨电车，但是一直没有真正付诸实现。1935 年 3 月，任南京市市长的石瑛道出了主要原因："本府确认本市目前交通状况，两家公共汽车公司及其他人力机力畜力各项车辆，已足维持而有余，年来市内人力车夫之生活，已因其他交通利器之应用，而日益困苦，在此辈大量车夫未能迅谋改业以前，决不忍再使其感受生计之威胁，是故对于创设无轨电车之事，绝对以为无此需要。"②1936 年 6 月，中央训练部函请南京市政府及南京特别市党部筹备南京市人力车夫福利会，同年 11 月 19 日成立筹备处，筹备处经费由市政府与市党部各担负 200 元，再由中央民众训练部补助若干。

上述对人力车夫的改良与救济方法，无论来自哪个方面，都是治标的办法，而不是治本的途径。人力车夫的问题，根本在于：一方面是农村经济破产，致使大量农民离村，来到城市谋生；另一方面是城

① 参见《国民党南京市党部呈请酌定人力车租价及乘车价标准》(1932 年 1 月)，中国第二历史档案馆藏，全宗号：二，案卷号：1252。

② 《救济人力车夫无轨电车难实现》，《南京日报》1935 年 3 月 3 日。

市现代化进程缓慢,无法提供大量的就业机会。因此,要根本解决问题,就要复兴农村,使农民不要盲目流入城市,同时城市也要加快现代化的进程,为流入城市者提供更多的就业机会。但这些不能在短时间内实现,再加上20世纪30年代起日本侵略者步步紧逼,中国处在内外交困的环境中,结果就是"要根本解决这问题,大家都没有办法"①。所以,关于南京人力车夫的问题在民国时期一直没有得到根本的解决。

第二节　住房问题

在1927年以前,南京的住房问题并不突出,普通人每月花一两元可以租一间简陋的房屋栖身,而一个月十几元就可租到一所很像样的住房了。但1927年以后,随着大量人口的涌入,住房问题日益突出。

一、房租暴涨与地价攀升

1927年后,南京的新增人口中除了高级军政人员和少数富有者有能力自己领地造房外,其余大多是为谋生而来的中下层群体,他们"是到这城圈子里来抢饭吃的,不是吗?你不见得是腰缠十万贯而骑着仙鹤飘飘然来的,你是乘着三等车三等舱或者小车子来的,带着了一件瘦瘦的行李"②。这样,租房是大部分人解决居住问题的办法。当需求大于供给时,价值规律便开始发挥作用,房屋涨价便成为自然。于是建都初期,一间简陋破旧的房屋房租就达10元,甚至20—30元不等,比以前几乎增加10倍以上。南京市民对于房租的

① 刘坤闿:《调查南京人力车夫家庭印象记》,《中央日报》1935年8月5日。

② 曹翼远:《南京市的房租问题》,《时代公论》第2卷第47、48号合刊,1934年2月23日,第38页。

负担,一般占其收入的20%以上,“其比例之高,实为我国任何都市所不及”①。

表6.3　南京市280家租户每月收入与房租比例统计表(1936年)

收入组(元)	家数	各组总收入(元)	各组总房租(元)	各组每月平均房租(元)	房租占收入的百分比(%)
20以下	35	540	137.5	3.93	25.46
20—440	30	963	231.6	7.72	24.05
40—60	11	577	117.0	10.64	20.28
60—80	13	963	166.5	12.80	17.28
80—100	19	1,850	399.5	21.03	21.59
100—120	19	2,260	425.0	27.63	18.80
120—150	26	3,846	766.0	29.46	19.92
150—200	49	9,260	1,619.0	33.04	17.59
200—250	14	3,380	661.0	47.21	19.56
250—300	25	7,400	1,487.0	59.48	20.09
300—4400	19	7,035	1,150.0	60.53	16.35
400以上	11	6,775	795.0	72.27	11.88
收入不明	9	—	—	—	—

资料来源:陈岳麟:《南京市之住宅问题》,萧铮主编:《民国二十年代中国大陆土地问题资料》第91辑,(台北)成文出版社1977年版,第47869—47870页。

南京市租赁住宅的主要来源,有政府建筑的平民住宅、商营住宅,即由房地产公司和各银行经营以及其他有产者经营的住宅,另外还有分租的市民自住房。

租赁手续比较烦琐,条件也很苛刻。通行的条件是:第一,承租

① 陈岳麟:《南京市之住宅问题》,萧铮主编:《民国二十年代中国大陆土地问题资料》第91辑,(台北)成文出版社1977年版,第47868页。

人必须有眷属;第二,承租人必须出具殷实铺保;第三,承租人必须缴付超出行租数倍以上的押金。南京市社会局曾经也会同首都警察厅拟定自1931年4月起房东所取押租,"不得超过一个月以上,倘再任意多索,准由承租人据实呈报,以凭严办,决不宽待"。① 但是法律与规例形同具文。据陈岳麟1936年暑期调查,押租超过2个月以上以至于10个月以上的,占51.4%,而且还有一些特殊的例子,据陈岳麟调查,严家桥8号王辉之住屋2间,每月行租4元,押租1,000元。老虎桥12号丁南方住屋2间,每月行租7元,押租300元。大纱帽巷厨夫叶某住披厢1间,每月行租2元,押租150元。②

就每家收入与房租负担的比例上说,收入愈少的住户,其生活费中住宅的费用所占愈多,收入与房租差不多成反比例。即便是在生活指数普遍较低或者减低的情况下,房租的指数却依然保持较高的水平。见下表:

表6.4 南京市工人生活费指数(1931—1935年)

(以1930年为100)

类别	1931年	1932年	1933年	1934年	1935年
食品类	93.58	69.42	60.08	75.03	72.73
服用类	110.30	103.88	89.56	79.24	73.49
房租类	100.00	99.14	99.14	99.14	98.40
燃料类	109.59	94.50	75.71	70.01	63.70
杂项类	126.58	108.11	116.57	99.89	93.98
总指数	104.02	85.03	79.80	83.03	79.56

资料来源:陈岳麟:《南京市之住宅问题》,萧铮主编:《民国二十年代中国大陆土地问题资料》第91辑,(台北)成文出版社1977年版,第47876—47877页。

---

① 《首都市政公报》第81期,1931年4月15日,"纪事",第6页。

② 参见陈岳麟:《南京市之住宅问题》,萧铮主编:《民国二十年代中国大陆土地问题资料》第91辑,(台北)成文出版社1977年版,第47885页。

由表中可见,南京市工人的生活费指数,到1935年总指数降到79.56,但是工人生活费中,房租指数却很少变动,仍然高居98%以上。

就全市租赁房屋的情形来看,城内各区也不一样。城南盛行重押租的习惯,押租往往超出行租5—6倍以上。城北重押租的则不多。机关林立,住宅较少的城北的租额高于城南,城南又高于城西。城南、城西的租户较固定,租赁时间较长;城北的流动性较大,租赁时间较短。对这种现象,时人曾形容为"城北租户有如旅客,城南租户有如土著"。城北和下关一带许多较低级别的职员,由于没有力量租整所房屋,分租又找不到合适的房客,因此,"有的为免得麻烦起见都居住在旅馆里,既不要付押租、又无须照应,旅馆老板对于这般长住顾客是特别欢迎,其租费是按月计算的,在下关的旅馆大小不下80多家,这班长住的旅客是占了一大部分"。而在城北一带的小规模旅馆,也"大都住着公务员的家庭"①。

由于人口猛增,房租暴涨,土地就成为获利较大的商品,南京的地价也一路攀升。在1927年以前,南京每方土地一两元至十余元不等的价格,到了1927年后迅猛上涨。据1934年12月25日《申报》载:和平门外郭家桥每方要售1,690元,中华路每亩值4,000元,中山路每亩值万元以上。住宅区赤壁路每亩值5,000元,中正路每方值129元,油市大街每亩值2,500—2,600元,建邺路每亩值3,000元,国府西街每亩值5,000—6,000元,城北慧圆里每方值100元,中山路每亩值12,000—13,000元。② 全市土地价格,新街口、太平路最高。

---

① 《南京市的住宅》,《中央日报》1934年10月28日。

② 参见杨德惠:《首都建筑概况(续)》,《申报》1934年12月25日。

表 6.5　南京市中心地段历年地价涨落表(1928—1935 年)

单位:元/平方米

地段 年份	新街口	太平路北段(前花牌楼)	中华路中段(前三山街)	中华路北段(前府东街)	夫子庙	唱鱼经市楼街	大山方西巷路	傅厚岗	三牌楼	下关大马路
1928 年	60	50	200	80	80	50	15	20	14	140
1929 年	150	100	250	120	100	70	20	21	20	160
1930 年	400	150	420	200	120	80	25	22	22	200
1931 年	700	480	500	350	150	100	36	40	29	200
1932 年	400	300	300	300	130	180	44	40	42	180
1933 年	280	350	350	420	100	150	50	42	36	160
1934 年	520	450	400	500	120	125	45	50	50	180
1935 年	500	480	400	350	180	250	50	70	55	200

资料来源:南京市政府秘书处统计室编印:《南京市政府行政统计报告》(1935 年度),1937 年 4 月,第 154 页。

就历年土地价格来说,1931 年最高。就地段来说,新街口为最高。1929 年时新街口每平方米土地价为 150 元,1930 年为 400 元,1931 年为 700 元,以后虽有所下降,但仍然最高。这主要与中山路开辟后,新街口逐渐成为南京的繁华中心有关。甚至过去满目荒凉无人问津之地的地价也高涨起来,如傅厚岗、五台山、高楼门过去是葬死人的地方,"在七八年前,大家都认为那种地方是鬼蜮,不消多说,就是三五百元一亩,也没有人愿意买,可是现在呢,已增到三千多元一亩了;九华山前面蓝家庄附近的地,原来是打靶场,在以前那个地方,第一件因为枪毙的人都在那里,同时又因为来往的军队太多,所以那种土地没有人买,更没有人敢筑房子,它简直值不了什么钱,但现在治安好了,人口增了,该处涨为二千多元一亩"。① 于是"许多

① 高信:《南京市之土地问题》,《市政评论》第 3 卷第 11 期,1935 年 6 月 1 日,第 9 页。

蓬门破户，顿时成了大地主"，甚至有些人并不使用土地，"仅以囤集地皮，为生利的事业。"①当时就有人尖刻地指出：

你只要在南京占有大量的土地，你可以到上海去筑别墅纳姬妾，你可以到芝加哥去参看博览会，你可以到巴黎去逛玻璃屋，你可以到柏林 Opernhaus 去听戏，你可所到瑞士 Luzerne 去休养；旅行的时候还可以坐世界最大的飞船齐柏林，更可以坐世界最快的邮船不来门 Brmen。你是盲的，哑的，疯的，癫的，抽大烟，嫖娼妓，都不要紧，你一切可以不理，只要蓝图地契你持在手里。②

二、住房紧张状况之考察

民国时期，南京的住宅大致可分为旧式住宅、新式住宅、棚户住宅。旧式住宅是指普通市民居住的旧式平房。这类住房主要分布在城南一带，这类住宅多为自住兼出租。每宅小者2—3进，大者5—6进，很少有超过10大间房屋的。住户一般为中下层人员，如机关小职员、雇役、店员、手工业者等。居住1间或半间的居多，居住一进的较少。据陈岳麟调查，居住旧式平房的120家中，居住半间房子的39家，占32.5%；居住1间的48家，占40.0%；居住2间的22家，占18.3%；居住3间的8家，占6.7%；居住4间的2家，占1.7%；居住5间的1家，占0.8%。其中居住半间和1间的共计87家，占70%以上，居住2间房子的不到20%。更让人触目惊心的是，在北门桥吉兆营55号，大小房间不过八九个，共居住18家，90余口；钓鱼巷29号和40号，大小房间不过10多个，各宅都住有20余家，

① 《南京的一切》（三），《大公报》1934年4月7日。

② 高信：《南京市之土地问题》，《市政评论》第3卷第11期，1935年6月1日，第9页。

100 余口。①

新式住宅是指由政府或房产公司修建的用于出租的房屋。这类住房主要集中在城北一带,城北在定都之前,从挹江门到花牌楼一段,还是菜园和荒地,定都之后城北成为城市的中心区,所有的政府机关大多数在城北,而供职于各机关的公务员多半是客籍人,因此,其住户多半都是中上级的公务员,然而每家居住的房间数量,也并不多。虽然新式住宅的拥挤现象不像旧式平房那样严重,但也不宽敞。据陈岳麟对 180 户居住新式住宅的调查,居住 1 间的 2 家,占 1.1%;居住 2 间的 44 家,占 24.5%;居住 3 间的 40 家,占 22.2%;居住 4 间的 31 家,占 17.2%;居住 5 间的 31 家,占 17.2%;居住 6 间的 25 家,占 13.9%;居住 7 间的 2 家,占 1.1%;居住 8 间以上的 5 家,占 2.8%。② 有些低级的公务员没有能力租整所房屋,就长期住在旅馆和公寓里。

南京最多的住房是棚户。棚户住宅建造极为简陋,以杆为柱,四周编芦柴为墙壁,屋顶覆盖稻草。棚户增加也最快,定都之前,仅有 4,000 多棚户;而到 1934 年增至 38,000 多户,约占全市户数四分之一。③ 在南京市内,人们只要稍离宽阔整洁的马路几步,转入各街巷及偏僻之处,就触目可见棚户。而且棚户大都位于低湿污泥的地方,道路泥泞不平,建筑简陋,互相毗连,杂乱无序,废料秽物遍地,每遇下雨多在水中,一遇大风就有倾倒的危险。据吴文晖对 180 棚户调查:棚户每家所住的房屋间数极少,平均每家所住间数还不到两间,其中住 1 间的有 80 家,占全体 180 家的 44% 强;住 2 间的有 81 家,

---

① 参见陈岳麟:《南京市之住宅问题》,萧铮主编:《民国二十年代中国大陆土地问题资料》第 91 辑,(台北)成文出版社 1977 年版,第 47854—47855、47856 页。

② 参见陈岳麟:《南京市之住宅问题》,萧铮主编:《民国二十年代中国大陆土地问题资料》第 91 辑,(台北)成文出版社 1977 年版,第 47855—47856 页。

③ 参见吴文晖:《南京棚户调查述略》,《中央日报》1934 年 11 月 12 日。

占45%;住3间的只有12家,占6%;住4间和5间的共计只有7家,仅占4.2%。棚户所住的房屋,没有窗子的共101家,占全体180家的56%,换句话说,有一半以上的棚户住在没有窗子的房屋中;有纸窗子的共36家,占20%;有木板窗的仅15家,占8%;有玻璃窗的仅仅8家,占4%;有20家则只在墙壁上有小洞作窗子。棚户的卧室,每间睡觉人数以2人至4人的居多,180家共有卧室233间;每间住2人的最多,有69间;住3人的有65间;住4人的有40间;住1人的35间;住5人的有19间;住6人的有4间;有1间卧室则住了9人之多;棚户屋内的地面,除有3家是砖的外,其余都是泥土的;棚户住屋的墙壁,差不多都是芦柴做的,不过有少数是在芦柴上涂以泥土,屋顶都是茅草做的。①

据首都警察厅对各局、队界内瓦房棚户的门牌(包括八卦洲、上新河、燕子矶)的调查,瓦房门牌46,331个,棚户门牌43,234个,共计89,565个门牌。② 一般情况,普通棚户住宅每个门牌内,只有一两个房间,4.3万余个门牌的房子要容纳6万余户棚户,25万余人。至于瓦房、旧式平房每个门牌内超过十大间的很少。新式的普通住宅每个门牌内的房间数比旧式平房还要少,4.6万余个门牌的瓦房要容纳13万余户,70多万人,其拥挤状况可以想见。

上述住房状况是对普通平民和下层百姓而言。在任何地方,富有者和上层阶级的生存状况都要远远高于普通人,首都更不例外。南京本来是一座有山、有林,风景美丽如画的城市,只要有钱在南京选择一块好地方,建筑漂亮的住宅并不困难。1933年,南京市政府

① 参见吴文晖:《南京棚户调查述略(续)》,《中央日报》1934年12月10日。

② 参见陈岳麟:《南京市之住宅问题》,萧铮主编:《民国二十年代中国大陆土地问题资料》第91辑,(台北)成文出版社1977年版,第47850—47851页。

在山西路以西、西康路以东一带,开辟建筑新住宅区,制定领地章程,同年7月开始放领。有的领地自建自住,有的领地建造房屋出租。于是,鼓楼以北、五台山人清凉山附近空旷之地,结构精雅、装潢美丽的小洋房,十分引人注目地拔地而起。这些小洋房都是达官贵人以及其他有产者的公馆别墅,式样别致,以两三层的居多。小的占地一二亩,大的占地一二十亩。附有花园的,大多是花草树石无不俱备;即使占地略小没有花园的,围墙之内也是花草成畦,竹木阴翳,门房、电铃、电话、自来水、卫生间等一应俱全。

三、力不从心的住房改善工作

为解决南京住房紧张状况,国民政府和南京市政府也曾陆续采取了一些措施来改善住宅状况,主要措施有以下几方面:

一是开辟新住宅区。南京市政府于1930年选择鼓楼以北大方巷以西,山西路一带的空旷之地,计划征地两千余亩,划为四个区,名为新住宅区。每区除将公路及公共建筑所占土地留出外,其余均划成适于建筑的基地,从半亩至三亩不等,并颁布领地章程,房屋建筑规则及图样,以供市民承领建筑住宅,所有各种建设费经市府预算估计,每方应摊20元。① 截至1935年,第一区全部道路、自来水管道、雨水管、污水管等各项公共工程,均已经先后完成,所有第四区土地,于1935年4月间放领完毕,该区全部道路之土基,业经修筑就绪。南京市政府还计划在清凉山附近一带,开辟公园住宅区,共计290亩,其中150亩为公园区,140亩为住宅区,放领宅地每方取地价及公共建设费32元。② 此外,经市政府划定在光华门内,中央政治区

① 参见秦孝仪主编:《革命文献》第91辑,"中国国民党中央委员会"党史委员会,1980年,第83页。

② 参见陈岳麟:《南京市之住宅问题》,萧铮主编:《民国二十年代中国大陆土地问题资料》第91辑,(台北)成文出版社1977年版,第47982页。

的南端,约计面积2,500亩为政治区住宅区。计划划分为8区,依次进行,依照新住宅区的办法,编号放领,每方地价连同公共建设费26元。[①] 截至1936年年底,这些新建住宅区,有些已经建造完毕,有些正在计划进行中。即便是这些新住宅区全部建筑完工,也只能满足极少数富有者的居住需要,对于一般市民而言,根本没有领造房屋的能力。因此,新住宅区的开辟,可以说只是解决住宅问题的近乎奢侈的点缀。

二是建筑平民住宅。针对绝大多数市民无能力自己领造房屋的现实状况,南京市政府拟定了建筑首都平民住宅计划。市工务局计划,以每十宅为一段落,每宅三间,客卧室各一,各占12平米,厨房一间,占地8平米,四周道路各宽5米,使各宅前面皆有空地。使一市亩之地面能建住宅10宅(公用地及道路等在内)。[②] 前后建设了武定门、光华门、新民门、和平门、湖民等贫民住宅,后来又增建了和平村、止马营、红花村三处平民住宅,共有八处计1,100余间,用极为低廉的租金租给市民。但是放租手续极为严格,"租户须有正当职业及妥实店保。"[③]仅仅1,100余间房屋对于一个百万人口的城市来讲简直是杯水车薪。

三是改善棚户住宅。南京住房状况最糟的是棚户住宅,共计37,000余户,人口共约15万人以上,[④]南京市政府曾经着手对棚户住宅进行改良。1934年春夏间,市政府首先在新民门外四所村拨地

---

① 参见陈岳麟:《南京市之住宅问题》,萧铮主编:《民国二十年代中国大陆土地问题资料》第91辑,(台北)成文出版社1977年版,第47982—47983页。

② 参见秦孝仪主编:《革命文献》第91辑,"中国国民党中央委员会"党史委员会,1980年,第85页。

③ 秦孝仪主编:《革命文献》第93辑,"中国国民党中央委员会"党史委员会,1980年,第16页。

④ 参见秦孝仪主编:《革命文献》第93辑,"中国国民党中央委员会"党史委员会,1980年,第41页。

30 多亩建筑棚户住宅,用来迁移下关一带的棚户,但是因为该处地方偏小不够用,又先后三次经内政部核准加征成片民地 1,000 多亩建棚户住宅。此外,又在共和门外七里街征收民地 350 多亩,其中 100 亩建筑平民住宅,其余 250 余亩,建筑棚户住宅。在光华门外的石门槛也征收民地 50 亩,用来迁移城内棚户,但是,该项计划还没有付诸实施,国民政府行政院又提出了另外的方案。1934 年 11 月 15 日,行政院第 6310 号令训令南京市政府:"以奉中央政治会议决议,汪委员提议建筑首都贫民住宅区计划一案,令饬遵照办理。"①该项计划拟将全市棚户,逐年迁移,每期 5,000 户,共分 7 期迁竣,并在新辟的贫民住宅区(即棚户区)内,建筑道路、沟渠、教育、卫生等种种设备。如果以每 10 户占地 1 亩计算,总共需要 3,000 多亩土地,而且必须分布环城,以便散处各户就近迁入。经过市政府派员勘定,郭家沟、前三庄、东岳庙、霸王桥、赛虹桥、草场门、四所村、石门槛、七里街等九处为棚户区,共计土地 3,800 亩左右。凡下关惠民河两岸,及市区各机关营房学校及干路附近的棚户,限期迁往搭盖房屋,每户按规定给予津贴费 10 元,将棚户拆除。不愿迁往指定区域搭盖者,则给补助费 5 元,或特别费 1 元。1935 年 4 月至 1935 年 12 月止,共拆除城内各处棚户 1,343 户,迁至石门槛及七里街两棚户区搭盖居住的 766 户;拆除下关方面棚户 1,893 户,均迁往四所村棚户区搭盖居住。到 1936 年,共拆除城内各处棚户 3,550 户,迁往石门槛及七里街各棚户区搭盖居住的有 737 户;下关方面拆除棚户 1,137 户,主要迁往四所村棚户区搭盖,总计两年来共计拆迁棚户 7,928 户。② 即使这样,还有 3 万户棚户需要迁移。1931—1936 年 10 月全市共新

① 秦孝仪主编:《革命文献》第 91 辑,"中国国民党中央委员会"党史委员会,1980 年,第 128—129 页。

② 参见秦孝仪主编:《革命文献》第 93 辑,"中国国民党中央委员会"党史委员会,1980 年,第 41—42 页。

建245,972.01平方米①,平均每年新建42,190.7平方米。每户住宅以20平方米计算,每年只能解决2,109.5户的住房;每户以五口人计算,每年只能解决10,547.5人的住房问题。

表6.6　南京市历年新建住宅面积统计表(1931年—1936年10月)

年份	面积(平方米)	造价(元)
1931	46,743.00	7,149,495.00
1932	49,837.00	3,911,352.00
1933	58,731.66	5,084,380.48
1934	39,058.81	9,162,870.54
1935	29,296.54	7,352,862.53
1936年1—10月	22,305.00	713,3213.00
合计	245,972.01	39,794,173.55

资料来源:陈岳麟:《南京市之住宅问题》,萧铮主编:《民国二十年代中国大陆土地问题资料》第91辑,(台北)成文出版社1977年版,第47844页。

总之,战前南京市的住房一直是一个困扰市政府的大问题。当时的南京虽有初见规模的市政工程,有一批标志性的大型建筑,有山西路一带的豪华个人住宅。但是,对于一般百姓来说,在住房条件方面能感受到生活质量的改善却极为有限。

第三节　娼赌毒等丑恶现象的蔓延

娼妓、赌博、烟毒是民国时期公认的"三大害"。南京为国民政府首都,"中外观瞻所系",国民政府及南京市政府曾下决心使"娼赌

① 参见陈岳麟:《南京市之住宅问题》,萧铮主编:《民国二十年代中国大陆土地问题资料》第91辑,(台北)成文出版社1977年版,第47844页。

毒"等丑恶现象在南京禁绝,并为此做过许多努力。事实上,禁令虽严,措施不力,民心颓废,收效甚微。

娼妓是个古老的行业。世人谈到娼妓业之始,都以春秋时期管仲相齐国时设"女闾"为其滥觞。① 娼妓由最初官设以招待特定人群的官妓、营妓,到后来演变为民营的土娼,成为民间的一个行业。明清以来,一些通都大邑娼妓业向来兴旺,江浙如南京、苏州、扬州、杭州等处,皆为花柳盛地,尤以南京为最。秦淮河畔,娼楼并居,每届科考大比之年,这里都是士子云集,妓业兴隆。书生吟诗,妓女抚琴,演绎出多少才子佳人悲欢离合的风流故事。所谓"秦淮风月"、"秦淮八艳"莫不与此有关。

国民政府定都南京以前,南京市政府继续实行自晚清以来的公娼制度,由财政局征收妓捐、局票捐、妓馆捐。据统计,1928 年 7 月,南京(城内和下关)共有公娼 525 人,其中一等公娼 59 人,二等公娼 177 人,三等公娼 288 人,②而且"自从南京定为首都以后,私娼极为发达,各旅馆中赁一屋以卖娼的更多,而南京本地人之小家女子,入于堕落之窟者,逐渐增加"。③ 1928 年 4 月 1 日举行的南京各界卫生运动会第六次大会上,济生会代表提议市政府取缔官私娼妓以免梅毒传播。同年 7 月,市长何民魂提出拟两个月内实行废娼。政府废娼的根本出发点是因为他们认为娼妓败坏社会风俗,而南京作为首都,其风俗又具有象征和示范意义,正如何民魂的继任者刘纪文所说:"南京是一国的首都,风俗好不好,是代表全国的,娼妓最是败坏风俗,如果首都不来纠正,各地更难纠正了,况且首都是全国行政中心,不是商业中心,最高级的长官都在首都,如不把娼妓废了,各地那

① 参见王书奴:《中国娼妓史》,生活书店 1934 年版,第 30 页。

② 参见任鄘:《废娼问题与首都市政》,《申报》1928 年 7 月 17 日。

③ 天笑:《首都的禁娼问题》,《申报》1928 年 7 月 17 日。

就更难实行了。”[1]刘纪文在上任后，在1928年7月25日召开的第一次市政会议上就通过了取缔娼妓的决议：“娼妓定于9月1日禁绝，限期以前，应由公安局劝其改业，或投入妇女救济院择配，如逾限仍有未改业或投所之娼妓，应即驱逐出境，至财政局所征之妓捐妓馆捐，由市府令自8月1日起，停止征收。”[2]

随后，市政府令公安、财政各局粘贴告示布告周知。但社会上纷纷谣传当局对于妓女将予逮捕，妓女也在得知废娼消息后两星期内逃去3/4，钓鱼巷一带十室九空。面对这种情况，市妇女救济院主任成瘦卿于8月11、12、13三日，邀集妓女到下关城内图书馆实行登记，同时对废娼加以宣传。宣传的主题是：政府废娼是救济娼妓，是为娼妓谋职业、自由、独立和平等；娼妓是人类最不堪的东西，娼妓们也要自谋职业、自由、独立和人格平等，不要做男人的玩具。成瘦卿等人的演讲报告，妇女救济院女生及下关投入救济院之妓女举行的宣传废娼化装表演、演唱的《废娼运动歌》都体现了这一主题，其歌词为：

> 实行废娼、实行废娼，争平等、争平等，努力废娼运动、努力废娼运动，快醒来、快醒来，打倒龟鸨、打倒龟鸨，谋解放、谋解放，全国废娼成功、全国废娼成功，齐欢唱。[3]

但是，政府的禁娼并没有达到预期的目的，许多妓女纷纷外逃。市长刘纪文视察原来公娼集居地之一钓鱼巷后，也认为“该处娼妓固已绝迹，但投入救济院的妓女为数甚少，我想，她们现在虽是离开了本市，恐怕改业甚少，或者就是迁移别的地方仍操旧业去了，此次

① 《刘市长在本府第二次总理纪念周之报告》，《南京特别市市政公报》第17期，1928年8月15日，“专载”，第3页。

② 《第一次市政会议记录》，《申报》1928年8月6日。

③ 《妓女登记之第一日》，《南京特别市市政公报》第18期，1928年9月15日，“市政消息”，第7页。

禁止娼妓,原为救济妇女而设的,现在她们既不投入救济院,可以说是未得救济之实益"。[①] 而且公娼的废除导致了私娼骤然增加。为此,南京市政府于1929年2月制订并发布了《南京特别市政府取缔私娼章程》,对私娼实行取缔。其后关于这些法令的执行情况,虽然没有详细的资料可以说明,但是1934年之前唯一一所用于收容娼妓、歌女、童养媳的市救济院妇女教养总所仅能容纳100人左右。1933年年底该所收养的99名所生中,有歌女4人,私娼23人。[②] 可见这一时期收容私娼的力度非常小。另外有许多留在南京的妓女改业成为清唱歌女,于是南京的清唱茶社、清唱歌女的数量日渐增加。1931年4月,南京已有清唱茶社18所,清唱歌女367名。[③] 一些歌女也兼做私娼,据统计,"不计以卖淫为副业的妇女,南京有私娼约三千人"。[④] 当然私娼的数量是无法统计的,3,000人只是一个估计数目,但是歌女、私娼大量存在却是事实。对此,1933年1月,蒋介石亲自给市政府下达手谕饬令严加取缔。市政府立即于1月7日会同首都警察厅及宪兵司令部会商讨论,划定了歌女的居住区域,规定清唱茶社不准擅自增加名额,并决定请各上级机关转请国民政府严令禁止公务人员、军警人员在戏馆茶寮点戏及冶游。[⑤] 1月20日,第242次市政会议又通过了《限制清唱茶社案》,规定以后不再发清唱茶社许可证等。2月6日,国民政府也通令各机关严禁军警及公务人员在戏馆茶寮点戏及冶游,"有玷官常,亟严厉禁止,以维

① 刘纪文:《纪念周报告》,《申报》1928年9月10日。

② 参见南京市救济院编印:《南京市救济院概览》,1934年2月,"附录"。

③ 参见曹锡骐:《本京娱乐事业之概况》,南京市社会局编印:《南京社会特刊》,1931年4月,第111、115页。

④ 孟如:《禁娼与公娼》,《东方杂志》第30卷13号,1933年7月1日,"妇女家庭栏",第1页。

⑤ 参见《南京市政府公报》,第123、124期合刊,1933年1月31日,第39—40页。

风化”。[1] 市政府在处理歌女问题的同时，也打算将私娼严行查禁。但是，由于收容场所有限，以至于“既捕之私娼，无法安置”[2]。当时市政府财政困难，也无力建造大规模的收容场所。当时南京市的工商业经营困难，甚至破产倒闭，各业也联合请愿，要求开娼禁以救济商业。但是面对社会各界，特别是妇女界的反对，最后行政院未批准南京开放娼禁[3]。

1934 年 2 月，蒋介石在江西南昌发动新生活运动，南京也在同年 4 月成立首都新生活运动促进会，开展新生活运动。而这时南京依然私娼充斥，国民政府的禁令也不能阻止政府公务人员追逐清唱歌女的热情，在靠近夫子庙的清唱茶社里，依然“充塞着挂着徽章的各部院的小官僚，有时为了捧角而发生争风吃醋的丑剧”[4]。因而肃清娼妓成为南京新生活运动的主要内容，首都新生活运动促进会于 11 月 9 日通过的《首都新生活运动第二期工作计划》中即以肃清烟毒娼和提倡国货运动为中心，同时严禁军警及教职员学生赌博宿娼，并函请各机关学校依照计划切实办理，且请宪警机关严行查禁。[5] 值新生活运动的新风，首都警察厅、南京市政府等单位也为肃清娼妓做了许多切实的努力。首先是大力宣传。1934 年 5 月 4 日，市政府举行肃清烟毒娼运动宣传周；5 月 28 日至 6 月 3 日，市社会局、卫生事务所联合卫生署、中央禁烟委员会联合举行肃清烟毒娼运动宣传大会，参观者达 32 万人。[6] 1935 年 6 月市社会局、首都新生活运动

---

① 《国府严禁公务人员点戏冶游》，《南京市政府公报》第 126 期，1933 年 2 月 28 日，“公牍”，第 31 页。

② 《京社会局长谈开娼禁问题》，《申报》1933 年 9 月 6 日。

③ 有关内容在第五章第二节“合作与抗争——社团参政方法”部分论及。

④ 姚非：《私娼问题》，《申报》1934 年 6 月 18 日。

⑤ 参见《首都新生活运动第二期工作计划》，1933 年 11 月 9 日，南京市档案馆藏，案卷号：1001—5—100。

⑥ 参见南京市政府秘书处印行：《南京市政府二十三年度行政报告》，1934 年 6 月。

促进会等单位又会同举行第二届肃清烟毒娼运动宣传大会,参观及听讲人数约50余万。① 同时加大收容私娼的力度。由于收容私娼的增多,市救济院的房屋不够,为此,1934年9月,市救济院腾出房屋24间,市政府拨款5,000元加以修理,用来收容私娼。1935年2月,又在笆斗山另开辟收容所一处收容私娼。1936年12月,仅妇女教养总所有143名所生,其中私娼54名。②

1934年6月29日,第311次市政会议通过了取缔歌女奇装异服、歌女佩戴标志的决议,其后市社会局制订千叶桃花章,专给歌女佩戴,以资识别。

但是,这些禁娼措施成效并不乐观,公娼被取缔,私娼仍然活跃,时人对政府的举措也颇有微词。关于此种状况,时人王书奴在其著作《中国娼妓史》中揭露得十分清楚:

有老南京的朋友对我说:南京自禁娼后,二年以来,私娼非常活跃。旅馆里面依然可以叫茶房招来伴宿。大的菜馆里,仍然可叫来侑酒。但为遮掩耳目计,是不能歌唱的。旅馆里叫女子来伴宿,茶房是要大大抽回扣。叫来女子大概每夜总须十六元至二十元。若凭她的颜色,与上海马路的货色差不多。要是在上海这种脚色夜度资,三元至五元足够了。还有最高级旅馆,更奇怪了。甚么东北方面高级官吏,甚么某某军长全权代表,到南京来接洽某项要件,或办理甚么公事。住在某某最高等旅馆。尽管叫局打牌,吃酒吃鸦片烟,喝雉呼卢,左拥右抱。房间里游客女子,无论日间夜里跑得不断。依然与未禁娼时一样。最奇怪的公安局警察来查旅馆的,仿佛早已受了高级官命令或暗示,

① 参见《第二届肃清烟毒娼联合宣传大会结束会》,1934年6月5日,南京市档案馆藏,案卷号:1001—5—33。

② 参见南京市社会局编印:《南京社会》,1937年2月,"公益救济事业",第10页。

只敢沿门经过，不敢声张。恐怕得罪他，抑怕惊破好梦，不得而知了。最苦的是一班无势力的商民，偶然为解决性欲，与一个女子幽会一下。命薄的当灾，不幸被警察老爷捉住了，花钱还不算，还要请他尝铁窗风味呢。所以南京禁娼，结果就是叫嫖客增加负担，开公安局警察等敲竹杠之门而已。我听了朋友这番话，才知道南京所谓废娼就是这么回事。哈哈！须知"废娼"不是一件容易事。事先须研究娼妓来源。以及废娼后娼妓的出路。预备十分周密。当然可以夙奏肤功。欲速则不达。刘纪文这样废娼，当然有这样成绩。所以，这种"缴械式"的废娼，"草菅人命式"废娼，我们是根本不敢赞同的。近代娼妓的发达，实由经济制度不良。做娼妓除了一二个淫娃外，十有八九是被"经济压迫"成的。娼妓也是人类，特因环境不良而堕落。①

对于这种状况，市政府似乎也束手无策，不得不在 1937 年 2 月再次令社会局邀首都警察厅、市党部、新生活运动促进会及卫生事务所等会商办法，决定先由首都警察厅分饬各警察分局秘密调查鸨妇及私娼人数，并确定取缔三原则：1. 惩办鸨妇；2. 查传私娼家属认领管择配；3. 救济无家可归之青年私娼。② 但此后，由于日本侵略的加剧，市政府、首都警察厅等单位将更多的精力转向救济、防护等其他方面，这项工作没有多大进展。

赌博是一项中国传统的娱乐方式。亲朋相聚，动辄以赌博为消遣。民国时期，赌博之风盛行全国各大城市。南京"旅馆酒肆，各处林立，喝稚呼卢，几无岁夕"。③ 特别是一种麻雀牌在南京十分流行，

① 王书奴：《中国娼妓史》，生活书店 1934 年版，第 355—356 页。

② 参见《南京市社会局二月份施政成绩报告》，1937 年 2 月，南京市档案馆藏，案卷号：1001—1—365。

③ 《一年来之首都市政》，秦孝仪主编：《革命文献》第 92 辑，"中国国民党中央委员会"党史委员会，1980 年，第 219 页。

南京城内到处开有麻雀牌店。可以想象一下一个城市到处充满了“劈劈啪啪”的打牌赌博之声是什么情形?!难怪陈西滢在20世纪20年代几乎带着嫌恶的口吻对秦淮河作了以下评价:

不怕说杀风景的话,我实在不爱秦淮河。什么六朝金粉,我只看见一沟腌脏的臭水!我也在昔阳斜照的时光,雇了一个七板子遨游了一回,可是我并没有载回来满船的诗情与画意。我只见两岸的河房,没有一家没有劈劈啪啪的麻雀;我只见数百只花船,也没有一船没有劈劈啪啪的麻雀;我只见一船船营养不良的女子,搽了浓脂厚粉,用那破瓦破竹的声音,唱那不成腔调的戏曲,助那些竹林游客们的清兴。我实在不爱秦淮河。我知道叉麻雀和狎妓是中国最普通的娱乐,并且我平常看到的时候已经可以连眉头都不皱一皱,可是同时看到几百桌麻雀和几百名妓女,我实在有些咽不下肚去。①

这种状况实在有碍“中外观瞻所系”的首都形象。因此,刘纪文任南京市市长后,在第一次市政会议上就提出“严禁赌博及赌具案”,并决议限在1928年8月1日禁绝赌博。虽然,一时间,麻雀牌店关闭了,但事实上,相沿已久的陋习很难一时取缔。直至1933年时,“赌博之事项,仍未能绝迹,甚至棚户草蓬之内,亦常有赌场之设,参加赌博者均系车夫苦力之徒。”②

烟毒也是近代以来困扰中国社会的严峻问题之一。近代中国烟毒始终难以根绝。南京国民政府成立后,曾经下了很大的决心解决这一问题。1928年3月,国民政府颁布了《修正国民政府禁烟条例》规定:自1928年起限3年将鸦片烟完全禁绝。③ 1935年6月,政府

① 陈西滢:《南京》,蔡玉洗主编:《南京情调》,江苏文艺出版社2000年版,第15页。

② 《南京市政府公报》第130期,1933年6月30日,第117页。

③ 参见《大公报》1928年4月6日。

又提出“六年禁绝烟毒”，并将禁烟比较困难的江苏等10省禁烟事宜交军事委员会办理。[①] 这些措施虽然一度取得了一定成效，[②]但是并未从根本上杜绝烟毒之害。民国时期，南京的烟毒泛滥十分严重。据推测，1928年时，在南京平均每20户中有1户开灯售卖鸦片，以全市88,270户推算，则至少有4,410多户经营此业（开灯自吸者尚不在内），如果每户有顾客平均10人，则吸烟之民有44,100多人，如果每户每日售出鸦片的数量平均为二两五钱，那么，全市一天所消耗费用为35,300余元之多。[③] 南京无一寸种烟之地，大量毒品来自何处？南京的烟土来源主要有三：(1)自汉口由长江轮船输入，主要是川土、云土两种；(2)自安徽输入，产于亳州的亳浆，均由津浦铁路输入；至于桐城、巢县一带之烟土，则分别由水路运抵南京的南门或水西门；(3)自天津或广州输入，均由水路运至上海，然后由上海运至南京，包运者皆系闲散军人，或流氓地棍。由于大量烟土的输入，南京“几无处无私设之烟馆”。[④]

除了鸦片之外，还有其他麻醉药品在南京泛滥。据南京社会局1932年关于禁烟的报告中说：“近年麻醉药品流入本市者甚多，大半均由火车输入，或假作医药品，或假作普通货件，甚至由邮局作衣或书籍寄来，……除本局（社会局）方面，曾奉令查获爱露耐而十四包，及贲克阿兰阿四包外，海关方面，自十七年（1928）一月份至最近，曾破获戒烟丸八百八十一两又十二斤，吗啡药水二十四管，射药针三十余只。”[⑤]从首都警察厅刑事案件的不完全统计中可见，在诸多刑事

① 参见《申报年鉴》，1935年，“政治·内政”，第54页。

② 参见吴义雄：《开拓中国毒品史和禁毒史的研究——近几年几部有关史学著作述评》，《史学月刊》1999年第6期。

③ 参见《首都市政公报》第24期，1928年11月30日，“纪事”，第13页。

④ 南京市社会局编印：《南京社会特刊》第3册，1932年4月，第207页。

⑤ 南京市社会局编印：《南京社会特刊》第3册，1932年4月，第208页。

案件中烟毒案件所占比例最高,1932 年首都警察厅破获案件中鸦片案为 2,403 起,占总案件数的 48.60%。① 1933 年共破获案件 5,853 起,其中,烟毒案件 2,800 起,占案件总数的 47.99%,1934 年上半年烟毒案件为 974 起,占总数的 46.06%(见表 6.7)。

表 6.7 首都警察厅刑事案件统计表(1933 年—1934 年 7 月)

犯罪种类	1933 年		1934 年上半年	
烟毒	2,800	47.99	974	46.06
盗窃	1,444	24.62	581	27.47
强盗	17	0.29	6	0.28
收买军火	39	0.69	2	0.09
抢夺	4	0.07	3	0.14
伤害	738	12.68	221	10.45
反动	6	0.11	3	0.14
诈伪	170	2.93	55	2.60
奸诱	534	9.18	244	10.59
失火	83	1.44	46	2.18
合计	5,853	100.00	2,115	100.00

资料来源:首都警察厅编印:《首都警察概况》,1934 年 12 月,第 217、218 页。

为厉行戒烟起见,南京于 1934 年春成立戒烟医院,收戒烟毒犯及志愿投戒烟民,有床位 200 张。当年冬天,首都肃清烟毒委员会成立,由中央党部、行政院、军委会、内政部、禁烟委员会、南京市党部、市政府、南京警备司令部、首都警察厅等机关组织。关于医务组,决定设置能收容 6,000 人的临时医院。② 1936 年,朝天宫戒

① 参见《申报年鉴》(1935 年),“政治 · 内政”,第 53 页。

② 参见《申报年鉴》,1935 年,“政治 · 内政”,第 55 页。

烟医院扩充为800床位，又在钞库街开设分院一处，能容纳200人。从1934年2月至1936年12月，戒烟医院共收容戒烟者24,379人次。①

① 参见秦孝仪主编：《革命文献》第93辑，"中国国民党中央委员会"党史委员会，1980年，第70—73页。

第七章　关于南京城市现代化的思考

一般来讲，进入近代以后，中国城市发展主要呈现出两种类型：一类是根据不平等条约对外开放的城市；另一类是非条约开放的城市。从城市现代化的角度看，这两类城市走着不同的发展道路。在条约开放城市，外国商人利用获得的特权，经营工商业、公用事业以及文化教育事业，并且在一些城市还占有租界。可以说，外国资本主义势力将这些城市推向了现代化。在非条约开放城市，虽然受到条约开放城市的辐射影响，但主要是在传统社会经济的基础上，中国人靠自己的努力推动城市走上现代化。

南京虽然属于条约开放口岸，但其所走的现代化道路却不同于一般意义上的条约开放城市，而更像非条约开放城市所走的道路，即主要是在传统社会经济的基础上，靠自己的努力走上现代化。这里的靠自己的努力，不是在城市自身努力发展工商业的基础上进行的，而主要是得益于全国政治中心地位的确立。这是中国传统社会城市发展的规律,即政治中心城市优先发展。① 近代以来,这一规律仍然起着作用,但已经不具有绝对的优势,居绝对优势的是经济优先发展规律,即在城市化进程中,经济在社会发展中所起的作用越来越突出,经济成为城市发展的重要杠杆。优先发展的大多是开放型的开埠通商口岸,其中,以贸易为先导,因商而兴、因工而盛是优先发展成为大城市的重要条件,因此,绝大部分沿海沿江的开放城市由于工商业的迅速发展而崛起,并走上现代化道路。南京由于种种原因却呈现发展迟缓的迹象,因此,总结其现代化道路的特点和发展滞缓的原因,对探讨中国传统行政中心城市的现代发展道路有着重要的现实意义。

第一节　政府主导的现代化模式

南京作为沿江开埠城市并没有走上一般开埠城市的现代化道路,即先由贸易启动现代化,而后通过发展现代工业推动城市的发展。其城市现代化的成就得益于作为全国政治中心的地位。因此,在其现代化进程中,更多是政府行为,除地方政府外,还有中央政府的关注,甚至在某种程度上还动用全国的力量。这一城市现代化模式再一次展示了传统政治中心城市优先发展的规律。

一、沿江开埠城市的另类

城市经济发展理论认为:一个城市的全部经济活动,按它服务的

---

① 参见何一民:《论近代中国大城市发展动力机制的转变与优先发展的条件》,《中华文化论坛》1998 年第 4 期。该文认为,所谓政治中心优先发展规律即一个城市的发展规模和发展速度与其政治行政地位的高低成正比,政治行政地位越高的城市,规模越大,发展越快,反之,政治行政地位越低的城市规模越小,发展速度也越慢。如果一个城市成为首都,那么,这个城市就会在较短的时间内得到超常发展。相反,当它一旦失去了首都的政治行政地位,那么,它的发展就会出现衰落。

对象来分,有两部分组成。一部分是为本城市的需要服务的;另一部分是为城市以外的需要服务的。为外地服务的部分,是从城市以外为城市创造收入的部分,它是城市得以存在和发展的经济基础,这一部分称为城市的基本活动部分,它是导致城市发展的主要动力。如果城市经济生活中基本活动部分的内容和规模日渐发展,这个城市势不可当地要发展。如果城市的基本活动部分由于某种原因而衰落,同时却没有新的基本活动发展起来,那么这个城市就无可挽回地要衰落。当城市的条件发生变化,促进新的基本活动部分萌发时,衰落城市还会复兴。这是一切城市成长发展的机制。① 自从人类社会步入工业社会时代后,工业化为社会经济发展提供增长函数,它成为城市现代化的主要动力。西方国家的城市现代化走的就是这样一条道路,即工业化启动并推动城市现代化的发展。而中国却有所不同,中国的城市现代化首先在沿海沿江开放口岸城市开始,其现代化先由内外贸易的发展来启动,然后以大机器工业的兴起和发展作为主要动力来推动。进而与城市的其他功能系统,包括商业、金融、交通、公用事业、市政建设以及科技文化教育事业等等,相互制约,相互依存,发挥着较好的聚集效应。在这方面,上海是突出的例子。正如第一章第三节中所论,在开埠后,上海因内外贸易迅速扩大而迅速崛起,随之兴起和发展的大机器工业,则是上海城市发展的主要推动力。研究表明,甲午战争以后,在资本主义工业空前发展起来之后,上海城市现代化进入了一个突破性的迅速发展阶段,其中城市地域范围的大规模扩展和人口的急速聚集,成为上海城市现代化发展的两个最鲜明的特征。由于工业投资规模和行业范围的不断扩大,工厂设立的地域范围不断向城区外延伸,离市中心较远的市郊城镇,也因划地设厂而向城市化转换。于是,上海的城市面积在20世纪30

① 参见周一星:《城市地理学》,商务印书馆1995年版,第171—172页。

年代扩展到893平方公里，而上海原来的旧县城面积(包括旧县城外围的沪南地区在内)仅17.7平方公里。这种地域范围的扩展势头，要比单纯地由商业繁荣扩展快得多，大得多。工厂需要工人，因此农村人口大量涌入城市，城市人口急剧增长。据估计，1933年上海工人总数约为35万人，比1895年增加了8.5倍。而同期上海城市总人口数大约由90万人增至340万人，增长的幅度不足3倍。工人人数的增长速度远比城市总人口的增长速度快得多。①

上海以外的长江其他口岸城市，也因口岸开放促进了内外贸易的发展，启动了城市的现代化，并在其后的工业发展中进一步推动了城市现代化进程。汉口是长江沿江第二大工业城市，工业发展的城市化效应也很明显。汉口开埠前，城区集中在汉水沿岸至大江口一带的狭小地区，面积仅为2.8平方公里。开埠以后，作为一个内外贸易的中心城市，各地商帮汇集汉口，城市人口增加。自19世纪末20世纪初，随着民族资本主义工业在汉口兴起以及京汉铁路通车，汉口城区又迅速扩大，新式工厂出现在老城区之外的市郊地区，如硚口以上汉水沿岸、大智门车站地区，以及丹水池至砧家矶一带，成为汉口工业最集中的地区。至清末民初，整个汉口的城区范围已扩展至7平方公里，比开埠前扩展了1.5倍。自第一次世界大战以后至20年代期间，汉口和汉阳、武昌三镇再度兴起设厂热潮。据统计，1912—1927年间，武汉有民族资本主义工业(包括较大的半手工业及手工作坊)共计600余户，其中创建于这一时期的有490余户，约占79%。到1936年，工业户数虽只516户，工人4.38万人，资金却增至5,148万余元，年产值约1.9亿至2亿元。在全国大城市中居第3位，仅次于上海、天津。从开埠到抗战前夕的70多年间，汉

① 参见张仲礼主编:《东南沿海城市与中国近代化》，上海人民出版社1996年版，第429页。

口从一个30万左右人口的市镇发展成为拥有100多万人口的大都会。①

重庆的发展亦与工业发展的推动作用密切相关。重庆于1891年3月正式开埠,由于开埠较晚,重庆的近代工业直到19世纪末20世纪初才开始出现。首先是火柴业,随后扩及丝织、棉织、玻璃、采矿、航运、电灯等行业。这些行业的手工工场或近代工厂以及近代金融业的产生和近代教育、近代大众传播事业的兴起,使重庆城市的经济功能由商业贸易中心向商业、工业、金融、交通等综合经济中心以及近代科学技术和信息中心转变,呈现出日益现代化的趋势。1933年,重庆共有近代工厂和手工工场415家。1936年,四川所有工厂和手工工场共583家。如果拿1933年的重庆与1936年的四川全省相比较,重庆的工厂(场)数占全省工厂(场)数的71%,资本、工人数皆占全省的2/3。重庆显然是四川工业最集中、最发达的城市。②

总而言之,近代长江开放口岸城市的现代化,先由内外贸易启动,而后在现代工业的兴起中得到快速发展。从而导致城市人口的加速聚集,城市地域规模的不断扩大,并为城市的进一步开放、为城市综合功能的大力拓展,提供了物质基础。长江沿江工业比较发达的上海、汉口、重庆由此就形成为全国或地区性的多功能中心城市。

南京却与上述城市不同,它虽然是沿江开埠城市,却没有走上与上述城市相同的道路,如本书第一、二章中所述,南京的贸易主要是进口贸易和转口贸易,而且在全国重要贸易口岸城市中不占重要地

① 参见皮明庥主编:《近代武汉城市史》,中国社会科学出版社1993年版,第55、413、418—419页。

② 参见隗瀛涛主编:《近代重庆城市史》,四川大学出版社1991年版,第25—26页。

位。传统工业丝织业衰落后,没有产生出新的主导产业来推动城市现代化进程,这样,使得城市发展的现代化动力不足。一直到1927年国民政府建都南京时,“南京人口稠密之部分,仍在城南,距长江最近处约6公里,距下关约9公里,城墙以内之地域,虽有41方公里之面积,惟大部荒芜,间有田园茅屋,如村落而已。”①而此时的上海、汉口已发展为现代大都市了。在建都之初,南京百废待兴,各项市政基础设施亟待建设。由于工商业不发达,地方财政十分拮据,根本无力进行市政建设,更谈不上投资工业。历任南京市市长叫苦最多的便是缺乏资金。

1927年10月,当时的兼代南京特别市市长何民魂向国民政府报告办理市政情形:

> 市库如洗,……查属市建设费,依照前刘市长呈准,全部计划需费逾二千万,但全市收入月仅三万有奇,纵令分期施行,亦属于事无济。此外,呈请有案者,有江苏省政府每月拨助之十五万元,及江浙禁烟项下每月拨助之三十万元,但事实上尚难办到。②

1928年1月,南京市市长何民魂招待新闻记者的演说中又提到:

> 四个月来(注:任职四个月以来),市政府和各独立机关,总共开支五十万元,除了市府本身收入十六万元以外,其余的三十余万元,是费了九牛之力,从多方面设法张罗来的:教育的经费、警察的粮饷,都设从按月拨足,顾此失彼,真是捉襟见肘,东扶西倒,全部的精神,可以说全贯注在筹款维持现状上面。③

---

① 国都设计技术专员办事处:《首都计划》,1929年,第5页。

② 秦孝仪主编:《革命文献》第92辑,“中国国民党中央委员会”党史委员会,1980年,第87页。

③ 《南京特别市市政公报》第9期,1928年1月31日,“特载”,第5—6页。

1928 年,南京市市长刘纪文不无感慨地回顾一年来首都的市政情况:

此一年来,对于一切设施,无日不在惨淡经营之中。……市政建设事业,欲谋建设之进展,当先谋财力之充足,苟财力无办法,即建设无从进行。南京全市收入,每月不过数万元,合计国府及苏省之补助,亦不过十余万元,此区区之数,以作维持之费,尚虑不足,遑论供建设之用。①

表 7.1　南京市财政收支统计表(1927—1936 年)　单位:元

年度	收入	支出
1927	924,920	941,690
1928	4,352,280	3,999,063
1929	2,419,293	3,046,716
1930	3,886,488	4,405,682
1931	5,161,355	5,693,037
1932	4,799,000	4,608,095
1933	5,680,070	5,238,112
1934	5,883,880	6,650,472
1935	8,405,020	8,296,082
1936(至 4 月底)	5,939,828	6,286,871

资料来源:南京市政府秘书处编印:《十年来之南京》,1937 年,“市财政概况”,第 7—8 页。

1937 年,刘纪文回顾十年前他初任南京市市长时市政财政拮据的情况时说:

忆余初次奉令筹办南京市政,在民国十六年四月国府奠都

① 《一年来之首都市政》,秦孝仪主编:《革命文献》第 92 辑,“中国国民党中央委员会”党史委员会,1980 年,第 92—93 页。

南京之时，当筹办之始，并无市政经费，亦无办公地址，只向国民革命军总司令部领取开办费三千元，觅得旧贡院遗留房屋，略事修葺，成立南京市政厅，至六月一日始正式成立南京市政府。当时市政府之财政收入，仅有车捐一种，每月一万余元，一切市政事业之支出，皆取给于此，其拮据情形，自不难推想而知，加之其时适值军事倥偬，人心惶惧，市政几於无可进行，迨八月而余因事解职去，在此数月期间，凡百草创，外间所能目观之工作，惟开筑国府路一段而已。①

由于没有工商业的支持，南京的地方财政收入十分有限，常常入不敷出。表7.1是1927年至1936年4月间南京财政收入的统计，在10年中有6年的支出超过收入，“捉襟见肘”可见一斑。而且收入来源中中央的补助款占了相当比重。见下表：

表7.2　南京市历年各种收入百分比（1931—1933年）　　单位：元

类别	1931年	百分比	1932年	百分比	1933年	百分比
捐税	1,586,405	28.20	1,650,479	34.40	1,801,829	38.80
地方款	2,257,258	40.00	922,360	19.20	1,045,584	22.50
补助款	1,797,827	31.80	2,230,988	46.40	1,800,000	38.70
合计	5,641,590	100.00	4,803,827	100.00	4,647,413	100.00

资料来源：叶楚伧、柳诒徵主编：《首都志》，正中书局1935年版，第605页。

由表7.2可见，南京市的财政收入中中央的补助款基本在1/3以上，1932年达到46.40%。②

由于城市经济动力不足，因而南京对其周边城市的辐射力也就

---

① 刘纪文：《南京市政府成立十周年纪念感言》，南京市政府秘书处编印：《十年来之南京》，1937年。

② 上述两个表格中的收入数额不同，可能是统计部门的不同引起的。

较弱,在沿江城市中所处的经济地位也就较低。

一般情况下,一个区域内不同规模的城市均有其引力场,引力作用的大小与城市规模成正比,与城市间距离成反比,一个城市发展规模会影响其左邻右舍城市的规模。① 这种引力场,就是指一个城市对周边城市辐射力的大小,即城市的聚集功能和扩散功能,是"城市生命力的体现"。②

从城市人口规模、政治经济地位、城市吸引范围等因素去考量,可把城市划分为不同的等级。低等级的城市吸引范围往往被邻近的较高等级城市的吸引范围所覆盖,组成嵌套系统。在一定区域内,等级较高的城市,因具有相对的综合优势,常成为该区域的中心城市。在这种嵌套系统中,近代以来的南京即具有这样双重身份。

上海对整个长江流域口岸城市产生了极强的辐射力。1933 年,上海银行公会的成员银行资产总额达 33 亿元,占全国银行资产总值的 89%,工厂数占全国的 34%,资本额占全国的 40%,产业工人数占全国的 43%,工业产值占全国的 50%③。1936 年,上海已成为一个多功能的经济中心。因此,在整个长江中下游城市体系中,形成了以上海为中心的第一级城市体系。南京是宁镇扬沿江地带的经济核心,即在宁镇扬区域地带,以南京为中心,这一经济圈包括江苏省西部,并可上溯安徽及江西的大部分地区,形成一个城市体系。津浦、宁沪铁路建成后,"徐州贾旺和淮北符离集的煤炭,从豫东和皖北经由淮河东运的小麦、黄豆、芝麻等农产品,以及后来开采的淮南和大

① 参见中国城市科学研究会编:《中国城市科学研究》第一辑,贵州人民出版社 1986 年版,第 403 页。

② 张仲礼等主编:《长江沿江城市与中国近代化》,上海人民出版社 2002 年版,"总论",第 31 页。

③ 参见金济溯:《解放前后上海经济地位和作用的变化》,《社会科学》1984 年第 10 期。

通煤炭，都经由蚌埠南运浦口，转运各地，终年繁忙。"①这样，南京成为长江下游的一个重要的商品货物的中转站，南京被嵌套在第一级中，形成第二级城市体系的中心。

由于在南京本地经济中，工业虽有增长，但工业化程度较低，城市经济增长缺乏衍生能力，在带动区域经济发展方面动力明显不足。加之，除南京以外，近代江苏还有两个经济中心，一个在苏南，以无锡为中心，另一个在苏北东南部，以南通为中心。苏南的江阴、常熟、宜兴、溧阳、金坛的经济活动都围绕无锡而运转，靖江、武进、吴县、吴江等地的一部分经济活动也以无锡为中心；海门、启东、如皋（包括今如东）、东台等县，乃至盐城、阜宁等地的重要经济活动，都围绕着南通而展开。② 由于经济和地理的因素，无锡、南通被上海的强大辐射力紧紧吸引，而南京受上海的辐射要弱得多，南京自身的辐射范围又主要是江苏西部、安徽与江西等比较落后的地区。这样，在长江沿江的区域经济中心里，作为二级体系中心的南京并不占重要地位，这在长江沿江的物流体系中得到了充分体现。

长江沿江城市在物流方面，呈现一大中心、五大中介的特点：一大中心为上海，五大中介为镇江、芜湖、九江、汉口、重庆，上海为进出口总枢纽。上海进口的商品，只有 20% 在上海本地消费，其余 80% 转销内地。内地进口、出口货物，通过这五大中介城市与上海发生联系，完成交易过程。③ 比如镇江是上海联系苏北扬州、淮安、徐州、海州以及河南开封、山东济宁等地的中介；芜湖是上海与皖南、江淮平

---

① 金士宣、徐文述编著：《中国铁路发展史》（1876—1949），中国铁道出版社 1986 年版，第 163 页。

② 参见严学熙：《略论研究江苏近现代经济史的意义》，《南京大学学报》1983 年第 2 期。

③ 参见戴鞍钢：《港口·城市·腹地——上海与长江流域经济关系的历史考察（1843—1913）》第 5 章，复旦大学出版社 1998 年版。

原联系的中介,运往上海的是大米、生丝、鹅鸭羽毛、茶叶,运往芜湖的是洋布、面粉、煤油等。经由上海出口的商品,主要是杭嘉湖的生丝,苏浙皖的茶叶,长江上游、中游地区的羊毛、猪鬃、桐油、白蜡,进口商品主要是洋布、煤油、日用百货。而在这个物流体系中,由于上有芜湖、下有镇江,南京便被排除在外。此外,沿江各城市通过上海完成的进出口商品,在各城市进出口总值中占有巨大份额。以1936年为例,重庆出口的51%、进口的83.6%,沙市出口的80.8%、进口的44.9%,汉口出口的78.8%、进口的59.3%,芜湖出口的23.2%、进口的85.5%,都是通过上海完成的。①

由此可见,在长江沿江城市中,形成了以上海为最高级的有强大吸引力和辐射力的第一级经济中心,同时,又有南通、镇江、芜湖、南京、汉口、重庆等次级经济中心,这些次级中心又以各自为中心形成各自的辐射范围,形成一个嵌套系统。南京城市发展始终嵌套于上海的辐射之中,而且由于存在着新兴工商业城市无锡、南通、镇江、芜湖等与之争夺辐射范围,南京的辐射范围很小。从经济发展的角度讲,在这个嵌套中与其说南京的发展得益于上海的辐射,毋宁说南京的发展受制于上海。因此,进入近代以后南京的经济发展不要说在全国,即便是在长江沿江城市中也不具有重要地位,对于南京的经济地位,当时的评价是:"南京虽濒长江,为水路交通重镇,但经济上之地位,尚不足与汉口、九江、芜湖并驱,即视镇江犹有逊色,与安庆可相伸伯。"②南京所拥有的优势是:近代以后,它是东南地区的政治中心,后来又是全国的政治中心,这是它唯一可以与上海抗衡的地方。

---

① 参见张仲礼等主编:《长江沿江城市与中国近代化》,上海人民出版社2002年版,"总论",第30页。

② 《南京市经济概况》,《中央日报》1934年12月3日。

二、政府:现代化实践的主体

中国古代城市的建立,主要是为了满足封建统治者的需要。城市是历代封建政权分布在各地的不同等级的政治中心,因而城市规模的大小同城市的政治行政地位的高低成正比。每个朝代最大的城市都是都城,其次是省城、府州城,县城的规模最小。都城是统治者重点建设的城市,每个王朝都不惜财力、物力、人力来建设都城,哪怕是战乱初定时,他们也不惜大兴土木,修筑城池,从而使这些城市在很短的时间获得超常的发展。这就是中国古代传统的政治中心城市优先发展的规律。近代以来,政治中心优先发展规律仍然在城市发展中起着作用,1927—1937 年的南京便是一个典型。1927 年,国民政府定都南京以后,中央政府、地方政府对南京的城市建设投入了相当的关注,甚至在某种程度上动用了全国的力量来建设这一"中外观瞻所系"的"首善之区"。

首先,政府是技术传播的主体。这里所讲的技术主要是指当时的先进技术或设施,这些给南京带来现代化气息的先进技术的传播者主要是政府。早在 1894 年,两江总督张之洞开始在南京修筑马路,供东洋车和轻便马车行驶。铁路于 1907 年修筑,1909 年开通。电报于 1881 年开办,初期仅为海防军务而设。电话 1900 年开办,最初仅设于实缺各衙门。中央广播电台设于 1928 年秋,是国民政府定都后所为。金陵电灯官厂 1911 年成立,并于当年开始发电照明。另外,1912 年南京临时政府有飞机在南京试飞。1932 年 4 月,南京自来水公司也开始供水,等等。①

其次,现代化基本政策的制定者是政府。《首都计划》是一部对南京城市现代化建设最有影响力的纲领性文件,该计划规划了南京

① 有关内容参见本书第三章。

百年发展目标,从制定到公布都充分体现了政府行为。1928 年 1 月,国民政府专门成立了“首都建设委员会”,由其下属的“国都设计技术专员办事处”负责制定《首都计划》,并聘请美国著名设计师墨菲与古力治为顾问。1929 年 12 月 31 日正式公布了《首都计划》。该设计涉及范围很广,包括人口预测、功能区分、交通计划、市政工程及城市管理等各种条例,堪称近代南京城市规划的集大成者。首都建设委员会的主席是蒋介石,常务委员有孔祥熙、宋子文、孙科、赵戴文,秘书长为刘纪文,组成人员包括国民党中央常务委员,国民政府主席及委员,五院院长,各部、院、会主管长官,各省省政府主席,各特别市市长,南京特别市党部代表等。可以说,1927 年后的南京城市建设是在中央政府的直接参与和设计下进行的,政府主导的特征极为突出。

再次,现代化的具体实施过程中政府发挥了主要作用。城市的规划制定完毕后,主要由首都建设委员会来监督进行,具体实施单位是南京市工务局。另外,在实施过程中资金是否充足是一个关键因素。上文中已经谈到,南京工商业不发达,地方财政十分拮据,《首都计划》实施的资金南京市政府无力承担,主要由中央政府、各省分担以及发行债券的形式筹集。

1929 年 6 月,国民政府颁布了《南京特别市市政公债条例》和《南京特别市市政公债发行细则》。《南京特别市市政公债条例》规定:“南京特别市市政府为兴建首都市政起见特募集公债”,“此项公债定额为三百万元”,“利率定为周年七厘”,“以本市财政局车捐收入月拨二万元为付息基金,市产收入年拨三十万元为还本基金”,“每年付息两次”,“自民国十九年起分十年还清。”①

---

① 秦孝仪主编:《革命文献》第 91 辑,“中国国民党中央委员会”党史委员会,1980 年,第 261 页。

1929年10月29日，国民政府又将《南京特别市市政公债条例》修订为《民国十八年南京特别市特种建设公债条例》，规定："南京特别市市政府为兴办首都自来水工程及建筑市民住宅之用，特募集公债，定名为民国十八年南京特别市特种建设公债。本公债定额为国币三百万元，以二百万元兴办自来水工程，以一百万元建筑市民住宅，不得移作别用。"①其他方面规定与《南京特别市市政公债条例》基本相同。

1930年3月，孔祥熙、孙科、刘纪文向中国国民党三届三中全会提出关于筹集首都建设经费的提案，并获得通过，该提案的主要内容为：

> 国都奠定，建设肇基。树全国之楷模，隆友邦之观视，关系綦重，自不待言。惟创始经营，端赖经费，首都既为全国人民所共有，其经费自应由全国人民负担。现在建设计划已由首都建设委员会拟具大纲，……自应即日筹集经费，以便着手建设。兹隐度建设经费最低限度，本国民平均负担之旨，斟酌各省区经济状况，分别募集经费三千万元，由各省区摊派两千万元，合计总额五千万元，于最短期间筹集足额，俾首都建设得早日观成。谨拟具募集及摊派办法如下：一、发行公债，由财政部发行首都建设公债三千万元，分两期发行：第一期为一千万元，第二期为两千万元。其本息基金，均以关余担保。二、各省区分担，权各省壤赋之上下与区域之广狭，分为五等支配，共担负两千万元。分作三年缴清。②

表7.3是各省分担的详细情况：

① 秦孝仪主编：《革命文献》第91辑，"中国国民党中央委员会"党史委员会，1980年，第272—273页。

② 秦孝仪主编：《革命文献》第91辑，"中国国民党中央委员会"党史委员会，1980年，第174—175页。

表7.3 各省区分担首都建设经费数额表

各省等第	省名	省份数	总分担数(元)	每省缴款总数(元)
甲	粤苏浙鄂川	5	7,900,000	1,580,000
乙	湘燕赣晋闽奉	6	7,800,000	1,300,000
丙	鲁豫皖桂	4	2,800,000	700,000
丁	秦吉黑	3	870,000	290,000
戊	滇黔新甘	4	480,000	120,000
己	三特别区	3	150,000	50,000

资料来源:秦孝仪主编:《革命文献》第91辑,"中国国民党中央委员会"党史委员会,1980年,第175页。

同年11月,孔祥熙、孙科、刘纪文又向中国国民党三届四中全会提案"请指定俄义庚款为首都建设公债基金",并获全会通过,主要内容为:

> 前此三中全会曾经议决原则通过之筹集首都建设经费案,其发行公债部分,本息基金,均拟以关余为担保,适以军兴,推行致阻,……查各国退还庚子赔款,多经分配用途,其有未经分配者,尚有俄国退还庚款三分之一,约计四千万元,及义国退还庚子赔款三分之一,约计二千万元。按各国退还庚子赔款历经中央决议用为建设及文化事业,以首都建设,关系綦大,概以树全国之宏规,亦以发扬全国之文化,在各项建设及文化事业之中,实属切要之举。拟请即确定俄义两国退还庚款各三分之一,共计六千万元,为首都建设经费发行公债还本付息之基金。①

关于中山陵的陵园建筑费用共需400万元,其来源除了由国民政府拨款外,由各省分担,分担办法为:

① 秦孝仪主编:《革命文献》第91辑,"中国国民党中央委员会"党史委员会,1980年,第180页。

(1)江苏省、浙江省、广东省、河北省、湖北省、四川省、山东省、辽宁省,以上各省每省担任26万元。

(2)福建省、广西省、安徽省、江西省、湖南省、云南省、贵州省、山西省、吉林省、黑龙江省,以上各省每省担任15万元。

(3)河南省、陕西省、甘肃省、新疆省、热河省、察哈尔省、绥远省,以上各省每省担任6万元。

上述各省担任的款由省库支出,于2年内分期缴清。①

显然,由于定都后的南京关系"中外观瞻",中央政府对南京城市建设给予了相当的重视。"中央自奠定南京以来,先后补助首都建设经费已达1,700余万元,即因南京为全国首都之故"。②

此外,政府在推动城市现代化向广度深度发展上,特别是在社会风尚的改变上,也起了主要作用。如当时在南京积极倡导的精神总动员运动、工作竞赛运动、节约储蓄运动、勤俭建国运动、厉行守时运动、捐献运动、植树造林运动、卫生运动、取缔娼赌毒等,这些运动的推行,对推动南京城市现代化均起到了很大的促进作用。特别是在蒋介石发动新生活运动后,南京成为继南昌之后的主要推行城市。蒋介石对南京市的新生活运动也极为关注,曾经多次以手谕的形式进行指示,如在1935年的14期《新运总会会刊》上曾经刊登了蒋介石对南京市新生活运动的手谕:

> 1. 行路吸烟,应严加取缔。对于一般汽车夫及马夫,尤应绝对禁止吸烟。2. 凡行人衣冠不整,纽扣不齐者,应严加取缔。对于军人,应严密查察,如有衣冠不整者,即予逮捕处罚。3. 妇女烫发亦应设法取缔,最好定一办法,如已剪发之女子,发

---

① 参见秦孝仪主编:《革命文献》第91辑,"中国国民党中央委员会"党史委员会,1980年,第277页。

② 《首都与南京》,《南京市政府公报》第176期,1937年4月。

长不得过几寸,过几寸者,必须梳髻或戴帽。4. 一般国民奢靡成风,服用什物,几非洋货不能洽意,以致国产事业日趋衰落,入超年有增加,若不敢加以纠正,积极提倡服用国货、将何以图国家之富强,民族之复兴,以后务须责令一般国民,无论贫富,均应一律服用国货为主,藉以养成全体人民之爱国观念,而杜塞每年巨额之漏卮。以上各项,应由市府及首都新生活运动促进会,会同宪兵司令及首都警察厅,商定具体办法,切实执行。①

总之,民国时期,特别是1927—1937年间,南京的城市发展有了一个飞跃,南京由一个衰弱的旧式都市发展成为一个现代意义上的城市,其中政府发挥了关键作用。

第二节　影响近代南京城市转型因素探析

虽然经过1927—1937年的"十年建设",南京的城市现代化取得了比以往任何历史时期都更为显著的发展和进步。但如前所述,南京的经济发展不要说在全国,即便是在长江沿江城市中也不具有重要地位。作为一个传统的政治、经济、文化中心城市,而且是沿江开埠城市,南京城市的现代化发展与其所拥有的传统历史地位和现实政治地位极不相称。因此,探讨影响近代南京城市现代化转型的原因就显得很有必要,且有着重要的现实意义。

一、城市与周边农村的互动失衡

从现代化的角度来考察,一个城市与周边农村腹地互动的强

---

① 《蒋会长指示首都厉行新运各点》,《新运总会会刊》第14期,1935年1月1日,第13页。

弱，在相当程度上反映了一个城市现代化发展水平的高低，即“城市的地位和作用，主要取决于他们对各自腹地的带动作用和影响力。”①

与南京有密切联系的腹地农村主要有两部分：一部分是南京城市郊区，主要包括1934年南京市与江苏省划界后，划入南京市的原江宁县和江浦县的一部分，称孝陵区、燕子矶区和上新河区；一部分是近郊区，即南京周围的区县，包括江宁县、江浦县、六合县、高淳县、溧水县、句容县等。

一般来讲，一个城市不能够完全提供自身消费所需要的所有产品，它需要从其腹地农村得到基本的消费品。因此，南京与周边农村联系的首要方面就是需要周边农村提供大量满足城市基本生存需要的粮食、蔬菜、副食品等。

南京从1927年建都后，随着人口急剧增加，粮食需求也随之大增。据1932年计算，当时南京市人口65万余人，以“每日需米3,270担，每月为98,100担，每年为1,177,200担”②。以此可以推算，1936年消耗米1,786,342担。当然这只是一个粗略的推算，南京每年究竟需要多少粮食或者说消费多少粮食很难准确计算。但是，粮食的需求量随着人口的增加而大大增加，却是不争的事实。但南京市区和城区农村供应数量十分有限。以市省划界后城郊区扩大的1934年来看，南京城市及郊区所产稻谷只相当于该年全市总需求量的12.3%，小麦只能满足面粉厂所需原料的9.47%，蔬菜如按人均每天消费1.33两计，1934年年需要量为386,396担，该年市郊蔬菜产量（包括西瓜在内）只有378,145担，尚勉强满足

① 张仲礼等主编：《长江沿江城市与中国近代化》，上海人民出版社2002年版，“总论”，第27页。

② 实业部中央农业实验所、南京技术合作委员会给养组合编：《南京市之食粮与燃料》，1932年，第5页。

最低需求;如按人均每天消费 4 两蔬菜计,则只能满足需求的 33%。①

既然城市和郊区不能够为城市提供充足的粮食、蔬菜等,那么它的近郊区能否提供呢?事实上,南京的近郊区除了江宁县较为富庶外,其余属于十分落后、贫穷的地区。“南京四郊出产为数殊微,恐尚不足供消耗量百分之一,余均赖于外埠粮食之供给。”②于是,南京不得不借助其较为便利的交通条件,从更为广阔的地域收集粮食来满足城市。

粮食以外,副食品的消费数量也很惊人。这种大量的副食品需求,南京本市不能自给,主要靠周边地区供应。一般来说,猪牛羊主要来自江北的徐州、蚌埠、芜湖及南京邻近各县,鸡主要来自津浦路沿线各处及南京邻近各乡,鸭鹅则主要来自安徽的庐江、和县、太平及江苏江浦等县。③

南京城市建设需要的主要工业原料也大都来自其他省市。特别是建筑业需要的砖瓦等材料,除了少数由本地机制砖瓦厂及各瓦筒厂出品外,“余悉仰给于江北一带及汉口等处。”

此外,南京从事丝织业各机户所需丝的茧原料,郊区农村也无法满足,一向仰给于江南、江北、皖南、皖北等地。其中浙江湖州等地所产之丝占外地运销南京丝总数的十分之六,1928 年达 1,700 包,价值 119 万元;1929 年达 2,000 包,价值 140 万元。④

总而言之,东起东海之滨,西至巢湖盆地,南起太湖流域,北至淮

---

① 唐文起、林刚:《试论 1927—1937 年南京城市经济发展与农村腹地之关系》,《民国档案》1987 年第 2 期,第 91 页。

② 实业部中央农业实验所、南京技术合作委员会给养组合编:《南京市之食粮与燃料》,1932 年,第 5 页。

③ 参见南京市社会局编印:《南京社会》,1937 年 2 月,“农工商业”,第 144 页。

④ 参见《江宁县蚕丝业调查》,《工商半月刊》第 1 卷第 19 期,1929 年 10 月 1 日,“国内经济”,第 17 页。

河流域，纵横千里的广大农村，均为南京大量生活资料和轻工业原料的供给区域，这是它得以维持生存的基础。

与此同时，南京对于周边农村的物流方面的支持状况及影响又怎样呢？近代南京的工业发展水平低下，工业结构极不合理，而且产品少、质量差。主要以食品加工业、营造业、纺织业为主，而且这些产品也主要用于城市消费，输往农村的工业品极为有限，销售区域也十分狭小。据1934年统计，南京市工业品只有1,600箱洋烛的销地为本地、句容、溧水，90,000口饭锅的销地为本市、蚌埠、句容、当涂，30架面粉机的销地为本市、安徽，①工业品销售实在少得可怜！其余产品皆销在本地、本市。当然，“本地”并不排除包括城郊的可能。但由于南京的工商业不发达，输往周边农村的产品极为有限，再加上周边农村本身十分贫穷、落后，购买力十分低下，因此，南京对周边农村的物流支持也少之又少。从1935年对江宁一镇四乡103村由市镇购买物品统计表明，油、盐为生活必需品，购买率为100%，属于城市工业品的只有杂货和布匹，购买率分别只有62.1%、58.3%。而对于改进农村经济所需的先进农具却没有供应。② 另据1934年对南京中央门外中央农业试验所23村的调查，家庭手工业“其规模大凡极小。所用工具异常简陋而笨滞，甚有相袭数百年而从未改进者；即偶或有用机械者，亦非常简单，较之近代所用者相差甚远。……至所谓电力蒸气力则尚未有闻之。破窳窄隘之茅芦，即系彼等之工作地”。③ 距离南京只有25.61公里的秣陵镇周围农村的主要农具也

① 参见建设委员会经济调查所统计课编辑：《中国经济志（南京市）》，建设委员会经济调查所，1934年，第133—135页。

② 参见蒋杰编著：《京郊农村社会调查》，《中华农学会报》第159期，1937年4月，第122页。

③ 郑林庄、柯象峰：《实业部中央农业实验所附近二十三村农民职业调查》，《中国实业》第1卷第6期，1935年6月，第1132页。

只是“水车、犁与耙三者”①而已。到20世纪30年代中期,南京还没有一家工厂生产普通农具。可以说,直至抗战前,南京四周农村也没有能产生一个机制农器具生产资料市场。

总之,南京城市的工商业经济发展状况和南京郊区、近郊区农村的生产水平对近代南京的城乡经济关系产生了巨大的制约作用:一方面,虽然农村经济结构因受城市的影响而发生变化,但是落后贫穷的经济状况,使得南京附近的农业生产无法满足城市的巨额消费需求;另一方面,南京城市工业薄弱,它不可能以先进的生产技术及其产品支援农村,却要求农村供给自己大量的消费品。当农村不能够提供充足的消费品时,它便借助便利的交通向更为广泛的地区获取,从而更加强化了其消费城市的功能,也进一步扩大了城乡二元差距,加剧了农村的贫困化。

二、政治性城市的负面影响

从南京现代化取得的成就来看,它主要得益于其政治中心地位的确立,是由传统的政治中心优先规律作用使然。但同时,又不能否认其浓厚的政治色彩对其现代化的发展也产生了不利影响。

自古以来,南京就是一座政治性城市,进入近代这种性质依然没有改变。起初,是太平天国在南京建都十多年,之后清军于1864年攻陷南京,南京为两江总督府所在地。此后,南京的政权几经更替、政府官员如同走马灯般地更换,这使得南京的政治色彩一直非常浓厚。

1927—1937年是南京现代化成就最为明显的十年。这期间,南京虽然政局稳定,但是行政组织及其官员的更迭却极为频繁。以南

① 蒋杰编著,乔启明校订:《京郊农村社会调查》,《中华农学会报》第159期,1937年4月,第185页。

京市市长的变动为例：

表 7.4　南京市历任市长任职时间表(1927—1937)

市长姓名	任职时间
刘纪文	1927 年 5 月 25 日至 1927 年 11 月 23 日
何民魂	1927 年 11 月 23 日至 1928 年 7 月 14 日
刘纪文	1928 年 7 月 14 日至 1930 年 4 月 14 日
魏道明	1930 年 4 月 14 日至 1932 年 1 月 6 日
马超俊	1932 年 1 月 6 日至 1932 年 3 月 24 日
石瑛	1932 年 3 月 24 日至 1935 年 3 月 27 日
马超俊	1935 年 3 月 27 日至 1937 年

资料来源:秦孝仪主编:《革命文献》第 91 辑,“中国国民党中央委员会”党史委员会,1980 年,第 189—194 页。

十年时间,六易市长,这种频繁的人事变动对城市建设十分不利。因为当时尽管已经有法可依,但中国长期以来是一个人治国家,所谓“一朝天子一朝臣”,随着上级长官的变动,往往带来下级机关的人事变动。各级机关人事的频繁更迭,导致政府计划方案一再被改动而不能够完全实现。同时新官上任多是任人唯亲,拉帮结派,造成行政秩序的紊乱,一般公务人员也不能够安心工作。从三届市政府内高级官员的籍贯也可见地方主义(或同乡观念)十分浓厚。因为刘纪文和马超俊均为广东人,于是在他们任职时的政府高级职员中便以广东人居多，而石瑛是湖北阳新人，他做市长时，湖北人的数量则居多。如刘纪文任市长的 1930 年，在 22 位高级职员中就有 9 位是广东人，占 40.91%；石瑛任市长的 1935 年，在 16 位高级职员中有 7 位是湖北人，占 43.75%；在马超俊任市长的 1936 年，在 18 位高级职员中有 10 位是广东人，占55.56%。① 这只是对高级职员的考察,如果考察市政府及附属机关的全体职员,则这种同乡观念更为明显。

鉴于这种状况,使得想在南京有所作为的人,最理想的途径就是进入官场、进入政府部门求得一官半职。如果说在中国传统社会里,那么这种状况对城市的发展产生的影响还不大。历史上南京做首都的时候,它就是东南最大、最繁华的城市,所谓"财富出于东南,金陵为其会"。但是,近代以后,经济优先规律开始取代政治优先规律,城市的发展主要取决于经济的发展,而经济发展的必要条件之一是必须有致力于发展经济的企业家去做,特别需要有知名的、能够领袖群伦的企业家发挥带头、影响和推动作用。而在南京,从历史上看,很少,或者没有出现过这样的企业家。到了近代,与周围的南通、无锡、常州等城市相比,这个特点显得更加突出。南通工业化十分成功,从而使它的经济实力和声望,不仅在江苏省内,而且在全国都有重大影响。这种成就的取得,与张謇个人的主导作用分不开。而无锡近代经济发展的成就与荣氏家族成员为代表的一个知名企业家群体的精心经营分不开。常州大成纺织染公司创造的奇迹关键在于有刘国均这样的企业家起了决定性的作用。

反观南京,在近代就没有出现过诸如上述城市中那样著名的企业家来领导,并推动南京近代工商业的发展,南京近代工业发展缓慢与此分不开,而之所以出现这种情况与南京的城市特征有着密切关系:它是一座政治城市,是政治家的舞台,政治家关心的是政治,而不是经济,同时,频繁的政权变动及其行政官员的变更也不利于企业家活动。

---

① 南京特别市政府秘书处编印:《南京特别市政府职员录》,1930年1月,南京市档案馆藏,案卷号:1001—1—1726;南京市政府秘书处编印:《南京市政府职员录》,1933年11月,南京市档案馆藏,案卷号:1001—1—1727;南京市政府秘书处编印:《南京市政府职员录》,1936年11月,南京市档案馆藏,案卷号:1001—1—1729。

三、传统文化中消极因素的制约

任何一个城市的发展，都建立在这个城市的传统文化基础之上，都离不开它所仰赖的传统文化背景。南京作为一个具有两千多年历史的古老城市，积淀了丰厚的传统文化，它们反映在南京人性格中的同时，也反映在社会意识和社会心理中，它们被南京历史创造的同时，也影响着南京的历史和现实。特别是在从传统走向现代的过程中，被动、保守、从众、迷信和怀旧等这些传统文化中的消极因素无不制约着南京的现代化进程。

南京文化源远流长。考古发现显示，南京文化的源头属于考古界通称的"湖熟文化"。一般认为，先秦以前，南京文化基本属于吴越文化。先秦以后，随着政治、经济、社会等各方面因素的影响，形成了南京传统文化的独特气质。

首先，南京文化具有兼容性和开放性的特点。这一特点与南京独特的地理位置密切相关。南京的地理位置十分独特，处于吴楚交汇之地、南北交汇之所、江海枢纽之处的位置，因此，也就处于多种文化的交汇与包围之中。正如著名文学评论家陈辽提出的：南京文化是南方文化与北方文化融会与交叉的产物，是江海文化与内陆文化融会与交叉的产物，是传统文化与现代文化融会与交叉的产物。① 通过这种长期的融合与交汇便形成了南京文化的独特结构气质——混合型文化。

其次，南京文化具有明显的被动色彩。这一特点与南京历史上的政治变迁有着直接联系。由于南京独特的区位优势，使得南京成为兵家必争之地，军事、政治地位十分重要，这使得南京有"虎踞龙盘"、"金陵帝王州"的称誉，也是南京成为"六朝古都"、"十朝都会"

① 参见陈辽：《南京文化的定位和形象提升》，《南京日报》1999年1月1日。

的重要原因。但同时,由于历史上南京的政治地位盛衰不定,大起大落,从而也带来文化上的大起大落,甚至断裂。这使构筑南京城市自身个性特色文化受到严重影响,即长期以来,南京文化在各种文化的融汇交叉中没有创造出自己的个性文化,而是被动地接受外来文化。

再次,市民文化(或者消费文化)是南京文化的主流。南京虽然是六朝古都,但是作为政治中心,除了明朝前期是属于全国性的统一政权以外,其他大多为偏安王朝,相对于当时强大的北方处于弱势,寿命较短,政权更迭频繁,社会不安定。而且偏安王朝的统治阶级,面对强大的北方政权,往往也没有重整山河的气魄,只是偏安于一隅苟且偷生,因此,没有形成以官方文化为主的主流文化,而市民文化或者称之为消费文化、消闲文化成为主流文化。南京传统文化的这一主流基调自从六朝开始形成后,就一直没有改变。

南京文化的上述特点反映了南京文化具有某些优点,如兼容、开放。但是其弱点和不足也十分明显,就其兼容性和开放性来说,它并不是一种积极的兼容和开放,更多地具有被动性,而这种被动性就使其处于一种弱势状态,使它无法兼容并蓄地吸纳东西南北的文化后形成自己的优势文化,而是任其他文化在此跑马自己却无所作为。此外,以消闲文化为主流的文化特色,使得整个城市呈现出一种闲散、不紧不慢的气息,这种气息又渗透到南京人的性格中,南京人因此有了"大萝卜"的称号。关于"南京大萝卜"这个典故从何而来,无从考证。南京人似乎也无可奈何地接受了这个称号。作家叶兆言认为,用大萝卜形容南京人,是"再合适不过",因为"南京人永远也谈不上精明"。而且他认为,在某种意义上来说,"南京大萝卜"是"六朝人物精神在民间的残留,也就是所谓'菜佣酒保,都有六朝烟水气'。自由散漫,做事不紧不慢,这点悠闲,是老祖宗留下来的。"①

① 叶兆言:《烟雨秦淮》,南方日报出版社2002年版,第51页。

本来人的性格无所谓好坏优劣，但是，如果把人的性格与社会发展联系起来，那么作为社会活动主体的人，其性格就会或多或少对社会发展产生一定正面或负面的影响。近代以来，南京现代化进程大大落后于南通、无锡、常州等其他城市，一方面如前文所讲，与地理、政治因素有关，但是，事业需要有人来做，如果不能够充分发挥人的主观能动性，现代化事业无从谈起，而南京人的性格决定了这个群体缺乏冒险、创新、开拓精神。因此，南京的传统产业——丝织业没有能够像苏州一样成功步入传统向现代的转变；南京也没有像南通、无锡、常州等地一样，出现领袖群伦的企业家来带领、推动本地经济的发展，从而使得南京的现代化发展缺乏动力。

南京传统文化中，还有一个显著的特点是怀旧。由于南京历史的沧桑巨变，使得南京到处是历史，处处散发着历史的气息。无论是生活在南京的人，还是来到南京的游客，但凡略微了解一些南京历史的人，面对南京的名胜古迹，往往都有一种怀旧的情绪，而且这种情绪具有很强的渲染性和继承性。久而久之，便沉淀成为一种文化，使南京成为一个容易怀旧的城市，或者说南京是一个适合怀旧的城市，有人甚至说，“南京这地方用不着怀古。江南佳丽地，金陵帝王州，十朝都会，百代兴衰。多少年来，南京以其山川形胜，吸引了无数英雄豪杰角逐争雄，建都立业。是地方就有典故，是地方就有来头，是地方就能让人一番感叹，然后写出好好坏坏的文章来。”①的确如此，南京有许多名胜，比如牛首山、燕子矶、玄武湖、莫愁湖以及后来的中山陵等，但是在南京，更多的是古迹以及与它们相关的精神文化。前者如帝王陵寝宫殿、古城墙、古建筑等；后者有与六朝旧事、秦淮风月、文人墨客、才子佳人、贩夫商贾等有关的故事、传说、记忆、逸闻、诗词小说等。这些名胜古迹激荡人们的主要不在于它们的景物本

---

①　叶兆言：《烟雨秦淮》，南方日报出版社2002年版，第51页。

身,而是在于它们过去的历史。所以"逛南京像逛古董铺子,到处都有些时代侵蚀的痕迹。你可以摩挲,可以凭吊,可以悠然遐想;想到六朝的兴废,王谢的风流,秦淮的艳迹"①。著名记者黄裳在20世纪40年代说过:"想看看南京的文化,极容易联想到古昔,事实上似乎也只有'古昔'还可以看。"②为什么会是这样呢?黄裳没有说。而费振钟在他的《江南士风与江苏文学》中说到了,他说,"传统诗人们,一向对历史抱着凭吊的态度。他们在历史的存在中发现的永恒不变的悲剧结构。因此出自他们笔下的那些咏史诗,往往总是'无止境'地诉说亘古的悲天悯人的思想情绪。等到后来的某一天,所有这些作品成为供后人阅读学习的历史文献,那种历史的伤感,便被确定和稳固下来,成了被'正确地保存下来'的文化语言,并且被人们有意识地一再获取和重构。"③他列举了杜牧的《夜泊秦淮》的诗:"烟笼寒水夜笼纱,夜泊秦淮近酒家。商女不知亡国恨,隔江犹唱后庭花。"他说得十分贴切。

如果一个城市长久地沉湎于对过去历史的怀念中,它便充满了深深的暮气,而暮气氤氲的城市便是一个缺乏活力的城市。

四、推动城市现代化的外力不足

现代化不同于以往的任何历史进程,它是传统社会向现代社会的转型,是一个巨大的社会变迁,它要冲破传统农业文明向工业文明转变,可以说是一个脱胎换骨的过程。众所周知,作为后发型现代化国家,在一定程度上是在外力的影响或者冲击下才走向现代化的,这

① 朱自清:《南京》,蔡玉洗主编:《南京情调》,江苏文艺出版社2000年版,第6页。

② 黄裳:《旅京随笔》,蔡玉洗主编:《南京情调》,江苏文艺出版社2000年版,第98页。

③ 费振钟:《江南士风与江苏文学》,湖南教育出版社1995年版,第47页。

里的外力主要由早期完成现代化的西方国家所施加。同样,在这些国家的城市现代化进程也走着几乎同样的道路,即先受到外力影响和冲击的城市先期走向现代化。中国的早期现代化发起的城市就是最先受到外力冲击的沿海沿江通商口岸城市,便是一个见证。但是,由于各个通商口岸开放的时间以及开放的程度不同,各个城市的发展速度和程度也不同。大部分沿海沿江城市因开放而飞速崛起,也有个别城市的发展相对迟缓。南京便属于后者。笔者以为,如果将上文中论及的南京城市现代化发展缓慢的因素归为内力不足的话,南京城市现代化还存在着一个明显的外力不足的状况,即由于受到外部冲击的力量不足,其现代化进程比全国其他沿海沿江开放城市明显滞后。主要表现在两个方面:

一是开埠通商的时间太迟。开埠的时间较晚,错失了发展的机遇。南京本来在 1858 年开辟为通商口岸,但是由于种种原因,直到 1899 年才正式开放。如果南京的开埠不是耽误了 41 年,南京的发展绝对不是后来的状况。有人曾经断言:如果南京是第一批开放城市的话,那么就没有今天的上海,或者说今天的上海就是南京。因为,在上海开埠之前,它只是江苏省松江府的一个小县,其地位根本无法与东南政治、经济、文化中心的南京相比,无论从地理位置、还是交通条件,南京在 1840 年以前都比上海优越。上海的飞速崛起与其率先开埠通商有直接关系。正是因为开埠通商为上海的发展带来了机遇,通过几十年的发展,在南京刚刚开埠之时,上海已经是百万人口的大城市,东南经济中心的交椅已归其所有。随上海之后开放的沿江城市有镇江、汉口、九江、宜昌、芜湖、重庆、沙市。这样,当南京在 1899 年开埠之时,上海已经开埠了半个多世纪,而且整个长江沿江城市以上海、汉口、重庆为中心的发展格局已经形成,已经没有了南京应有的位置。

二是没有租界的巨大刺激。开埠对沿海沿江城市的发展无疑起了重要的推动作用,只不过由于各个城市的具体情况不同而使其发展呈现出快慢和强弱不等的状态。但有一点是肯定的,即受到外力影响越大、越深的城市,则发展的速度越快、现代化程度也越深。在全国大城市中,上海、天津、汉口最为典型,而它们受到外力的影响最大、最深的原因就在于租界的存在。

近代以来,西方列强凭借一系列不平等条约,先后在中国沿海或内地强行建立了许多外侨居留地、租借地和专管租界。自 1843 年英国在上海设立租借地起,至 1904 年日本在安东(今丹东市)强征民地建立新市区止,西方列强先后在上海、厦门、天津等 10 座城市中建立了 25 块专管租界,2 块公共租界,并在旅大、宁波、福州等地建立了 26 块类似租界的租借地、公共通商场和外人居留区。① 租界的存在,是对中国主权的践踏与侵犯,是近代中国遭受列强欺凌的耻辱标志。但是,租界的存在又改变了中国单一的封建城市结构,树立了西方近代城市的模板,促进了中国城市的迅速成长及走向近代化。租界的设置和发展,使得上海、天津、汉口等一批近代城市在中国大地迅速崛起。

为什么租界会对这些城市产生如此巨大的影响? 这主要是因为这些租界被外国强行开辟后,随即移植了租界母国的市政建设和市政管理模式,使租界出现了中国传统城市所没有的各种新气象。在租界强烈刺激和震动下,租界所在城市首先"仿租界之式"创办自己的现代市政,从而开启了近代中国城市的市政早期现代化。

租界不仅展示了西方先进的市政文明,而且也成为中国人了解西方的窗口。通过租界东西文化在此碰撞,这种碰撞也使得其所在城市的中国人的思想观念和价值观念等方面发生了改变。人们开始冲破过去封闭保守的思想观念和意识,转而开始接受西方的文化思

① 费成康:《中国租界史》,上海社会科学院出版社 1991 年版,附录 1、2。

想、价值观念。如西方人的婚丧嫁娶、礼仪服饰、接人待物等礼俗观念就首先兴起于这些租界城市,而后才向其他城市推广。

可以说,在近代中国城市的早期现代化进程中,租界是启动性外力。而受这一外力影响最大的城市莫过于那些租界所在的城市。在南京没有设立外国租界,因此,它的城市建设方面无论是市政设施建设还是市政体制建设,都没有像上海、天津、汉口那样,因为受到租界的巨大影响和冲击而得到快速发展,只是间接地受到上海的影响,这种影响力显然没有直接受到冲击来得有力。特别是在人的思想观念方面,南京旧有的传统势力十分顽固,没有强有力的外力推动和刺激,很难完成自身的突变。南京恰恰最缺少这种外部的刺激。于是,保守、封闭、迷信、怀旧这些相延千年的思想意识和社会心理长期存在,困扰着近代南京城市现代化的发展。

第三节 余论:历史对现实的启示

研究历史,是为了更好地面向未来,一个城市如何准确定位,如何抓住机遇充分利用自身的优势,努力克服历史的局限,历史的经验教训值得借鉴。本书研究和探讨南京1912—1937年现代化的目的不仅仅是为了"再现"那一段历史,而是本着"一切历史都是当代史"的宗旨,希望从历史的发展中得到一些有益的启示,为今天还在进行着的南京城市现代化建设提供借鉴。

一、必须明确城市性质、突出城市特色,确定城市发展目标

城市性质是指各城市在国家经济和社会发展中所处的地位和所起的作用以及各城市在全国城市网络中的分工和职能。城市的形成和发展是历史进步的产物,自有人类历史以来,城市的特征,均因特殊的需要而改变,如军事性防御、行政制度、科技进步、生产和交通方

式的发展改变等都影响到城市的特征。因此,城市的性质应该体现城市的个性,反映其所在区域的政治、经济、社会、地理、自然等因素的特点。南京是一座传统的行政中心城市,“六朝古都”、“十朝都会”的称谓便是对其城市性质的指认。本书所论述的1912—1937年间,南京曾经两度为政府所在地,一次是1912年为中华民国临时政府所在地;一次是1927年后南京再次为全国政治中心,前次由于时间短暂,城市建设没有来得及全面展开即迁都北京。而1927年定都南京后,一直到1937年全面抗战爆发前夕,这期间有十年的相对稳定时期,南京完全可以以此为契机对城市准确定位、制定规划,使城市现代化建设有一个大的飞跃。最初南京市政府也曾经提出过建设“三化”首都的理念和规划,即利用南京有山、有水的特色将南京建设成为一个“农村化、艺术化、科学化的首都”。应该说,当时南京市政府的建设理念还是比较切合实际的,对南京的功能定位也比较准确,如果真按市政府的这种理念建设,南京将会成为一座优美典雅的“艺术化”城市。但遗憾的是,随后国民政府组织下的首都建设委员会制定的《首都计划》基本抛弃了这一理念,而是以伦敦、巴黎、柏林、华盛顿等国际大城市为蓝本进行设计,虽然也取得了一定的成绩,但是,在因地制宜方面颇有欠缺,也没有突出南京城市的特色。而且由于种种原因,在实际建设中,并没有完全按照规划进行。

当今的南京,昔日国都的地位已一去不复返,而作为省会城市,其行政中心的地位虽不可与过去同日而语,但仍然是中心城市,这一点不可否认。但其城市的特色是什么?似乎就不那么明显了,甚至有人认为南京是一个没有特色的城市,有人干脆说“没有特色就是南京的特色”。其实在这里所谓的没有特色,是拿南京与其他城市相比较而言,如文化上,南京文化没有以上海为代表的“海派”文化那样具有扩张性,没有以北京为代表的“京派”文化那样大气;在经济上,南京没有像上海、南通、无锡等城市的工商业发达等。总之,是拿南京之所短与其他城市之所长去比较，于是便比出南京似乎一无是处、一无所长的感觉。而实际上，如果反过来，拿南京之所有与别人之所无比较，南京同样拥有其他城市“无可匹敌”的财富——历史文化名城，这是它两千多年来历史所延续下来的财富，虽然中国的历史文化名城很多，但像南京这样山、水、城、林样样齐全的城市却并不多，“六朝古都”、“十朝都城”没有形成霸气和张扬的性格，反而使它有一份优雅、宽容、闲适、怀旧的情调。因此，在南京城市建设规划设计上，要以行政中心城市和历史文化名城来定位，特别是在历史文化名城的建设方面一定要突出它独一无二的特色。只有独特才是不可取代的，只有独特才是最有价值的。南京就是南京，它从来不是、将来也不应该是工商业城市，不应该贪大求全，追求所谓“国际化大都市”的目标。在东南，国际化大都市有一个上海就足够了。浓郁的文化气息、优美的自然环境、温馨闲适的生活氛围才应该是南京追求的目标。

二、必须发展城市支柱性产业，为城市创造经济动力

从现代化理论来讲，工业化是城市现代化的主要动力。工业化推动了城市的现代化，反过来城市的繁荣又是工业化发展的依托。近代南京城市现代化发展缓慢的一个主要原因就是工业化程度较低，作为传统的支柱性产业——丝织业的衰落，使得南京没有支柱性产业来支持城市经济的发展，使南京的现代化呈现明显的经济动力不足状况。在1927—1937年间，南京的城市现代化取得的成就主要得益于全国政治中心地位确立所带来的历史机遇。

当代南京城市现代化的发展，仍然需要强有力的经济支持。传统的支柱性产业丝织业早已衰落，不可能重新崛起。虽然现代城市多伴随工业的发展而兴起。但是，从历史来看，发展工业显然不是南京的优势。如果说，民国时期南京的优势在于其为全国政治中心的话,那么,现在南京的优势却在于其处在“文化大省”的首府所在。江苏自古为文化繁荣的省份,文化氛围极其浓厚,而南京自古又为东南乃至全国的文化中心。当前,南京是全国高等学校最多的城市之一,仅次于北京和上海。因此,发展教育产业,并由此带动教育相关的产业,如图书、音像、电子科技等产业的发展,应该是南京得天独厚的优势。

此外,南京作为历史文化名城,积淀了丰厚的旅游文化资源,特别是六朝文化、明清文化和民国文化均别具一格,具有特殊的吸引力,可成为旅游资源的开发重点。因此,发展特色文化旅游业也是南京的优势所在。如果能够科学规划、正确开发,旅游业将会在持续不断地吸引国内外游客的基础上,进一步有力地促进与旅游业相关的交通运输、金融、餐饮、旅馆、旅游纪念品等系列产业的发展。

三、必须积极应对现代化进程中的负面效应,妥善解决各类社会问题

在现代化进程中,城市得到快速发展的同时,也会产生一系列的社会问题。这些问题,在不同程度上又反过来影响了城市现代化的进一步发展。民国时期,南京的城市问题主要集中在失业、无业等贫困人口的增加、住房的紧张以及娼赌毒等社会丑恶现象的蔓延等方面。由于这些问题在当时的社会环境下没有得到很好的解决,城市的现代化虽然有了一定的发展,但是生活在城市里的平民百姓并没有感受到多少现代化带来的好处,反而生活愈加艰难。

在当代南京的城市现代化进程中,社会问题依然存在,虽然过去的某些社会问题已经被消灭,如人力车的问题已经不存在,但是就业困难、住房紧张、赌博等社会问题依然存在。对于这些问题一定不能作为现代化的必然伴生现象来看待,政府应该发挥主导作用,同时积极动员社会力量的参与,形成“合力”,努力消除这些社会问题产生

的社会、经济、文化根源，切忌“头痛医头、脚痛医脚”的做法。

四、必须塑造现代人格，充分发挥人的主观能动性

人的现代化是现代化的关键所在。在对民国时期南京现代化的考察中发现，南京的现代化之所以发展缓慢，其中有一个重要的因素就是没有充分发挥人的主观能动性。如前文所述，南京人性格中有许多优点，如淳朴、热情、宽容、不排外等，无论过去和现在，许多人愿意选择南京作为生活的理想城市，除了南京的有山、有水、物产丰富、交通便利以外，南京人的这些优点也是主要原因。

但同时，南京人性格中的缺点也很明显。南京人性格中的保守、盲从、自由散漫、安于现状的观念和心态严重地制约了南京城市发展。建设现代化都市，需要有现代化意识的人去做，而所谓现代人，最主要的就是要有独立、创新、冒险、开拓精神，要有“敢为天下先”的气魄，而这些恰恰是南京人所缺乏的。

因此，政府、社会要积极引导、注意培育市民富于进取精神的现代意识和观念。同时，作为南京市民，也要努力克服自由散漫的市民习气、保守的思想观念，努力塑造现代人格。在南京城市现代化建设上，充分发挥人的主观能动性，充分利用南京有利的地理位置、经济、文化资源和历史基础，将南京建设成为名副其实的历史文化名城，展现她应有的风貌。

图表目录

参考文献

一、档案及档案资料汇编

1. 第二历史档案馆藏有关南京政务、内政、社会、经济、商业、教育等方面档案。

2. 南京市档案馆藏有关南京市政府秘书处、社会局、土地局、教育局、工务局、财政局等档案。

3. 陈真、姚洛编:《中国近代工业史资料》,三联书店1961年版。

4. 冯和法编:《中国农村经济资料》,台北:华世出版社1978年版。

5. 冯和法编:《中国农村经济资料续编》,台北:华世出版社1978年版。

6. 彭泽益编:《中国近代手工业史资料》1—4册,中华书局1962年版。

7. 彭泽益编:《中国工商行会史料集》,中华书局1995年版。

8. 秦孝仪主编:《革命文献》第91—93辑,“中国国民党中央委员会”党史委员会,1980年。

9. 叶楚伧、柳仪徵主编:《首都志》(上下),正中书局 1935 年版。

10. 姚贤镐主编:《中国近代对外贸易史资料》(1840—1955)第 3 册,中华书局 1962 年版。

11. 中国第二历史档案馆编:《中华民国史档案资料汇编》第 5 辑第 1 编,“政治”,江苏古籍出版社 1994 年版。

12. 中国第二历史档案馆编:《中华民国史档案资料汇编》第 5 辑第 1 编,“财政经济”,江苏古籍出版社 1994 年版。

13. 中国第二历史档案馆编:《中华民国史档案资料汇编》第 5 辑第 1 编,“文化”,江苏古籍出版社 1991 年版。

14. 江苏省商业厅、中国第二历史档案馆编:《中华民国商业档案资料汇编》第 1 卷,中国商业出版社 1991 年版。

二、文献资料

(一)1949 年以前

1.(唐)魏征等撰:《隋书·地理志》,中华书局 1973 年版。

2.(唐)房玄龄等:《晋书》卷 27,中华书局 1974 年版。

3.《大明会典》卷 208,工部 28,江苏广陵古籍刻印社 1989 年版。

4.《刘忠诚公(坤一)遗集·奏疏》卷 16,文海出版社 1968 年版。

5.《刘忠诚公(坤一)遗集·奏疏》卷 17,文海出版社 1968 年版。

6.《左文襄公(宗棠)全集·书牍》卷 25,文海出版社 1979 年版。

7.《张文襄公(之洞)全集·奏议》卷 40,文海出版社 1970 年版。

8.《张文襄公(之洞)全集·奏议》卷 41,文海出版社 1970 年版。

9.《续纂江宁府志》,光绪六年重刊。

10.《筹办夷务始末(同治朝)》卷 31,文海出版社 1971 年版。

11.《光绪续纂句容县志》,中国地方志集成本,江苏古籍出版社 1991 年版。

12.《光绪溧水县志》,中国地方志集成本,江苏古籍出版社 1991 年版。

13. 国民政府主计处统计局编:《中国人口总量之统计分析》,正中书局 1948 年版。

14. 国都设计技术专员办事处:《首都计划》,1929 年。

15. 教育部高等教育司编:《全国各学术机关团体一览表》,1935 年。

16. 建设委员会经济调查所统计课编辑:《中国经济志(南京市)》,建设委员会经济调查所 1934 年。

17. (明)盛世泰等撰:《南京文献》,南京通志馆 1947 年。

18. 实业部中央农业实验所、南京技术合作委员会给养组合编:《南京市之食粮与燃料》,1932 年。

19. 实业部中国经济年鉴编纂委员会编:《中国经济年鉴》第三编,商务印书馆 1935 年。

20. 中央党部国民经济计划委员会编:《十年来之中国经济建设》(1927—1937),1937 年。

21. 南京特别市市政府编:《南京特别市市政法规汇编》(初集),民智书局 1929 年。

22. 南京特别市政府秘书处编印:《南京特别市政府职员录》,1930 年。

23. 南京市政府秘书处编印:《南京市政府职员录》,1933 年。

24. 南京市政府秘书处编印:《南京市政府职员录》,1935 年。

25. 南京市政府秘书处编印:《南京市政府职员录》,1936 年。

26. 南京市政府秘书处编印:《十年来之南京》,1937 年。

27. 南京市政府秘书处编印:《一年来之南京市政》,1935 年。

28. 南京特别市教育局编印:《南京特别市教育局工作述要》,1929 年。

29. 南京市社会局编印:《南京市二十三年度教育事业概况》,1935 年。

30. 南京市社会局编印:《南京社会调查统计资料专刊》,1935 年。

31. 南京市社会局编印:《南京市各业概况调查》,1935 年。

32. 南京市社会局编印:《南京社会》,1928 年 11 月。

33. 南京市社会局编印:《南京社会特刊》第 2 册,1931 年 4 月。

34. 南京市社会局编印:《南京社会特刊》第 3 册,1932 年 4 月。

35. 南京市工务局编印:《首都建筑规则》,1935 年。

36. 南京特别市卫生局编:《首都卫生》第 1 集,1929 年。

37. 南京市政府秘书处统计室编印:《南京市政府行政统计报告》(1935 年度),1937 年。

38. 首都警察厅编印:《首都户口统计》,1930 年。

39. 首都警察厅编印:《南京户口统计报告》,1937 年。

40. 首都警察厅编印:《首都警察概况》,1934 年。

41. 南京文献委员会编:《南京小志》,中华书局 1949 年。

42.《南京市政府公报》1927—1937 年。

43.《大公报》1912—1937 年。

44.《南京日报》1934 年 11 月—1936 年 10 月。

45.《申报》1919—1937 年。

46.《市政评论》1934—1936 年。

47.《统计月报》1929—1930 年。

48.《中央日报》1927 年—1937 年 4 月。

49.《东方杂志》1918—1933 年。

50.《工商半月刊》1927—1933 年。

(二)**1949 年以后**

1. 甘锋主编:《当代南京公用事业》,南京市市政公用局1989年。

2. 江宁县地方志编纂委员会编纂:《江宁县志》,档案出版社1989年版。

3. 江浦县地方志编纂委员会编纂:《江浦县志》,河海大学出版社1995年版。

4. 江苏省地方志编纂委员会编:《江苏省志·社团志·农民团体篇》,江苏人民出版社2000年版。

5. 刘先觉等编著:《中国近代建筑总揽·南京篇》,中国建筑工业出版社1992年版。

6. 李文海主编:《民国时期社会调查丛编》(婚姻家庭卷),福建教育出版社2005年版。

7. 李文海主编:《民国时期社会调查丛编》(文教事业卷),福建教育出版社2004年版。

8. 李文海主编:《民国时期社会调查丛编》(人口卷),福建教育出版社2004年版。

9. 溧水县地方志编纂委员会编纂:《溧水县志》,江苏人民出版社1990年版。

10. 南京图书馆特藏部、江苏省社会科学经济史课题组编:《江苏省工业调查统计》(1927—1937),南京工学院出版社1987年版。

11. 南京市地方志编纂委员会编:《南京民政志》,海天出版社1994年版。

12. 南京金融志编纂委员会、中国人民银行南京分行编:《民国时期南京官办银行》,南京金融志编辑室1992年。

13. 南京市地方志编纂委员会、南京市卫生志编纂委员会:《南京市卫生志》,方志出版社 1996 年版。

14. 南京市地方志编纂委员会编:《南京社团志》,方志出版社 2001 年版。

15. 南京市地方志编纂委员会编:《南京人口志》,学林出版社 2001 年版。

16. 南京市地方志编纂委员会编:《南京报业志》,学林出版社 2001 年版。

17. 南京市地方志编纂委员会编:《南京人物志》,学林出版社 2001 年版。

18. 南京市地方志编纂委员会编:《南京公用事业志》,海天出版社 1994 年版。

19. 南京市地方志编纂委员会编:《南京公安志》,海天出版社 1994 年版。

20. 南京市地方志编纂委员会编:《南京民俗志》,方志出版社 2003 年版。

21. 南京市地方志编纂委员会编:《南京教育志》,方志出版社 1998 年版。

22. 南京市地方志编纂委员会编:《南京建筑志》,方志出版社 1996 年版。

23. 南京市邮政志编纂委员会编:《南京邮政志》,中国城市出版社 1993 年版。

24. 南京市地方志编纂委员会编:《南京简志》,江苏古籍出版社 1986 年版。

25. 南京市地方志编纂委员会编:《南京日用工业品商业志》,南京出版社 1996 年版。

26. 南京市地方志编纂委员会编:《南京建置志》,海天出版社 1994 年版。

27. 南京地方志编纂委员会编:《南京金融志》,南京出版社1995年版。

28. 南京市地方志编纂委员会、南京粮食志编纂委员会:《南京粮食志》,中国城市出版社1993年版。

29.《南大百年实录》编辑组编:《南大百年实录》(上卷),南京大学出版社2002年版。

30. 中央教科所教育史研究室编:《中华民国教育法规选编(1912—1949)》,江苏教育出版社1990年版。

31. 璩鑫圭、唐良炎编:《中国近代教育史资料汇编·学制演变》,上海教育出版社1991年版。

32. 王铁崖编:《中外旧约章汇编》(1689—1901),3册本,三联书店,1959—1962年。

33. 王德滋主编:《南京大学百年史》,南京大学出版社2000年版。

34. 王进、杨江华主编:《中国党派社团辞典》,中共党史资料出版社1989年版。

35. 王世刚主编:《中国社团史》,安徽人民出版社1994年版。

36. 吴相湘、刘绍唐主编:《第一次中国教育年鉴》第4册,传记文学出版社1971年影印。

37. 萧铮主编:《民国二十年代中国大陆土地问题资料》第91辑,成文出版社1977年版。

38. 张玉法、李荣泰主编:《中华民国人民团体调查录》(1912—1995年),(台北)"国史馆"编印,1999年。

39. 张智主编:《中国风土志丛刊》第31册,广陵书社2003年版。

40. 章绍嗣主编:《中国现代社团辞典》,湖北人民出版社1994年版。

三、论著

1. 卜凯:《中国农家经济》,商务印书馆1936年版。

2. 陈胜利、茅家琦主编:《南京经济史》(下册),中国农业科技出版社1998年版。

3. 蔡勤禹:《国家、社会与弱势群体——民国时期的社会救济(1927—1949)》,天津人民出版社2003年版。

4. 曹树基:《中国人口史》第4卷,清时期,复旦大学出版社2000年版。

5. 曹树基:《中国人口史》第5卷,清时期,复旦大学出版社2001年版。

6. 储东涛:《江苏经济史稿》,南京大学出版社1992年版。

7. 陈达:《现代中国人口》(中译本),天津人民出版社1981年版。

8. 池子华:《中国流民史·近代卷》,安徽人民出版社2001年版。

9. 常宗虎:《南通现代化:1895—1938》,中国社会科学出版社1998年版。

10. 褚民主编:《中国文化精华全集·风俗地理卷》,中国国际广播出版社1992年版。

11. 戴鞍钢:《港口·城市·腹地——上海与长江流域经济关系的历史考察(1843—1913)》,复旦大学出版社1998年版。

12. 董鉴泓主编:《中国城市建设史》,中国建材工业出版社2004年版。

13. 杜闻贞主编:《中国人口·江苏分册》,中国财政经济出版社1987年版。

14. 范金民:《明清江南商业的发展》,南京大学出版社 1998 年版。

15. 费振钟:《江南士风与江苏文学》,湖南教育出版社 1995 年版。

16. 费成康:《中国租界史》,上海社会科学院出版社 1991 年版。

17. 张洪祥:《近代中国通商口岸与租界》,天津人民出版社 1993 年版。

18. 费正清主编:《剑桥中华民国史》(中译本),上海人民出版社 1991 年版。

19. 高信:《南京市之地价与地价税》,正中书局 1935 年版。

20. 葛庆华:《近代苏浙皖交界地区人口迁移研究(1853—1911)》,上海社会科学院出版社 2002 年版。

21. 葛剑雄主编:《中国移民史》第 6 卷,福建人民出版社 1997 年版。

22. 胡焕庸、张善余著:《中国人口地理》,华东师范大学出版社 1984 年版。

23. 胡平主编:《近代市场与沿江经济发展战略》,中国财政经济出版社 1996 年版。

24. 胡祥翰等:《上海滩与上海人丛书》,上海古籍出版社 1989 年版。

25. 黄宗智:《长江三角洲小农家庭与乡村发展》,中华书局 2000 年版。

26. 黄逸平:《近代中国经济变迁》,上海人民出版社 1992 年版。

27. 何炳棣:《明初以降人口及其相关问题:1368—1953》,三联书店 2000 年版。

28. 蒋赞初:《南京史话》,江苏人民出版社 1980 年版。

29. 蒋赞初:《南京史话》(上),南京出版社 1995 年版。

30. 姜涛:《中国近代人口史》,浙江人民出版社 1993 年版。

31. 江苏省中国现代化史学会编:《江苏近现代经济史文集》,江苏省中国现代史学会,1983 年。

32. 金士宣、徐文述编著:《中国铁路发展史》(1876—1949),中国铁道出版社 1986 年版。

33. 柯象峰:《中国贫穷问题》,正中书局 1935 年版。

34. 隗瀛涛:《中国近代不同类型城市综合研究》,四川人民出版社 1998 年版。

35. 隗瀛涛主编:《近代重庆城市史》,四川大学出版社 1991 年版。

36. 吕清华主编:《南京港史》,人民交通出版社 1989 年版。

37. 李长莉:《晚清上海社会的变迁——生活与伦理的现代化》,天津人民出版社 2002 年版。

38. 李新、陈铁健主编:《伟大的开端》,上海人民出版社 1991 年版。

39. 罗玲:《近代南京城市建设研究》,南京大学出版社 1999 年版。

40. 罗澍伟:《近代天津城市史》,中国社会科学出版社 1993 年版。

41. 林刚:《长江三角洲近代大工业与小农经济》,安徽教育出版社 2000 年版。

42. 刘石吉:《明清时代江南市镇研究》,中国社会科学出版社 1987 年版。

43. 刘志宽等:《十大古都商业史略》,中国财政经济出版社 1990 年版。

44. 陆仰渊、方庆秋主编:《民国社会经济史》,中国经济出版社 1991 年版。

45. 罗荣渠:《现代化新论——世界与中国的现代化进程》,北京大学出版社 1993 年版。

46. 卢海鸣、杨新华主编:《南京民国建筑》,南京大学出版社 2001 年版。

47. 刘先觉等主编:《中国近代建筑总揽·南京篇》,中国建筑工业出版社 1992 年版。

48. 马超俊:《中国劳工运动史》,商务印书馆 1940 年版。

49. 毛礼锐等主编:《中国教育通史》,第 5 卷,山东教育出版社 1988 年版。

50. 茅家琦等:《横看成岭侧成峰——长江下游城市近代化的轨迹》,江苏人民出版社 1993 年版。

51. [美]吉尔伯特·罗兹曼:《中国的现代化》,江苏人民出版社 2003 年版。

52. [美]罗威廉:《汉口——一个中国城市的商业和社会》,中国人民大学出版社 2005 年版。

53. [美]施坚雅主编:《中华帝国晚期的城市》,中华书局 2000 年版。

54. 南京市公路管理处编著:《南京近代公路史》,江苏科学技术出版社 1990 年版。

55. 南京市人民政府研究室编:《南京经济史》(上),中国农业科技出版社 1996 年版。

56. 南京师范学院地理系江苏地理研究室编:《江苏城市历史地理》,江苏科技出版社 1982 年版。

57. 南京大学校友会编:《金陵大学建校一百周年纪念册》,南京大学出版社 1988 年版。

58. 潘谷西主编:《南京的建筑》,南京出版社 1995 年版。

59. 皮明庥主编:《近代武汉城市史》,中国社会科学出版社 1993

年版。

60. 乔启明:《中国农村社会经济学》,商务印书馆 1945 年版。

61. 丘菊贤、杨东晨:《中华都城要览》,河南大学出版社 1989 年版。

62. 钱乘旦等:《世界现代化进程》,南京大学出版社 1997 年版。

63. 孙文著,刘明、沈潜评注:《建国方略——近代化中国大策划》,中州古籍出版社 1998 年版。

64. 孙海英:《金陵百屋房——金陵女子大学》,河北教育出版社 2004 年版。

65. 沈宗瀚:《沈宗瀚自述·中年自述》,传记文学出版社 1984 年版。

66. 沈宗瀚等编著:《中华农业史——论集》,台湾商务印书馆 1979 年版。

67. 天津社会科学院历史研究所、天津市城市科学研究会合编《城市史研究》,天津教育出版社 1990 年版。

68. 同济大学主编:《城市规划原理》,中国建筑工业出版社 1991 年版。

69. 王书奴:《中国娼妓史》,生活书店 1934 年版。

70. 王孝通:《中国商业史》,商务书局 1936 年版。

71. 汪敬虞:《十九世纪西方资本主义对中国的经济侵略》,人民出版社 1983 年版。

72. 汪敬虞:《外国资本在近代中国的金融活动》,人民出版社 1999 年版。

73. 汪敬虞主编:《中国近代经济史》(1895—1927)》,人民出版社 2000 年版。

74. 王树槐:《中国现代化的区域研究——江苏省,1860—1916》,台北"中央研究院"近代史研究所,1984 年。

75. 王跃:《变迁中的心态——五四时期社会心理变迁》,湖南教育出版社 2000 年版。

76. 王莹、折晓叶、孙炳耀:《社会中间层》,中国发展出版社 1993 年版。

77. 王名、刘国翰、何建宇:《中国社团改革——从政府选择到社会选择》,社会科学文献出版社 2001 年版。

78. 王日根:《乡土之链——明清会馆与社会变迁》,天津人民出版社 1996 年版。

79. 万灵:《常州的近代化道路——江南非条约口岸城市近代化的个案研究》,安徽教育出版社 2002 年版。

80. 向德平:《城市社会学》,武汉大学出版社 2002 年版。

81. 忻平:《从上海发现历史——现代化进程中的上海人及其社会生活》,上海人民出版社 1996 年版。

82. 许涤新、吴承明:《中国资本主义发展史》第 1 卷,人民出版社 2003 年版。

83. 薛君度、刘志琴主编:《近代中国社会生活与观念变迁》,中国社会科学出版社 2001 年版。

84. 杨子慧主编:《中国历代人口统计资料研究》,改革出版社 1996 年版。

85. [意]利玛窦、[比]金尼阁:《利玛窦中国札记》,广西师范大学出版社 2001 年版。

86. 虞和平:《商会与中国早期现代化》,上海人民出版社 1993 年版。

87. 张振之:《目前中国社会的病态》,民智书局 1929 年版。

88. 张宪文主编:《金陵大学史》,南京大学出版社 2002 年版。

89. 张海林:《苏州早期城市现代化研究》,南京大学出版社 1999 年版。

90. 张仲礼等主编:《长江沿江城市与中国近代化》,上海人民出版社 2002 年版。

91. 张仲礼主编:《近代上海城市研究》,上海人民出版社 1990 年版。

92. 张仲礼:《东南沿海城市与中国近代化》,上海人民出版社 1996 年版。

93. 张森材、马砾编著:《江苏区域文化研究》,江苏古籍出版社 2002 年版。

94. 张玉法:《民国初年的政党》,(台北)"中央研究院"近代史研究所 1985 年。

95. 张鸿雁:《侵入与接替:城市社会结构变迁新论》,东南大学出版社 2000 年版。

96. 张瑾:《权利、冲突与变革——1926—1937 年重庆城市现代化研究》,重庆出版社 2003 年版。

97. 周积明:《最初的纪元——中国早期现代化研究》,高等教育出版社 1996 年版。

98. 曾钊新等:《社会学教程》,吉林教育出版社 1987 年版。

99. 章开沅、罗福惠主编:《比较中的审视:中国早期现代化研究》,浙江人民出版社 1993 年版。

100. 朱英:《辛亥革命时期新式商人社团研究》,中国人民大学出版社 1991 年版。

101. 朱英:《转型时期的社会与国家——以近代中国商会为主体的历史透视》,华中师范大学出版社 1997 年版。

102. 朱汉国主编:《中国社会通史 · 民国卷》,山西教育出版社 1996 年版。

103. 朱庆葆:《传统城市的近代命运——清末民初安庆城市近代化研究》,安徽教育出版社 2001 年版。

104. 中国城市科学研究会编:《中国城市科学研究》,贵州人民出版社 1986 年版。

105. 中央研究院近代史研究所编:《近代中国区域史研讨会论文集》,(台北)“中央研究院”近代史研究所 1986 年。

106. 周一星:《城市地理学》,商务印书馆 1995 年版。

107. 周忍伟:《举步维艰——皖江城市近代化研究》,安徽教育出版社 2002 年版。

四、杂著

1. (明)顾起元:《客座赘语》,凤凰出版社 2005 年版。

2. (清)吴敬梓:《儒林外史》,人民文学出版社 1977 年版。

3. (清)余怀:《板桥杂记》,青岛出版社 2002 年版。

4. 艾煊:《金陵·秣陵》,群众出版社 1995 年版。

5. 蔡玉洗主编:《南京情调》,江苏文艺出版社 2000 年版。

6. 陈济民主编:《民国官府》,金陵书社出版公司 1992 年版。

7. 丁帆选编:《江城子——名人笔下的南京》,北京出版社 1999 年版。

8. 高树森、邵建光编:《金陵十朝帝王州》,中国人民大学出版社 1991 年版。

9. 黄裳:《黄裳说南京》,四川文艺出版社 2000 年版。

10. 林德保、李俊主编:《详注全唐诗》,大连出版社 1997 年版。

11. 吴福林:《夫子庙史话》,南京出版社 2004 年版。

12. 王干主编:《城市批评·南京卷》,文化艺术出版社 2002 年版。

13. 薛冰编:《金陵旧事》,百花文艺出版社 2001 年版。

14. 薛冰:《家住六朝烟水间——南京》,上海古籍出版社 2000

年版。

15. 杨心佛:《金陵十记》,古吴轩出版社2003年版。

16. 叶兆言:《老南京·旧影秦淮》,江苏美术出版社1998年版。

17. 叶兆言:《烟雨秦淮》,南方日报出版社2002年版。

18. 中国城市活力研究组主编:《南京的性格》,中国经济出版社2005年版。

19. 张恨水:《秦淮人家》,贵州人民出版社1984年版。

20. 张友鸾:《秦淮粉墨图》,金陵书画出版社1982年版。

21. 朱同芳主编:《魅力南京》,南京出版社2005年版。

五、论文

(一)1949年以前

1. 陈鹤琴:《学生婚姻问题之研究》,《东方杂志》第18卷第4—6号,1921年2月25日、3月10日、3月25日。

2. 曹翼远:《南京市的房租问题》,《时代公论》第2卷第47、48号合刊,1934年2月23日。

3. 蒋杰编著:《京郊农村社会调查》,《中华农学会报》第159期,1937年4月。

4. 刘坤闿:《调查南京人力车夫家庭印象记》,《中央日报》1935年7月22日。

5. 林鼎、徐国屏:《南京的庸妇》,《时事月报》第15卷第2期,1936年8月。

6. 李崇典:《南京缎业调查报告》,《工商公报》第1卷第12期,1929年5月。

7. 莫如:《南京劳动状况》,《新青年》第7卷第6期,1920年5月。

8. 乔启明:《京郊农村社会调查》,《中华农学会报》第 159 期,1937 年 4 月。

9. 唐希元:《南京缎业之现状及其救济》,《中国实业》第 1 卷第 5 期,1935 年 5 月 15 日。

10. 吴文晖:《南京棚户调查述略》,《中央日报》1934 年 11 月 12 日、12 月 10 日。

11. 言心哲:《南京 1350 人力车夫生活的分析》,《中央日报》1934 年 5 月 28 日、6 月 11 日、6 月 25 日、7 月 23 日、8 月 6 日、8 月 20 日、9 月 3 日、10 月 29 日、11 月 26 日。

12. 言心哲:《江苏江宁县 286 农家生活费用调查》,《中央日报》1935 年 5 月 13 日、5 月 27 日、6 月 19 日。

13. 张心一:《江宁县农业的调查》,《统计月报》第 1 卷第 4 期,1929 年 7 月。

14. 郑林庄、柯象峰:《实业部中央农业实验所附近二十三村农民职业调查》,《中国实业》第 1 卷第 6 期,1935 年 6 月。

15. 张复:《南京尧化门农民离村调查》,《农报》第 2 卷第 1 期,1935 年 1 月 10 日。

(二)1949 年以后

1. 费嘉:《南京方言社会学初探》,《南京社会科学》1993 年第 1 期。

2. 郭黎安:《南京历史人口的变迁及其原因》,《南京社科联学刊》1989 年第 5 期。

3. 顾兆录:《南京文化研究述评》,《南京社会科学》1991 年第 2 期。

4. 何一民:《中国近代城市史研究述评》,《中华文化论坛》2000 年第 1 期。

5. 何一民:《中国近代城市史研究的进展、存在的问题与展望》,《中华文化论坛》2000 年第 4 期。

6. 何一民:《简论现代化主题与近代中国城市》,《文史杂志》1999 年第 6 期。

7. 何一民:《21 世纪中国近代城市史研究展望》,《云南大学学报》第 1 卷第 3 期。

8. 何一民等:《近代中国城市研究学术讨论会综述》,《近代史研究》1990 年第 3 期。

9. 黄南:《南京城市文化形象的成因及定位》,《南京社会科学》2000 年第 8 期。

10. 经盛鸿:《近代南京地区灾害述评》,《南京社会科学》2000 年第 6 期。

11. 隗瀛涛等:《关于近代中国城市史研究的几个问题》,《城市史研究》第 3 辑。

12. 李玉:《中国近代区域史研究综述》,《贵州师范大学学报(社科版)》2002 年第 6 期。

13. 罗玲:《试论南京城市近代化的特征》,《东南文化》1998 年第 2 期。

14. 罗玲:《民国时期南京的社会风尚》,《民国档案》1997 年第 3 期。

15. 刘喜元:《1928 年南京的摄魂风波》,《广西社会科学》2004 年第 6 期。

16. 茅家琦:《长江下游城市近代化的轨迹》,《湖北大学学报》1994 年第 3 期。

17. 宋明军:《南京国民政府战前首都禁娼初探》,《民国档案》2004 年第 2 期。

18. 唐文起、林刚:《试论 1927—1937 年南京城市经济发展与农村腹地之关系》,《民国档案》1987 年第 2 期。

19. 唐文起:《抗战前南京住宅状况简述》,《南京社会科学》1994 年第 6 期。

20. 魏希夷:《南京文化气质及其成因》,《南京社联学刊》1989 年第 1 期。

21. 王云骏:《民国南京城市社会管理问题的历史考察》,《江苏社会科学》2000 年第 3 期。

22. 王云骏:《中国保甲制度兴起的历史考察》,《江海学刊》1997 年第 2 期。

23. 王中茂:《论租界与中国近代化》,《洛阳师范学院学报》2002 年第 4 期。

24. 俞明:《论下关开埠对南京政治经济地位与城市发展的影响——纪念南京下关开埠 100 周年》,《南京社会科学》1999 年第 4 期。

25. 严学熙:《略论研究江苏近现代经济史的意义》,《南京大学学报》1983 年第 2 期。

26. 朱婷:《近代上海租界政体制度与城市经济发展》,《上海经济研究》2004 年第 11 期。

27. 张燕:《清末及民国时期南京建筑艺术概述》,《民国档案》1999 年第 4 期。

28. 张连红:《南京大屠杀前夕南京人口的变化》,《民国档案》2004 年第 3 期。

29. 张福运:《1927—1937 年南京钱庄的兴衰》,《民国档案》2000 年第 1 期。

30. 张庆军:《民国时期都市人口结构分析》,《民国档案》1992 年第 1 期。

31. 张剑:《金陵大学农学院与中国农业近代化》,《史林》1998 年第 3 期。

32. 周新华、王会明:《中国沿海巨大城市繁兴的特点及其原因》,《江苏社会科学》1994 年第 2 期。

33. 周绍荣:《租界对中国城市近代化的影响》,《江汉论坛》1995 年第 11 期。

34. 郑国:《1928 年南京摄魂巫术恐慌解析》,《民俗研究》2004 年第 2 期。

(三)学位论文

1. 曹燕:《民国时期南京饮食业研究》,南京师范大学历史系硕士学位论文,2008 年。

2. 佟银霞:《刘纪文与民国时期南京市政建设及管理》,东北师大历史系硕士学位论文,2007 年。

3. 丁兆东:《伪南京市自治委员会研究》,南京大学历史系硕士学位论文,2004 年。

4. 方旭红:《聚集 · 分化 · 整合:1927—1937 年苏州城市化研究》,苏州大学历史系博士论文,2005 年。

5. 刘孟信:《1927—1937 年南京市行政制度研究》,南京大学历史系硕士学位论文,1993 年。

6. 刘广斌:《抗战前十年南京经济建设研究》,南京大学历史系硕士学位论文,2003 年。

7. 任银睦:《青岛城市现代化研究》,南京大学历史系博士论文,1998 年。

8. 王倩:《国民政府时期南京社会保障事业初探》,南京大学历史系硕士学位论文,2005 年。

9. 王瑞庆:《1927—1937 年南京市征地补偿研究》,南京师范大学历史系硕士学位论文,2008 年。

10. 叶美兰:《柔橹轻蒿:1895—1937 年扬州城市现代化研究》,

南京大学历史系博士论文,1997年。

11. 杨冬梅:《民国时期南京市民文化研究》,南京大学历史系硕士学位论文,1994年。

12. 张平:《南京国民政府建立初期首都市政与城市现代化》,南京大学历史系硕士学位论文,1997年。

13. 张斌:《1928—1937年南京城市居民生活透析》,吉林大学历史系硕士学位论文,2004年。

后　记

本书是在本人的博士论文基础上修订完成的。回想在南京大学攻读博士学位的三年，仿佛就在昨天，但屈指算来，已经过去三年了。真是“子在川上曰：逝者如斯夫”！

在这里，我首先要感谢我的指导老师陈红民教授。本人资质愚钝，史学基础薄弱，博士生学习阶段，在陈老师的点化、引领之下，渐入学术之殿堂。他对本书的选题、立意、写作和修改均付出了不少心血。

中华民国史研究中心主任张宪文教授也对本书的完成给予了很大的帮助。他在百忙中对本书的选题和提纲曾多次提出宝贵建议，并为我查阅资料提供了许多帮助。在此表示我最诚挚的感谢。

我还要感谢南京大学中华民国史研究中心的崔之清教授、陈谦平教授、申晓芸教授、张生教授、马俊亚教授、姜良芹副教授以及秘书吕晶对我的帮助和支持。中国第二历史档案馆的马振犊研究员、曹必宏研究员、郭必强研究员和南京师范大学的张连红教授对本书的完成给予了帮助和指导，在此表示感谢。

在资料的收集过程中，中国第二历史档案馆查阅室的全体老师、南京市图书馆古籍部的夏彪老师和于川老师、南京市档案馆的胡刚老师和丁亚原老师、南京市地方志办公室的窦予然老师、南京大学图书馆港台室的李佳老师以及历史系资料室的张爱妹老师、韩老师、夏老师都给予了很大的帮助,在此一并表示对他们的感谢。

在博士生学习期间,我曾经前往澳大利亚国立大学访学。访学期间,费·约翰教授、安冬篱教授以及 Tracy. Lee 在生活和学习上曾经给予了不少帮助,在此表示感谢。

本书的顺利完成,也与众多学长、同学、朋友的帮助分不开。非常感谢他们在学习、生活上对我的帮助和鼓励。

新疆维吾尔自治区党校朱培民教授、张志安教授和丁建农教授对我的工作、学习和生活给予了极大的帮助和支持,我永远感谢他们。

我要特别感谢我的父母和家人对我的帮助和支持。年迈的双亲是我坚强的后盾。爱人的理解、鼓励和支持是我重要的精神支柱。活泼可爱的儿子是我最大的安慰。

最后,对本书出版给予支持的人民出版社以及责任编辑表示诚挚的感谢。

侯风云

2009 年 12 月 28 日于烟台